FRANZ DOBLER
aufräumen

ROMAN | VERLAG ANTJE KUNSTMANN

*I've got ways
to get to nowhere
I don't need a train.*
DAN HICKS

eins

AUSTICKENDER MANN in der Straßenbahn, Beat schätzt ihn auf etwas mehr als ein halbes Jahrhundert, er hat sich nicht gut gehalten, und die Frage ist, wie viel Ärger hat er zu bieten?

Er sitzt zwei Reihen vor Beat und ist ihm aufgefallen, weil er den Kopf und die Hände ständig bewegt, als führe er mit jemandem eine heftige Unterhaltung, mit einem Arsch, der ihn niedermachen will, das lässt er sich nicht bieten. Man hört nichts, denn er brüllt in sich hinein, und er sieht so aus, als würde er das seit Stunden tun.

Die Bahn fährt in die Haltestelle und hält, der Mann steht an der Tür, sieht hinter sich, muss raus, den Feind abschütteln, ehe er gezwungen ist, ihm den Hals durchzuschneiden. Doch die Türen öffnen sich nicht – weil die Straßenbahn den Haltepunkt noch nicht exakt erreicht hat, blockiert wird von einer Bahn, die erst weiterfahren muss, ein einfaches Problem, das der Typ nicht registriert. Man kann ihm ansehen, dass er jetzt bereit ist, die Wand hochzugehen, Beat kennt dieses Gefühl, man ist nervös, hat eine schlaflose Nacht hinter sich, hat ein paar miese Gespräche ertragen müssen, braucht ein Glas, braucht Abstand zu all dem mobilen Fleisch im Waggon, den quengelnden Kindern, dem stumpfen Rentnergequatsche, den idiotischen Klingeltönen, dein Körper beginnt zu flirren, du wirst gleich einen Anfall kriegen, willst keinen kriegen, kannst aber nichts dagegen tun, musst sofort, musst endlich ins Freie – warum geht diese Scheißtür nicht auf!

Verflucht! Da stimmt doch was nicht.

Da läuft doch irgendwas schief, und wie immer, sie informieren dich nicht, diese Verantwortlichen, die lassen uns alle hängen, denen ist das egal – und innerhalb von Sekunden zerdehnt sich die Zeit –, wie lange warten wir schon, wie lange müssen wir noch warten, wie lange werden wir wieder einmal gewartet haben, die meiste Zeit des Lebens mit Warten verbracht sowieso, warten auf den Tod, mehr hat das Leben nicht zu bieten, einen Tag wenigstens möchte man ohne Warten erleben, oh Herr, nimm diesen meinen rechten Arm im Tausch nur für einen einzigen Tag, an dem ich nicht irgendwo auf irgendwas in irgendwessen Scheißgesellschaft warten muss!

Beat ist nicht überrascht, als der Ausgetickte explodiert.

Er schlägt mit beiden Fäusten gegen die Scheibe, fängt zu schreien an, springt zurück, dreht sich um, die Augen weit aufgerissen wie im Angesicht des Jüngsten Gerichts. Beat sieht jetzt die Flecken auf seinem Anzug. Von hinten hatte der Anzug nicht schlecht ausgesehen, von vorne passt er nun gut zu einem Durchgedrehten, den sie auf eine Rutschbahn gesetzt haben, auf der er nach unten ins Abseits schlittert, verzweifelt nach einem Haltegriff suchend, aber es gibt keinen, seit Wochen nicht, das ist anstrengend, er schwitzt und hat es satt, in seinem ultramarinblauen Anzug, der ihn auf dem Weg nach unten treu begleitet.

Einsachtzig, gedrungen, unsportlich, dunkelbraun-graumeliertes Haar, ein Bart um die Lippen herum. Abteilungsleiter von was Unwichtigem im Mittelbau, schätzt Beat, zu viel Zeug auf Pump gekauft, Mithaltenmüssen, Kündigung, total grundlos natürlich, und dann die Raten, die Miete, die Schande und so weiter. Da sind sie aber erstaunt, diese Mittelbaumänner, dass sie doch nicht so wichtig sind, und wie schnell das plötzlich geht auf der Rutschbahn raus aus der Mitte, schon steht der fuckin' Repo

Man knocking on your door (dieses Papier besagt, ich bin berechtigt, Ihr Auto abzuholen, jetzt, sofort, die Schlüssel bitte, nehmen Sie es nicht persönlich), und sie halten dich in der Straßenbahn fest, um dich ganz auszunehmen. Beat empfindet Schadenfreude, diese Typen hat er gefressen, der ist doch einer von denen, die eher ihre Familie aufschlitzen, um sie nicht dem Gespött der Nachbarn auszuliefern, als dem Chef einen zu blasen oder einen Tritt zu geben.

Eine bodenlose Frechheit ist das, brüllt der Mann, sprengt jedes Wort einzeln aus seinem Mund heraus, das Land, nichts geht mehr, überhaupt nichts in Deutschland geht mehr! Er streckt seine Hände den anderen Insassen entgegen, muss einfach mit allen Kontakt aufnehmen, die Feinde rausfinden. Niemand kommt raus aus dieser Scheißkiste, Ende, alles dicht, und was passiert, da warten die Schafe wie die Lämmer! Wie zu einer Musik verdreht sich sein Körper, zurück und hin und her, die Stimme am Überschnappen, da entdeckt er die zwei Schulmädchen in der Bank vor ihm, beugt sich zu ihnen runter, hat er mal gelernt, dass man sich als netter Mann zu Kindern runterbeugt, brüllt sie an, Tausende von Straßenbahnen, tagtäglich, Tausende, lassen die Leute nicht raus, eine Erklärung bitte, was steht denn im Heft, was sagt der Herr Lehrer, oder schaut er nur auf die Titten, aber halbes Jahr Urlaub, der Herr Lehrerbeamte, Millionen tagtäglich kostet das, Millionen und Abermillionen!

Er muss eine Atempause machen, glotzt herum, scheint zu überlegen, wann endlich jemand mitspielt. Beats Hand in der Jackentasche hält die Tränengasspraydose bereit, er ist unsicher – ist es so weit, dass der Typ gestoppt werden muss, oder soll er noch abwarten? Ist er gefährlich übervorsichtig, weil sie in einem geschlossenen Waggon sitzen und dann alle vom Gas umgehauen werden?

Ist das sinnlos?! Aber nein, soll dir sagen, Arschloch, Maul halten, Regel Nummer eins heißt Ruhe!

Die Mädchen sind in die Ecke gekippt, umschlingen sich, er

fixiert andere Mitmenschen, macht einen Schritt in den Gang rein. Und die Kanzlerfrau! Die steckt sich den Finger in den Arsch, tagtäglich, bloß nichts tun für diese Penner, nein – sein Zeigefinger sticht auf Augen zu –, jawohl, Penner sind wir für sie, doch sie denkt nach, natürlich denkt sie nach, aber wo denkt sie nach, im Arsch denkt sie nach, die Arschkanzlerfickfrau, tagtäglich, aber nichts tun, nein, außer uns von der Arbeit abhalten, hier in dieser Scheißkiste, und dann heißt es, du bist zu spät, sie lassen uns nicht raus, damit du und du und du zu spät kommst, Kündigung, Abgang, Abtreibung, Endlager, Todesstrafe! Beat kann seinen stinkenden Schweiß riechen über drei Bänke hinweg, versucht weiter einzuschätzen, wie gefährlich der ist, sein Zeigefinger kommt Augen schon bedrohlich nahe, wann ist der Punkt erreicht, dass ihm jemand in die Eier treten muss? Komplett verblödet scheint er allerdings nicht zu sein.

Austickende Beleidigte entwickeln ein Vielfaches ihrer psychischen und körperlichen Kraft, man muss ihn vor der finalen Energiezufuhr stoppen – wirklich wunderbar, nach der letzten Nacht hatte er sich einen ruhigen Tag erhofft und ihn auch verdient. Der Aufgebrachte geht den Gang weiter, hat einen alten Mann mit einem lächerlich altmodischen Hut entdeckt, die beiden Mädchen nutzen die Chance und hauen ab in den vorderen Waggon, panisch, geduckt, wie unter Beschuss. Und was machen der sehr geehrte Herr dagegen, schreit er ihn an, dreißig Jahre habe ich eingezahlt, damit der sehr geehrte Herr seine Rente bekommt, erst D-Mark, dann Euro und was passiert, Opa, sag du's mir, Ende, jawohl, und was bekomme ich vom sehr geehrten Herrn, was, was? Ich kann nichts hören, was ist, bist du besoffen von meinem Geld! Er stößt mit jedem Wort seinen austickenden Schädel in Richtung des Mannes, purer Hass in den Augen, er ist sich sicher, es ist dieser Alte, der ihn in den Abgrund stieß.

Hören Sie endlich damit auf!

Halt die Klappe und verpiss dich, Mann!

Beruhigen Sie sich, niemand tut Ihnen was!

Drei Stimmen in seiner Lautstärke hat der Irre jetzt gegen sich. Beat wirft einen Blick auf seine potenziellen Kampfgefährten, ein kräftiger Mann in Jeansanzug mit langen schwarzen Haaren und ein schmaler Junge mit Brille. Einen Nazitrupp würden sie vielleicht nicht aufhalten können, falls aber der Verzweifelte nicht gerade von den Schutzengeln Heckler und Koch begleitet wird, müsste es reichen, der dreht in diesem Moment den Kopf, seine Augen streifen über die Passagiere – wie, wo, hat er da irgendwas gehört?! Er glotzt blöd. Die Protestrufe sind nur vage in sein Gehirn gedrungen, sehen dort aus wie eine Neonschrift mit kaputten Buchstaben, und er hat keine Geduld, den Quatsch zu entziffern – die meinen mich, ballert es durch seinen Kopf, das geht gegen mich, die wollen mich zum Schweigen bringen, meine Meinung verbieten, ich habe auch Rechte …

Sieht aus, als habe er nun den entscheidenden Tropfen zu viel erwischt. Beat zieht die Hand mit dem Tränengas aus der Tasche, immer noch mit dem Gefühl, abwarten zu müssen, und tatsächlich, der Ausgetickte geht einen Schritt zurück, streckt die Hände zum Himmel und brüllt noch lauter als zuvor: Ihr macht die Welt kaputt, Teufäääl, verfluchtes, dummes Scheißvolk, macht alles kaputt, was dagegen ist, ihr Scheißpolizei!

Die sollte dieses Sackgesicht endlich abholen, denkt Beat, Kameraden wie dieser sind die Schlimmsten, denen ist der Rest der Welt doch ganz egal, sofern nur die Kinder den Eintritt ins Gymnasium schaffen und die Gattin den heiß ersehnten neuen Kühlschrank mit der integrierten multifunktionalen Satellitenschüssel bekommen kann, kaum aber sind sie ihren Job los, entdecken sie allüberall Geschwüre aus Missständen, allerorten ins Auge stechende Ungerechtigkeit, der Planet in Gefahr, sie wollen die Welt retten, ihr Volk, ihre Stadt – Jesus, warum sind diese Egoisten um mich herum nicht längst auf die Idee gekommen, dass unsere Gesellschaft verbessert werden muss, also gut, ich werde mich dafür hergeben, ich riskiere mein Leben und ziehe los gegen alles Übäääl … Die sollten diesen Ausgetickten ruhig ein paar Wochen einbuchten. Oh nein, das nicht auch noch, jetzt presst er die Fäuste an die Ohren und fängt zu weinen an, heult: 54, und alles ist weg, nein, nicht mit mir, ich hol's mir zurück, ich hol mir alles zurück! Beat steckt die Spraydose wieder in die Tasche, ein wenig stolz, dass er sein Alter richtig geschätzt hat – was hatte der gerade noch rausgeheult? Hatte dieser arme Hund nicht gerade einen glänzenden Refrain abgeliefert, ja, man muss nur zuhören können, die besten Songs liegen einfach auf der Straße, vor allem den Verzweifelten muss man zuhören, aus ihnen dann den Refrain rausholen, den Hit machen, die Millionen einsacken.

45 und alles ist weg
45 und du liegst im Dreck
aber nicht mit mir, yeah
ich hol mir alles zurück, yeah
alles, alles zurück.

Die Bahn zuckt endlich vorwärts, der unerwartete Ruck wirft den Typ gegen eine Stange, die Türen öffnen sich, er stürzt sich in die Tiefe, der Waggon atmet durch. Beat springt auf, entschlossen, den ausgetickten Mann zu verfolgen. Vielleicht kann er noch in letzter Sekunde eine Katastrophe verhindern und sich für drei Tage als Held feiern lassen. Er ist hin- und hergerissen, irgendwas von dem, was diesen Irren antreibt, versteht er nur zu gut, dennoch, obwohl sie derselben Generation angehören, scheinen sie in derselben Gesellschaft durch völlig verschiedene Erfahrungen gestolpert zu sein. Und er fragt sich, ob er in neun Jahren auch so weit sein könnte, derart vom Ekel vor der Welt überwältigt zu werden und das Problem mit einem großen Knall auflösen zu wollen.

Ja, schon möglich, doch.

Aber wenn schon, dann mit einem schönen Schauspiel, und wenn schon eine Straßenbahn, dann eine, die nach oben in die Luft fährt, so viel Stil muss sein, erst einmal alle Kinder und Krüppel raus, dann alle Weiber nackt an die Fenster, dann das von einem frechen Lächeln begleitete Victoryzeichen für die Medien, und dann das Feuerwerk – Mama, schau mal, ich komm jetzt hoch zu dia!!! Wie viel Dynamit muss man sich eigentlich um den Bauch schnallen, um so einen Waggon fliegen zu lassen? Er hat Mühe, den Typ in der Straßenbahnhaltestellenmasse nicht zu verlieren, rücksichtslos pflügt er sich durch die Leute, eine Maschine auf ihrem Weg, verfolgt, bedrängt, bedroht und angegafft – da prallt er gegen die Schulter eines fetten Rockers, der bleibt baff stehen, dreht sich um und will ihm die Faust in den Rücken schlagen, ist jedoch viel zu langsam, und als Beat an ihm vorbeikommt, riecht er, dass der Rocker betrunken ist und nichts von seinem Glück weiß, an dieser Zeitbombe heil vorbeigekommen zu sein, die ihm wahrscheinlich einfach einen Finger ins Auge gerammt hätte. Verdammt, er hat ihn verloren.

Mir erst den Anfang des Tags versauen, du Sack, und dann auch noch die Chance, ein Held zu werden.

In die Absturzkneipen dieser Gegend verschlägt es Beat selten, nur wenn es die letzte Rettung ist. Seltsamerweise dröhnt dort die glatteste Discomusik anstatt der eigentlich passenden Rocker-, Trinker-, Junkie- und Arbeitslosenmusik – Arbeitslosenmusik? –, die Welt ist voll von diesen schwer erklärbaren Widersprüchen. Austicken ist die verständliche Sehnsucht, Widersprüche beseitigen zu wollen, und Beten ist die Bitte an den Herrn, für unsereinen diese Arbeit zu tun. Doch der Herr Gott arbeitet ja nicht, hat er nie und wird es auch nicht tun, und sein Sohn ist nicht besser, nur einmal ein paar Meter ein Kreuz tragen und dann Ferien bis in alle Ewigkeit. Faules Egoistenpack. Wer ihnen folgt, braucht sich nicht wundern. Im Kopf macht Beat eine Liste mit Freunden und sehr guten Bekannten, die sich in letzter Zeit wieder näher zu Gott hin bewegt hatten oder auch Papstäußerungen nicht so schlecht finden. Irgendwann hatten sie angefangen über Häuser, Versicherungen, Wohnungen, Koch- und Geldanlagekunst zu diskutieren, und durch diese offene Tür war dann auch der liebe Gott noch mit reingekrochen.

Beat bleibt stehen, um jene Freunde mit den Fingern zu zählen, tippt mit dem Zeigefinger der rechten auf die Finger der linken Hand, und sagt laut Scheiße, als er die Finger seiner zweiten Hand benötigt. Er erschrickt und schaut auf, er steht mitten auf einem breiten Gehweg, belagert von Kaufhäusern, umschwirrt von Menschen, und benimmt sich, ohne es zu merken, wie ein Idiot. Die sollen sich doch um ihre eigenen Geschäfte kümmern. Er schlendert weiter, entdeckt ein Paar tolle Frauenbeine in hellblauen Hotpants, das Leben ist nicht nur schlecht. Und auch die Sonne gibt alles, kurz vor dem Herbst ist es erstaunlich heiß.

Verzeihung, haben Sie eine Uhrzeit für mich?

Da oben, sagt Beat und zeigt auf die große Kirchturmuhr, dreizehn Uhr acht.

Ach, ja sicher, hundert Mal im Jahr geht man daran vorbei, und dann.

Das ist die Hitze.

Da haben Sie recht, aber lieber Sonne als Regen, sagt die Frau im Weitergehen, hat es eilig, mit ihrer roten Handtasche. Verzeihung sagen nicht mehr viele.

Beat sieht die rote Handtasche für einen Moment von weit oben, als würde er auf einem der Dächer stehen. Amokschützen reagieren oft auf einfache visuelle Signale. Vielleicht vermisst es diese Tante sogar, dass ihr das Leben bisher nichts Spektakuläres geliefert hat, und hätte gegen eine kleine Schussverletzung gar nichts einzuwenden, ein Bild in der Zeitung und ihr ganz persönlicher Abenteuerbericht, mit dem sie bis ans Lebensende aufmerksame Zuhörer hätte … Alles ist möglich, und man muss mit allem rechnen. Hatte es da nicht sogar einmal einen Reporter gegeben, der einen Amokschützen für seine Aktion bezahlt hat, genauer gesagt, einen Pseudo-Amokschützen? Oder ist das jetzt nur so eine Idee?

Im Weitergehen stellt Beat die nächste Liste auf. Wie viele Nasen kenne ich, die ich Freunde nenne? Er legt strengste Maßstäbe an und erhält schnell ein präzises Bild. Und es sieht nicht gut aus, es sieht beschissen aus. Er hätte allen Grund dazu, selbst den austickenden Mann zu markieren; würde er jetzt von einem Hausdach auf Passanten schießen, dann würden sie sich bestimmt auf genau dieses Motiv stürzen:

Beat F. (45): Keine Freunde – Baller-Baller!

Amokläufer waren Typen, die keine Freunde hatten oder zumindest die subjektive Empfindung, keine Freunde zu haben. Subjektive Einsamkeit: kann man sich einbilden, dass man einsam ist? So wie Einbildung eben auch 'ne Bildung ist? Weiß ein Amokläufer, was er tut? Vielleicht wissen es nicht alle? Ist diese Situation möglicherweise vergleichbar mit der, die er selbst kennt? Wenn er plötzlich nicht mehr genau weiß, ob er gerade etwas ausgesprochen oder es nur gedacht hat. Ist es möglich, dass einer schießt und glaubt, er würde sich das nur im Kopf vorstellen? Beat muss das im Buch Amok nachschlagen. Und mal wieder das Album mit den Zeitungsausschnitten studieren. Schönes Thema für einen schönen Tag.

Meistens lässt es ihn kalt, ob ein Tag schön ist oder grau. Über den Häusern ein künstlich wirkender purer blauer Himmel. Die Menschen an den Tischen vor den Cafés wirken glücklich, da sitzen die, die keinen Tritt in den Hintern bekommen, tagtäglich, und die glauben, dass sie auch im nächsten Jahr keinen bekommen werden. Sie können die Sonne genießen und strahlen wie verrückt aus der Wäsche.

Beat geht langsam, er hat sein Jackett ausgezogen und über die Schulter gelegt, er sieht aus wie einer, der seine Mittagspause nicht quatschend auf einem Stuhl verbringen will, sondern mit einem lockeren Gang, man sitzt doch ohnehin viel zu viel, etwas Bewegung tut gut, ein Einzelgänger wahrscheinlich, kennt sich aus im französischen Kino und so … Aber er hat keinen Chef, bei dem er einen plötzlichen freien Tag beantragen müsste, und er wird in seinem Leben ziemlich sicher keinen mehr vorgesetzt bekommen.

Flutwellen von Schulkindern strömen durch die Straßen, sie haben sich für das große Casting zurechtgemacht, sind bereit für den Auftritt im Fernsehen; die einen rufen selbstbewusst, die anderen verzweifelt: ich bin doch auch gut genug, ein Star zu sein! Jawohl, das sind sie wahrhaftig, Beat gibt ihnen seinen Segen. Doch leider wird der nicht reichen. Denn die Popstargeschäftsbedingungen sind ähnlich kompliziert wie die Frage, inwieweit Stalin das Produkt der Auseinandersetzungen zwischen Lenin und Trotzki war, und wer von den kleinen Reservestars aber dennoch eine Chance bekommt, wird aufgeschlitzt, ausgeweidet, aufgehängt, zerteilt und verkauft, und das alles, im Glücksfall, ohne es selbst zu bemerken. Falls er eines Tages bereit sein sollte, seine große Show zu veranstalten, warum dann eigentlich nicht in einer Fernsehshow? Wäre doch viel wirkungsvoller als in einer dummen Straßenbahn. Wenn schon, dann richtig – das hatte ihm sogar seine Mutter beizubringen versucht.

Zwei Mädchen sitzen am Rand eines Brunnens, viel Metall im Gesicht, kontrastierend mit dicken Schminkstrichen, die Fingernägel kalkpornoweiß leuchtend, riesige Turnschuhe. Stumm, schauen düster, weiße Trash-Teenager in der alkoholfreien Problemzone am Mittag. Die eine hat ein Hörgerät, das ihre Schmerzen lindert, und Beat weiß, welcher Hit sie bis Einbruch der Dunkelheit tröstet: sie machen uns platt, ich hab das so satt, ich seh nur noch Wände, gib mir deine Hände. Die mit den Stöpseln im Ohr schleudert plötzlich beide Hände nach oben und schreit wie angestochen: ich hassääh diese Tussiii! Ihre Freundin zuckt zusammen, starrt sie entgeistert an, bemerkt, dass die Freundin nur so vor sich hin gebrüllt hat, schüttelt den Kopf, was ist denn mit der los, führt das dumme Huhn jetzt schon Selbstgespräche?

Beat versucht sich zu erinnern, wie er sich mit sechzehn gefühlt hat, kann sich nicht vorstellen, dass es besser war, hat allerdings nur einen vagen Eindruck. Jemand hat über seine Siebziger einen dichten Nebel geblasen. Das Wort Tussi und die Hörgeräte und die Wir-machen-dich-zum-Schrottstar-Sendungen waren jeden-falls noch nicht erfunden worden, dafür hatte das unbekannte Mädchen, das es eines Tages endlich mit ihm tun würde, seinen Kopf besetzt. In diesem Punkt jedoch hatte er falsch gelegen, denn es war dann kein Mädchen gewesen, das die gute Tat mit ihm voll-zog. Und was hat er in dem Alter werden wollen? Immer noch Ge-heimagent oder schon Abteilungsleiter im Mittelbau der Roten Armee Fraktion? Sicher ist nur, dass man damals leichter durch das weiße Trash-Leben gezogen ist. Man brauchte keine Ausbil-dung, um in irgendeinem Job genug Geld zu verdienen.

Und was wird dereinst mit diesen beiden Tussiprinzessinnen passieren? Er dreht sich um – rührendes Bild: sie umarmen sich.

Den Weg durch die Wüste schafft niemand allein. Und wer das weiß, weiß viel.

Beat holt seine Zigaretten aus dem Jackett. Die lange Schicht bis sechs Uhr morgens hockt noch auf seinen Schultern. Er wird jetzt langsam heimgehen und etwas schlafen, ehe er bei seinem Freund Kossinsky nachsieht, ob alles in Ordnung ist. Blödsinn, würde Kossinsky keifen, niemals ist alles in Ordnung, das ist nur eine kranke, scheißdeutsche Scheißvorstellung, Faller, Sie sind doch nun wirklich intelligent und alt genug, um nicht so einen gottverdammten Unsinn von sich zu geben, quälen Sie einen al-ten Mann nicht damit, das ist nicht und niemals in Ordnung! Ausgeruht wird er dann jemanden anrufen, den er kaum kennt. Er wird sich eine kleine Bande von neuen Freunden suchen, um auch weiterhin durch die Wüste gehen zu können, ohne in Ver-zweiflung zu ersticken.

Ein uniformiertes Polizeipärchen kontrolliert einen Mann, der in einer fast schwarzen Haut steckt, die Frau sieht sich die Papiere an, ihr Partner, einen Schritt hinter ihr, sorgt für die Sicherheit. Passanten gehen mit Abstand um sie herum. Beat ist zu müde, um den Vorgang aufmerksam zu verfolgen, schnappt nur einen Fet-zen auf – weitz nieht, illegal no, no illegal – und sieht an einer offenen Autotür eine Frau, die ebenfalls ein Problem hat, was macht die denn, ein Kind gegen seinen Willen hinten in einen roten alten Mercedes stopfen?

Es ist nur eine Kiste. Mit einer Hand und der Unterstützung ihres Oberschenkels versucht sie, die Kiste ins Auto zu schieben, während sie mit der anderen im Auto herummurkst. Schönes Kleid mit vielen bunten Blümchen, knapp kürzer als knielang, schwarze Stiefeletten, ein äußerst schön bewegtes Bild. Sie schimpft und flucht vor sich hin, kann die Kiste nicht in der Balance halten, Beat sieht Sekunden vorher, was passieren wird – die Kiste kippt, dreht sich aus dem Auto heraus in die Senkrechte, und eine Masse kleiner Schallplatten landet auf dem Pflaster. Wütend kippt sie den Rest der Singles hinterher, wirft die Kiste zu Boden und verpasst ihr einen Tritt.

Beat geht rüber zu ihr, gleichzeitig gehen sie auf die Knie und beginnen mit dem Einsammeln. Sie schaut ihn kurz an, ob jemand hilft oder nicht, ist ihr egal.

Das ist wieder ganz genau einer dieser Tage, sagt sie, ich werde noch wahnsinnig.

Es scheint aber nichts kaputt zu sein, sagt Beat.

Scheint, scheint, scheint! Der Schein trügt ja doch gelegentlich, hab ich gehört.

Stellen Sie sich vor, es würde jetzt in Strömen regnen.

Ich kann mir auch vorstellen, dass da jetzt ein Hund draufpisst, wenn dir das lieber ist.

Sie kehrt mit beiden Händen wütend die Singles zusammen und kriecht auf dem Boden herum, als müsste sie die Perlen einer gerissenen Halskette noch schnell am Wegrollen hindern, falsche Technik vielleicht, Beat sammelt sie langsam, stückweise ein und sieht sich an, was er aufhebt, Rock me Baby, für eine Frau mit so vielen Singles ist die aber ganz schön alt, so weit über Dreißig, dass man wohl schon um die Vierzig sagen muss, In the Middle of Nowhere, ihre Armreifen klirren auf dem Pflaster, und Beat entdeckt ein Dekolleté, das ihn noch langsamer werden lässt, wie sollte er sich bewegen, This is my Country in der Hand.

Sie richtet sich auf, ein paar Haare haben sich aus der hochgesteckten Frisur gelöst, zum ersten Mal schaut sie ihn wirklich an, den Helfer, der das Helfen anscheinend vergessen hat. Was ist denn damit? Sie deutet auf die Platte in seiner Hand.

Nichts, The Impressions!, sagt Beat.

Richtig, gut abgelesen, gratuliere.

Sie stöhnt genervt und beugt sich wieder runter zu den Singles, Beat sieht ihr zu, und dass sie nicht weiß, was sie ihm dabei zeigt, fasziniert ihn umso mehr. Er gibt sich weiterhin den Anschein, beim Einsammeln zu helfen, lässt aber seine Augen viele Fotos schießen, ihre dunkelblonden Haare sind bestimmt so lang, dass sie unbekleidet herumlaufen könnte und sich nicht nackt fühlen würde, und außerdem gefällt ihm ihre Art. Er überlegt, wie er sie auf sich aufmerksam machen könnte.

Das ist 'ne wirklich tolle Sammlung.

Ach, Gottchen, jaja.

Sind Sie auf dem Weg, um die zu verkaufen?

Sie hört zu raffen auf und fährt hoch. Verkaufen?! Sie macht eine Pause, der tickt doch nicht richtig. Ha! Du bist ja witzig! Verkaufen – sie mustert den Mann mit den abgeknallten Ideen.

Auf eine ironische Art ist sie konservativ gekleidet, mit dem Blümchenkleid und den schwarzen Stiefeln, vielleicht einen Hauch zu stark geschminkt, rote Fingernägel, endlich kann er ihr ein paar Sekunden ins Gesicht sehen, eindeutig um die Vierzig, und macht nicht den Eindruck, als würde sie in einem Straßenbahnwaggon, dessen Türen sich an der Haltestelle nicht öffnen, sofort durchdrehen, selbst wenn ihre Nerven gerade nicht die besten sind. Sie erinnert ihn an eine Sängerin, Sechzigerjahre, England. Bloß keinen Mist reden. Sie ist schon wieder bei der Arbeit, kann sie nicht endlich aufhören mit dieser ewigen Arbeiterei?!

Schade, sagt Beat, dann würde ich jetzt nämlich sofort zuschlagen. Sie lacht. Ist mir schon passiert, Tatsache, einmal fuhr ein Typ auf einem Fahrrad an mir vorbei, unterm Arm ein Stapel Platten, und rief mir zu, ob ich 'ne Platte brauche, ich sagte zeig mal, er hielt und ich kaufte die erste von Devo, ohne Cover, für zwei Mark.

Was für ein Wahnsinn, sagt sie.

Ihr Tonfall ist eindeutig – er hat es versaut. Sie hält ihn für einen Spinner, einen Schwätzer. Was könnte er ihr sagen, ohne dass sie sich über ihn lustig macht, und wie sie erkennen lassen, dass er sie versteht, dass er weiß, wie lächerlich er sich macht, nur weil er den Wunsch hat, sie ein wenig länger in seiner Nähe zu behalten? Sie trägt einen Büstenhalter, rot und groß. Ein anderes Wort dafür, das er mal als Junge gehört und dann aber vergessen hatte, fliegt durch sein Hirn, ausgesprochen von einem kleinen Österreicher: Busenhalter! Wahrscheinlich wurde das Ding irgendwo sogar Brusthalter genannt. Ob Büsten-, Busen- oder Brusthalter, irgendwie klingt das nach Nazijargon, denkt Beat und sieht, dass er Female Hercules vom Schmutz der Straße geborgen hat.

Mensch, wer sind Sie, dass Sie so was haben! Ich glaub's nicht, aber – er weiß, mit seinem Spezialistengefasel wird er es wieder versauen, doch er kann's nicht lassen – also I forgot more than you'll ever know ist viel besser, finde ich. Über eine Zeile wie I forgot more than you'll ever know about her kann ich stundenlang nachdenken.

Von unten herauf schaut sie ihn an, wird sich in dem Moment bewusst, welchen Anblick sie ihm bietet – ah! – und richtet sich auf, fummelt mit beiden Händen an Kleid und Büstenhalter herum und reißt ihm die Platte aus der Hand.

Aber Female Hercules passt viel besser!

Passen, wohin?

Genau hierher: Mann, Frau, raushängende Titten, Jukeboxsingles und mein heißer alter Schlitten.

Ja, das waren sie, die guten alten Zeiten, ich glaube, die waren schon vorbei, als der Song – Hut ab, sagt sie, da kennt sich ja jemand ganz, ganz super aus auf diesem Wissensgebiet, aber, Süßer, du kannst mir noch zehntausend so Sachen erzählen, ich bin keine Millionenshow, tut mir sehr leid, und übrigens, sie berührt mit ihrem Zeigefinger, der in einem dicken roten Ring steckt, seinen Oberschenkel, du hast da ein Brandloch, trotzdem, schicker Anzug. Sie sammelt die letzten Singles ein, stopft sie in die Kiste, springt auf und klatscht in die Hände. Nicht fröhlich, sondern verärgert, weil es einer dieser Tage ist, an dem ein Missgeschick das nächste jagt.

Sag mal, und hör jetzt bitte mal auf mit deinem Sie, Süßer, biste nicht 'n bisschen zu alt, um dich dermaßen für diesen Kram zu begeistern? Er zuckt mit den Schultern, fühlt sich überrumpelt, seine Exfrau hat ihn das auch gern gefragt. Oder bist du auch in den Sechzigern hängen geblieben wie ich, das siehst du doch – sie macht eine Geste, die ihren Körper von Kopf bis Fuß umfasst –, dass ich den Absprung in die Gegenwart nicht geschafft habe.

Wenn's denn so gut aussieht, sagt Beat.

Huch! Ein Kompliment! Das ist doch – kann ich mich mit einer Zigarette bedanken? Und könntest du das diesmal übernehmen? Er hievt die Kiste auf den Rücksitz des Mercedes, während sie ihre Handtasche vom Beifahrersitz nimmt und eine Schachtel Zigaretten aus der Tapetenmusterhandtasche holt. Als er ihr Feuer gibt, nimmt sie seine Hand. Eine Geste, die er sonst nicht ausstehen kann.

Bei mir jedenfalls ist das so, meine Freundinnen fragen mich das dauernd, bei Singles denken die nur noch an sich selbst: ich bin Single, ich hasse Singles, ich möchte lieber wieder Single sein, oder nie wieder Single. Was anderes haben die wirklich nicht mehr im Hirn. Aber mich dumm anquatschen, weil ich immer noch echte Singles habe und immer noch mehr haben will, kennst du das nicht?

Nein, kenn ich nicht. Ich habe keine Freunde.

Mensch, du Ärmster, und ich dachte immer, dass Schallplattenmänner immer ihre Schallplattenfreunde haben, genau wie Schallplattenmädchen ihre Schallplattenmädchenfreundinnen.

Dass sie sich als Mädchen bezeichnet, macht Beat misstrauisch. Er interessiert sich schon lange nicht mehr für Mädchen. Konnte es sein, dass sie eine von denen war, die es nicht geschafft hatten, ins Frauenalter rüberzumachen? Eine von der Sorte, der es nur mit einer spektakulären Aktion gelang, erwachsen zu werden, also nur mit Mann und Kind, bei der Gelegenheit sofort mit allem radikal brechend, und die die alten Zeiten nur noch am Geburtstag und nur mit der allerbesten Freundin aufleben ließ, weißt du was, wird die allerbeste Freundin angelallt, früher ist mir meine Mutter nur auf die Nerven gegangen, aber heute kann ich sie verstehen und find's nicht schlecht ... Und wenn nun aber der kindertaugliche Mann nicht des Weges kam, blieb man einfach ein Mädchen, steckte sich jeden Abend eine Single in den Schlitz, summte mit und wurde langsam älter und schrullig. Ist das der Sprung in der Schüssel dieser Tante? Sie berührt ihn am Arm, er zuckt zusammen.

Hab ich was Falsches gesagt?

Nein, ich weiß, was du meinst, kenn ich genauso, sie halten mich für zurückgeblieben, weil ich mir eine Single kaufe, aber den Arsch, der zehntausend Leute feuert, weil der Konzern letztes Jahr nur acht statt dreizehn Prozent mehr Gewinn gemacht hat, nennen sie erwachsen. Was für einen tollen Vortrag hielt er ihr denn jetzt wieder.

Wunderbar, aber weißt du, was ich eigentlich damit sagen wollte, Süßer? Dass mir dieser ganze Schallplattenkram schon seit einiger Zeit auf die Nerven geht, ich meine das Reden drüber, das Getue, die Bücher, Magazine, Dijays, ich kann den Quatsch nicht mehr ertragen, und zu jedem Geburtstag schenken sie mir immer wieder aufs Neue Bücher über Schallplatten, Dijays, Girl Power, das Grauen, ohne Ende, Beat muss lachen, sie ist großartig, aber die Sache ist die, Süßer, ich kann nicht aufhören, all das Zeug zu hören, alt oder neu, es macht mich glücklich, was willste denn sonst machen, soll ich mir vielleicht den Scheiß im Fernseher ansehen? Meine Schwester, die dumme Kuh, die meint, ich soll mich endlich von meinen Teeniemacken verabschieden, aber was hat denn Musikhören mit Teeniemacken zu tun, bitteschön, und dann heult sie mich wieder voll, ihr Leben sei so reizlos geworden, dann nimmste eben Drogen, sag ich zu ihr, vielleicht fällt dir dann

22

auch wieder ein, dass uns die Amerikaner nicht nur Fastfood mitgebracht haben, Mensch, da kann ich mich wirklich aufregen!
Aber ich habe den Eindruck, du verstehst genau, wovon ich rede,
kann das sein? Obwohl du mir herkulische Musikvorträge hältst,
die ich schon tausendmal gehört habe.

Absolutely, sagt Beat.

Was soll das heißen, absolut vielleicht?

Du hast's erfasst, Süße.

Sie soll wissen, dass er ihre Marotte, Süßer zu sagen, erkannt hat.
Sicher arbeitet sie in einer Kneipe oder hat ein paar Jahre in einer
gearbeitet. Beide sind sie in einem Alter, in dem man jede Person,
die man neu kennenlernt, vorsichtig beobachtet und sich fragt, ist
das eine charmante Schramme oder ein Schlag, den man schon
beim zweiten Treffen unerträglich findet, kommt sich dieser Affe
toll vor, weil er absolutely sagt? Vorsorglich erklärt er ihr, dass er
diese sicher nicht lang anhaltende Marotte grade aus den Staaten
mitgebracht habe, wo die das dauernd gesagt hätten. Und ist enttäuscht, dass sie keine Frage stellt, als wäre das eine alltägliche Reise,
glaubt sie etwa, er ist ein Obergruppenführer bei Siemens, der einmal im Monat seine Unterpenner in New York aufklärt?

Trotzdem, ich muss los. Sie wirft die Zigarette weg. Bist du
eigentlich auch so ein Single mit vielen Singles?

Tja, gute Frage.

Das würde ich an deiner Stelle dann aber doch mal genauer
rausfinden, meinst du nicht?

Wie ist er nur auf diese dämliche Antwort gekommen. Sie
klappt die Handtasche auf und überreicht ihm einen Flieger. Falls
er heute Abend nichts Besseres vorhabe, könne er sich dort einen
Schwung ihrer Singles anhören.

Ganz sicher, sagt Beat, und weißt du was, wir sind Kollegen,
und soweit ich gesehen habe, lieben wir dieselbe Musik, passiert
mir nicht oft, dir? Aha, sagt sie. Er hatte erwartet, es würde sie
freuen. Darf er sie – diese Sonne! – auf einen Kaffee einladen?

Ganz sicher nicht, sagt sie, ich muss los, vor dem Abend noch etwas schlafen, schlechte Laune beseitigen, ich habe letzte Nacht keine Sekunde geschlafen, weil der Mann, der in der Wohnung über mir wohnt, die Nacht durchgebrüllt hat, Kündigung und Saufen, in den letzten Wochen hat der sich immer mehr in einen Übergeschnappten verwandelt. Aber als der noch normal war, wenn der mitbekommen hat, dass ich erst morgens heimkam, hat der mich von so weit oben wie eine Nutte behandelt. Und die Frau an seiner Seite, eine blöde Scheißkuh, die nicht weiß, was sie tun soll, außer heulen und sich anbrüllen lassen, ich wollte schon die Bullen rufen, aber ich weiß nicht, womöglich dreht der vollkommen durch, wenn er die Polizei vor der Tür hat, hoffentlich hat er sich inzwischen aus dem Fenster geworfen, ich könnte mich vielleicht aufregen, entschuldige, bis später, Süßer.

Im Davonfahren grüßen ihn ihre Finger aus dem Schiebedach, mit dieser klassischen, schnuckeligen Fingerwellenbewegung der Frauen. Eine vernichtende Geste. Er hat das Gefühl, sich daneben benommen zu haben, ein quatschender Onkel, der bei jeder Gelegenheit einen seiner Kommentare anzubringen weiß. Ekelhaft. Passierte ihm eigentlich nur, wenn er betrunken war.

Ein Polizeihubschrauber kracht in genauer Linie über der Straße dahin, und ein paar Sekunden sieht es aus, als würde er dem Mercedes Begleitschutz geben. Nicht ausgeschlossen, dass sie dich überwachen, flüstert sein paranoides Warnsystem, du arbeitest schließlich in einer gastronomischen Zone, in der es Drogen gibt, und außerdem für eine Firma, die dir selbst zunehmend mehr als dubios vorkommt. Dann wäre diese Begegnung eine perfekte Inszenierung gewesen – ach was, niemand würde auf die Idee zu einer derart wirren Begegnung mit einer als Plattenfetischistin getarnten Ermittlerin kommen. Dumm nur, dass die einschlägigen Bücher berichteten, dass viele der tatsächlich durchgeführten Operationen viel verrückter waren.

Unsinn, protestiert Beat, die Einladung zum Kaffee hätte sie dann logischerweise angenommen!

Eben nicht, sagt sein paranoides Warnsystem, eben nicht, Alter, schon bist du reingefallen.

Sein Telefon unterbricht die Analyse. Ein Mann statt einem Gruß: Mann, sagt der Mann, zehn Uhr war doch ausgemacht. Morgen zehn Uhr, sagt Beat, nicht heute. Quatsch, du bist immer der Allerletzte, kannst du das nicht endlich mal abstellen, ich hab langsam wirklich keine Lust mehr, deinen Texten jedes Mal hinterherzulaufen, ich habe noch andere Dinge zu tun! Und was denn, aufpassen, dass nicht zu viele in deinen Arsch kriechen wollen?

Der Anrufer hatte hoffentlich nicht zu früh aufgelegt, dieser Oberamtmann, der ist das Allerletzte, und der Allerletzte zu sein ist immer noch besser als das Allerletzte. Diese Zeitungsmuschi in ihrem Sessel! Der bekommt schon Panik, wenn er nur an die ruhige Kugel denkt, die er zu schieben hat – ein Amokläufer in der Straßenbahn, eine Frau in Not, alles egal, den interessiert nur, ob du zu spät bist. Zum Glück hatte er ihn vorhin von der Liste seiner Freunde entfernt, der Beweis, dass sein Instinkt funktioniert, auch wenn er ein Fünfundvierziger ist, und mit einer ebensolchen wird er ihn eines Tages besuchen, eine andere Sprache verstehen die nicht, aber dann dumm in der Wäsche zittern und behaupten, unschuldig zu sein … Auch die Liste der Geschäftspartner, mit denen er nichts mehr zu tun haben will, wird er schnell aufstellen – er ist viel zu geduldig, nett, hat ein zu gutes Herz, das wird ausgenutzt, damit muss Schluss sein. Er ist nicht gut in solchen Reinigungsarbeiten, aber es ist unvermeidlich, demnächst muss damit aufgeräumt werden, aufräumen, ehe sie dich wegputzen – drei muslimische Frauen kommen auf ihn zu, eine junge und zwei ältere, Türkinnen wahrscheinlich, in dunkle lange Gewänder gehüllt, nur die Gesichter leuchten aus den dunklen Kopftüchern heraus; sie gehen nebeneinander, bedächtig, die Häupter gesenkt, ein umwerfend starker Anblick, filmreif: Gangster, die sich mit Verkleidungen auskennen, die alle Aufmerksamkeit von ihren Absichten ablenken, später werden sich die Zeugen nur an Kleider erinnern, an kein Gesicht; zu Weihnachten schlagen sie in Niko-lausklamotten zu.

Das trifft sich gut, dass sie seinen Weg kreuzen, er wird sie nach ihrer Meinung fragen zu einer Meldung, die er gestern gelesen hat, vielleicht hat er was falsch verstanden und sie können das kor-rigieren – im Südosten der Türkei war eine Fünfzehnjährige von ihrem Bruder erschossen worden, weil sie ein uneheliches Kind geboren hatte. Vom Familienrat beauftragt, besuchte der Bruder sie im Krankenhaus und erledigte die Sache während eines Spa-ziergangs. Die Krankenhausärzte hatten die Polizei vergeblich dar-auf hingewiesen, dass das Mädchen in Gefahr war. Und weiß das Trio, dass der oberste Muslimpfaffe Australiens soeben eine be-achtliche Predigt über seinen Leuten abgeworfen hat?

Wenn du Fleisch ins Freie stellst, ohne es abzudecken, kommt die Katze und frisst es, und die Schuld daran trägt nicht die Katze, sondern du, weil du das Fleisch nicht bedeckt hast.

Und also sind unverschleierte Frauen, hatte der Poet seine Fabel den Schafen erläutert, die dadurch Sexgangster wie ein Magnet anziehen, selbst schuld an ihrem Unglück; und ebenso recht geschieht den Frauen, die sich anzüglich bewegen und sich Schminke in die Visage schmieren, wenn sie dafür von einem Richter fünfundsechzig Jahre Knast verpasst bekommen, damit sie keinen Mann zu einem Verbrechen nötigen können – sieht so aus, als hätte Beat viel zu diskutieren mit den drei näher kom-menden Frauen. Und er wird die umliegenden Dächer dabei im Auge behalten: ein Schütze könnte sie ins Visier nehmen, weil sie keinen Schleier tragen; oder ein katholischer Irrer, weil er sein Vaterland von ihnen befreien will; oder es schießt ihn einer ab, weil er sie anspricht … Was für ein Tag, man will nur frische Luft holen und wird von den kompliziertesten Problemen angegriffen, die sich höhere Wesen zugedröhnt für dich ausgedacht haben.

Du streichelst geistesabwesend deine Katze, bis du bemerkst, was sich wie eine Katze anfühlt, ist ein Puma.

Er will sie nicht anstarren, um herauszufinden, ob eine von

ihnen geschminkt ist, aber er könnte vor jedem Gericht bezeugen, dass sie sich auf keinen Fall anzüglich fortbewegten, und er hat schon fast ganz verhüllte junge Frauen gesehen, die sich so sexy bewegten, dass man sie mit Beton hätte umgeben müssen, um die Umwelt vor dieser Ausstrahlung zu schützen – zugegeben, er ist ein perverses ungläubiges Westschwein, ging als Teenager in seine katholische Betstätte in der Hoffnung, vor sich ein Mädchen im kurzen Rock zu entdecken, das in der Bank kniete und betete, während er selbst betete, oh Menschlichster der Dreifaltigkeit, lass mich mit meinem Ständer nicht auffliegen, und einmal hatte er eine junge Zeugin Jehovas an seiner Tür gehabt, mit einem schönen Gesicht, in dem die Frauensexmerkmale Lippen und Augen geradezu klischeehaft überwältigend waren, kurze blonde Haare und so große Brüste, dass sie Gottvater und Sohn dazwischen hätte ersticken können, und auch er nicht wusste, wohin sonst er sehen sollte als auf dieses vielleicht nicht intelligente, aber wunderbare Design. Die Zeugin hatte sehr viel Angst in ihren blauen Augen, denn sie sah sich selbst mit seinen Augen und sie schämte sich, weil sie glaubte, schuld zu sein an seinen Gedanken und denselben von vielen anderen. Es war ein Verbrechen, die junge Frau mit Jehovabotschaften raus und durch fremde Häuser zu schicken, sie hätte auch keine Chance gehabt, wenn die brave ältere Frau, die sie begleitete, ein Schnellfeuergewehr in der Hand gehalten hätte.

Manchmal benutzt Beat diese Erscheinung wie eine Bildplatte, die er in den Computer schiebt – sie ist allein und kommt in seine Wohnung, sie setzen sich auf das schwarze Ledersofa, sie redet ihre Jehovareden, er hört ihr andächtig zu, seine Hände legen sich wie von einem Magnet gelenkt auf ihre Brüste, die ihm sofort entgegenkommen, sie legt den Kopf zurück, sie stöhnt hoch und wimmernd, verströmt weiter ihren Jehovasermon, der von lauten Atemstößen zerrissen wird, er zieht ihr den Pullover über den Kopf, hakt den alles bedeckenden dicken weißen Büstenhalter auf, lutscht an ihren großen Brustwarzen, schiebt mit ihrer Hilfe den Rock hoch, küsst sie am ganzen Körper, fickt sie, während sie ihren Gott anruft, und spritzt auf ihre Brüste, die ihre Hände zusammenpressen, und dann streckt sie ihm ihren Kopf entgegen mit weit geöffnetem Mund … Zurück bleibt eine Bibel neben dem feuchten Fleck von ihr.

Diese Szene hatte Beat nach dem Besuch skizziert und der Filmfirma geschickt, die er mit solchen Ideen belieferte. Der Chef war begeistert, sie bauten daraus ein Es-klingelt-an-der-Tür-Filmchen mit verschiedenen Episoden. Nur seinen Schluss mit der Bibel hatten sie dann bei der Jehovaepisode gestrichen – denn, das ist doch mal glasklar, Kollege, das zieht den Kunden nur runter und bringt sonst gar nichts, außer womöglich, dass man uns wegen Verstoß gegen religiöses Dingens in Arsch ficken will, sagte sein Chef, der Dieter, vielleicht stehst du da drauf, meiner weniger. So was hatten sie in den guten witzigen Zeiten gemacht, aber die waren vorbei. Dieter war von seiner Geldgier überwältigt worden, und die Filme seiner Firma waren zunehmend und dann ausschließlich brutal, billig und auf die dümmste Art technisch geworden; Geschichten, Anspielungen oder Komik waren nur noch überflüssiger Scheiß, und Beat hat ihnen seit Monaten nichts mehr verkaufen können; der Job ist erledigt, aber bei Begegnungen wie mit dieser Singlesfrau kommen die Ideen immer noch automatisch; er muss den Automat kaputt machen.

Seit dem frühen Morgen haben sich auf Beats Mobiltelefon vier Anrufe von einem wütenden Dieter angesammelt, der sofortigen Rückruf fordert, und ihm ist klar, dass es um das Problem geht, das sich angebahnt hat, als er Dieter zuletzt in seinem Büro besuchte. Wie groß das Problem ist, kann er nicht einschätzen – aber wie heißt es schon in der Bibel so schön: wenn du weißt, du hast es mit Leuten zu tun, die dir in den Rücken zu schießen bereit sind, dann vergiss die guten Manieren und sei schneller.

Das Jehovamädchen hat er nie wieder gesehen; die hatten sie sicher in ein Jehovameditationszentrum eingeliefert und ihre kriminellen Auswüchse exorziert … Dazu wird er die drei Frauen

28

nicht befragen, aber ob sie sich vorstellen können, dass siebenundsiebzig Prozent der Studentinnen an der Universität von An-
kara der Meinung sind, dass eine Frau zu Recht von ihrem Mann
geschlagen wird, wenn sie das Essen hat anbrennen lassen? Beat
kann sich nur vorstellen, was sein türkischer Freund Yz antworten
würde – siebenundsiebzig Prozent aller deutschen Studentinnen
würden ganz Asien anbrennen lassen, wenn du ihnen eine Million
in die Hand gibst, was sagst du dazu?

Er stellt ihnen keine einzige Frage.

Für einen Moment bilden Beat und die drei Frauen eine kleine
Mauer auf dem Gehweg.

Scheiß auf den ganzen Scheiß, pflegt sein Freund Yz zu sagen, die
können mich doch mit ihrem Allahkram wie ihr mit dem Papst-
kram, und vor allem, Bruder, am meisten gehen auf die Eier, die
sich für was Besseres halten.

Kann er Yz noch als seinen Freund betrachten? Beat weiß seit
einem halben Jahr nicht, wo er ist, wie es ihm geht, hat ihn nirgendwo zufällig getroffen und sich nicht bemüht, ihn zu finden,
ein schöner Freund, und Yz hatte sich bei ihm nicht gemeldet. Da
ist irgendwas passiert. Er bleibt stehen. Yz' Familienname fällt ihm
nicht mehr ein – nur ein kurzer Aussetzer an einem hektischen
Tag, nur die Ruhe.

Ein Richter würde da kein Indiz für Freundschaft erkennen –
Sie wissen also nicht einmal den Familiennamen Ihres Freundes
und wollen mich davon überzeugen, dass er zu dieser Tat niemals
fähig wäre? Wertes Hochgericht, wenn ich mir die kurze Ausführung erlauben dürfte, es gibt Freundschaften, die in Gaststät-
ten geschlossen werden und doch von einer Qualität sind, dass sie
Familien, Kriege und Systeme zu überdauern imstande sind, und
erst am Grab des einen vollendet werden, wenn der Überlebende
auf dem Grabstein des Verstorbenen dessen Familiennamen erfährt, was dennoch vergleichsweise unwichtig ist … Yz hatte ihn
angeschaut, als Beat ihm erzählte, dass er hin und wieder vor

einem Grabstein stand, auf dem er seinen Namen lesen musste, wie eine Erscheinung.

Wo ist das Problem? hatte er den Türkischen gefragt, den sie schon als Kind nach Deutschland verfrachtet hatten.

Du bist der erste Mensch, ich treffe auf diesem Scheißplaneten, dem das genauso geht wie mir, wenn ich stehe am Grab von meinem Großvater!

Wie willst du denn jemanden treffen, wenn du immer nur in Kneipen bist mit denselben paar Leuten.

Das ist ein richtig komisches Gefühl, kann ich dir sagen.

Das kannst du aber laut sagen.

Bist du vielleicht taub oder was?

Das sagt man so, das kannst du laut sagen, das heißt, ich gebe dir vollkommen recht, das ist eine Redensart.

Eure Lebensart kannst dir in deinen dummen deutschen Popo stecken.

Pass auf, irgendwann läufst du in den falschen deutschen Mann und dann geht's dir dreckig.

In einem deutschen Mann biste immer falsch und machst dich dreckig, merk dir das, mein Freund.

Hör schon auf, du Schlaukopf, leih mir lieber mal kurz dein dummes Handy.

Mein kleine Schwester ist billiger, wenn du was Schlaues in die Hand nehmen willst.

Und deine Mutter?

Hier, ruf an, ob sie noch Termin frei hat.

Ich hab nur Spaß gemacht, sagte Beat.

Aber ich nicht, du mieser Germane.

Sag mal, wenn wir sterben, meinst du, die schreiben dann nur unsere Jahreszahlen auf den Grabstein oder auch die Namen? Weil unsere Namen stehen ja schon da.

Ich will mein eigenes Grab, Alter, ich will Ruhe haben, Opa und Oma beten immer, nichts für mich.

Später am Abend wird er Yz suchen, an einem ihrer Plätze wird jemand etwas wissen, und er selbst wird schließlich hereinkommen und ihm mit einem Schrei die Hände entgegenstrecken. Wenn nicht, ist er – das ist die Erklärung, sie kommt wie ein Schlag in den Bauch – im Krankenhaus. Ein Bild nach dem anderen schießt durch seinen Kopf, Auto, Unfall, Rollstuhl, ein ausgehöhlter leerer Körper, in dem kein Yz mehr ist. Beim Sterben seiner Mutter hatte Beat zuletzt ein Krankenhaus betreten, sie lag im Bett und weigerte sich, mit ihm zu sprechen. Vergiss doch die blöden alten Geschichten und sprich mit mir, flüsterte er in ihr Ohr. Aber sie hätte nicht mal mit dem Heiligen Vater gesprochen – sie war schon in einer Zwischenzone, in der nicht mehr gesprochen wurde, und weil er sich vorstellte, dass sie ihn immer noch verstand, sagte er, das macht nichts, dass du nicht mehr mit mir sprechen kannst, ich habe dich immer geliebt und danke dir für alles. Seine Mutter hatte bei Regen, Kälte, im Herbst, Winter und Frühling auch oft ein Kopftuch getragen, und als der Adolf im Himmel schon längst mit dem Jesus spazieren ging, tat sie das immer noch, denn die guten alten Sitten auf dem katholischen Land waren so anständig gebaut wie eine deutsche Autobahn.

Er dreht sich um – sind die drei mit den Kopftüchern noch zu sehen oder müssen sie inzwischen dem Polizeipärchen etwas erklären?

Zwischen den Leuten kann Beat nur noch die Kopfbedeckungen der drei Frauen entdecken, drei dunkle Scheiben, ruhige Punkte in einer wirren Umgebung. Sie sind die Einzigen, die sich von ihm entfernen, alle anderen Passanten kommen auf ihn zu, das sieht ekelhaft aus, und sie sind die Einzigen, mit denen er sprechen möchte. Es scheint sie niemand zu belästigen oder zu beobachten, und für ihn scheint sich – scheint, scheint, scheint, der Schein trügt ja doch gelegentlich, hab ich gehört! – ebenfalls niemand zu interessieren. Er weiß nicht, wie lange er schon so dasteht, er muss einen verwirrten Eindruck machen, fehlt nur noch, dass er laut Mama gerufen hat. Es ist nicht gut, dass er unruhig ist an einem unruhigen Tag, er hat zu wenig geschlafen, nachdem er bis um sechs im Stahlgewitter gearbeitet hatte. So schnell kann der dämliche blaue Sonnenhimmel nicht sein Gemüt besetzen; der Eindruck, in seinem Leben endlich aufräumen zu müssen, beschäftigt ihn zu stark. Er hat sich in den letzten Jahren mit drei Jobs nicht schlecht gehalten, und zu klagen wäre ihm lächerlich vorgekommen – aber mit dem einen ist er fertig, mit dem zweiten so gut wie, und der dritte macht ihn langsam fertig. Da ist die liebe Sonne am letzten heißen Tag des Jahres nicht so sensationell.

Er geht weiter in die Richtung, in die sie alle gehen. Eine alte Frau wackelt ihm entgegen, dick verpackt in dunkelbraune und schwarze Kleider und Tücher, die aussehen, als würde sie sie nur einmal die Woche aus- und nach dem Waschen wieder anziehen; trotz ihres klobigen Gehhilfestocks mit einem dicken Stück Gummi für bessere Bodenhaftung geht sie langsam und mühsam, der Oberkörper pendelt nach links und rechts wie ein Metronom. Und schon wieder ein Kopftuch.

Das Bild kennt Beat aus seiner Kindheit, es gab viele von diesen alten Frauen, die bei jedem Schritt den Oberkörper extrem weit zur Seite beugen mussten. Heute sieht man sie nur noch selten, und bald werden sie verschwunden sein, und er wird sie vermissen, obwohl sie kein schöner Anblick sind. Sie lebten eher in den Dörfern und kleinen Städten als in den großen. Eine heute siebzigjährige Stadtfrau, die mit zwanzig Jahren Elvis mitbekommen hatte oder dann vierundsechzig mit dreißig die Beatles, die kann nicht zu so einer alten Frau werden, sich diese Kleider überziehen und demütig durch die Straßen schleichen – Entschuldigung, dass ich im Weg bin. Aber auch exzentrische arrogante alte Chicks schleichen so selten durch die Straßen, wo sind sie alle, die im Heartbreak Hotel zwischen den Beinen durchgeschleudert wurden? Irgendwann wurde fast eine jede ins zuständige Amt gerufen und bekam den Sack mit Altefraukleidern ausgehändigt – und auffällige schrille alte Männer trifft man noch seltener, Sechzigerbeatniks mit langen weißen Haaren, in karierten Anzügen, in

32

denen der Duft von Marihuana hängt, die vor sich hin zetern, ich
habe die besten Köpfe meiner Generation verblöden sehen ...
Man stößt schon ein Dankgebet aus, wenn man mal einen alten
Kerl sieht in einem passablen Anzug, und der Kerl ist kein Ban-
kier oder sonst ein Hochverdienter in gesellschaftlichen Angele-
genheiten, der nach seinen vielen sauber durchgeführten Massen-
entlassungen in seinem üblichen Businessoutfit hängen geblieben
ist, sondern nur ein normaler Kerl, der die genormte Altersack-
kleiderordnung zum Kotzen findet.

Alle unterhalb der Oberschicht werden in diese Norm für Alte-
leuteklamotten reingetreten, niemals Politiker und Wirtschafts-
kapitäne, das ist offensichtlich, und es kommt nie so weit, dass einer in diesem Alter auf ein Dach steigt, um sich mit ein paar
Schüssen Luft zu verschaffen.

Jeder gibt irgendwann auf – aber wann?

Die Alte bleibt vor einem großen Schaufenster stehen, dessen
Angebote Beat noch nicht erkennen kann, gekrümmt und den
Kopf nach oben gereckt, ein kleiner Wicht, der angesichts der un-
erschwinglichen Überlebensmittel eines Reformhauses seine Tage
zählt. Kurze Rast am letzten Reformhaus vor dem Friedhof ...
Beat geht noch langsamer, das triste Bild verklebt ihn, dann bleibt
er neben ihr stehen – und schaut sie verblüfft an. Denn was sie einer sorgfältigen Musterung unterzieht, sind Dessous, Puppen in
knappen oder schildartig massiven Büstenhaltern, mit halterlosen
Nylonstrümpfen und Strapsen, durchsichtigen Nachthemdchen;
eines der Plastikgirls trägt hohe schwarze Lederstiefel. Sieht die
Alte, was er sieht? Denkt sie an das, was ihr das Leben nicht geboten hatte? Erinnert sie sich an die guten alten Zeiten? Die Situation ist peinlich, aber Beat kostet sie aus mit dem Gedanken,
dass sie sich in seinem Leben kaum wiederholen wird, und erinnert sich an einen bekannten Autor, der als alter Mann in seiner
Autobiografie bekannte, immer noch ein Büstenhalter-, Korsett-
und Strapsfetischist zu sein, der von seinem jahrzehntelangen
Hobby nicht lassen konnte, aus Wäschekatalogen Modelle auszu-

schneiden, sie in ein Album zu kleben, gebannt in Schaufenster zu starren oder auf die Puppe in seinem Arbeitszimmer. Er kommt nicht auf den Namen, ein Franzose natürlich, und die Frau mit den Schallplatten, er hat vergessen, sie nach ihrem Namen zu fragen, sie wirkt, als habe sie für solche Sachen was übrig, oder hat sich die Alte in ihren Gedanken verlaufen und weiß nicht mehr, wo sie ist?

Mit beiden Beinen im Grab, doch wo ist der Rest?
Sie hat 'ne Pistole, doch wer schenkt ihr die Kugel?
Und wo soll sie hin, nach Ost oder West?

Die Sängerin, die er einmal mit den Gravestones gesehen hatte, war nicht unbedingt jünger, steckte jedoch in einem Lederanzug und sah mit Schminke und Perücke aus wie ein Revuegirl in einer Freakshow mit alten Rock'n'Roll-Schlampen – Süßer, es gibt was, das die alten Mädchen, die noch starke Gefühle haben, besser können als die jungen, schließ einfach mal die Augen –, die nicht weniger Würde hatten als die ebenso betagten Gattinnen der seriösen Stützen der Gesellschaft, die so taten, als wüssten sie nicht, dass ihr Gerede und Gehabe niemanden interessierte.

Es ist pure Propaganda, wenn sie uns tagtäglich einbläuen, die Würde im Alter sei zwingend mit immer mehr Zurückhaltung verbunden.

Das sind vielleicht Preise, oder? sagt Beat.

Das Hurensach, sagt sie, das hat schon immer viel gekostet.

Gab's das früher auch schon?

Bei uns nicht, aber die Amerikaner. Aber mitgenommen haben sie uns nicht, die Saukerle.

Sie wackelt murmelnd weiter, stößt sogar mit dem Stock in den Boden, jetzt eine aufgeregte Kriegsoma, wie im Fernsehen, wo die aufgeregte, in dunkle Kleiderschichten verpackte Kriegsoma immer nur die eine Rolle bekommt: sie beklagt ihren getöteten Jungen, der immer ein guter Junge war, ob er für die Mafia

34

drei Staatsanwälte und ihre Familien gekillt hat oder sich in einer Gruppe jüdischer Kinder in die Luft gesprengt hat. Ihr Junge war immer tapfer, lieb und ehrenhaft und gut zu jedem Mitglied der eigenen Familie – und keiner weiß, was die Kriegsoma denkt, wenn sie dann wieder zu Hause sitzt. Ihr nach links und rechts ausschlagender Körper sieht zwischen den Leuten absurd maschinenhaft aus. Oder auch wie eine Einladung, ihre Handtasche zu klauen. Beat ist nicht blind, er weiß, diese Oma gehört zu einer Klasse, die nicht zum Doktor geht, weil sie mit dem Zehner ein Problem hat, ohne den der Onkel Doktor nicht bereit ist, einen Blick auf ihr abgelaufenes Fleisch zu werfen.

Es gibt Serien im Leben. Vor zwei Jahren war Beat von einer Serie attackiert worden, die ihn wahnsinnig machte. Wohin er auch ging, allein oder in Begleitung, er war ein beliebtes Ziel von Leuten, die ihn mit Sprach- und Gedankenmüll eindeckten; egal, ob er sie aufforderte, ihn in Ruhe zu lassen, oder einen freundlichen Satz sagte, sie ließen sich nicht davon abbringen, ihn umnieten zu wollen, und er kam nicht dahinter, was er an sich hatte, das sie anlockte.

Du wirkst selbst im Schlaf arrogant, hatte seine Frau zu ihm gesagt. Vielleicht war es das.

Einen Typen hatte er zwanzig Minuten ertragen, er quatschte ihm in einem Lokal direkt ins Ohr, mit einer dringlichen Stimme, als dürfe er zum letzten Mal etwas gegen seine eigene Hinrichtung vorbringen; wollte ihm seine Verantwortungslosigkeit angesichts des bedrohten Planeten klarmachen, pochte immer wieder mit seinem Zeigefinger gegen Beats Schulter, und nachdem Beat ihn mehrmals höflich, aber erfolglos darauf hingewiesen hatte, dass er sich mit seiner Begleiterin unterhalten wolle, rammte er ihm schließlich sein Knie zwischen die Beine. Womit er sich die Verachtung der flüchtigen Bekannten eroberte. Während er sich wie ein Held der Gewaltlosen fühlte, weil er diesen Nervsack dermaßen lange ertragen hatte.

Seine neue Serie ist weniger anstrengend und er findet es interessant, endlich wieder auf eine Serie getroffen zu sein – er begegnet ständig alten Frauen, in Situationen, die ihn aufmerksam machen, und die, wie bei allen Serien, spezielle Informationen für ihn zu transportieren scheinen. Er kann sich nicht gegen die Idee wehren, dass es etwas mit seiner toten Mutter zu tun hat. Kann es sein, dass sie eine Nachricht für ihn hat?

In der Nähe seiner Wohnung trifft er seit einem Monat oft eine alte Pennerin, die sich als Standort eine Bank vor einem der großen Theater ausgesucht hat, wo sie sozusagen selbstständig sein kann, einen halben Kilometer entfernt vom nächsten Pennertreff.

Schönen guten Tag, der junge Herr, begrüßt sie ihn immer, wohin gehn wir denn heute? Guter Laune, in eine dicke und bizarre Schicht Kleidung gepackt, Jackett und Gummistiefel. Die Bezahlung für das Kompliment reicht von fünfzig bis hundert Cent.

Schön wär's, junge Frau! sagt Beat. Damit bringt er sie zum Kichern.

Arbeitet der junge Herr beim Theater?

Nein, das fehlt mir noch. Haben Sie mal beim Theater gearbeitet?

Oh mei, na, na! Sie wedelt mit der Hand, als wäre das entweder ein blöder Gedanke oder als möchte sie an diese Zeit bloß nicht erinnert werden.

Und jedes Mal flucht Beat über seinen Anzug, weil ihm auffällt, dass sie so großen Respekt davor hat. Sie hatten ihr beigebracht, dass man vor einem Anzug kuschen musste. Spätestens seit der dritten Begegnung war klar, dass sie sich nicht daran erinnert, ihn jemals getroffen zu haben. Dann hatte er sie einmal in der Straßenbahn gesehen, im Viertel hinter dem Bahnhof, wo der Einkommensdurchschnitt zu sinken beginnt und die Knastjahre pro tausend Einwohner mehr werden. Sie stieg stöhnend ein und setzte sich, und sofort flüchteten alle aus ihrer Umgebung. Im Freien hatte er nie bemerkt, dass sie dermaßen stank. Sie hatte in jeder Hand zwei volle Plastiktüten und jammerte leise und un-

36

verständlich vor sich hin, zusammengesunken, verängstigt und erschöpft. Eine Frau unter der Radargrenze des vom Existenzminis-
terium festgesetzten Existenzminimums. Als er draußen war, fiel
ihm ein, er hätte sie fragen können, ob sie Hilfe brauche – wie
hätte sie wohl auf diese behämmerte Frage reagiert.

In seinem Supermarkt um die Ecke hatte eine alte Frau hinter
den Kassen neben dem Ausgang gestanden, keine Pennerin,
wahrscheinlich normales Altenheimkapital. Sie stand versteinert
da, mit aufgerissenen Augen. Beat hatte noch nie so viel Angst in
einem Gesicht gesehen, sie war konfrontiert mit dem puren
Grauen.

Was ist denn los mit Ihnen? fragte er sie.

Sie musste erst jedes Wort einzeln entziffern, kämpfte sich
dann langsam, die ganze Welt voller dicker Spinnweben, zu einer,
dieses feine zähe, alles verklebende Zeug, Antwort durch.

Wo bin ich?
Ich weiß nicht mehr,
wo ich bin
und wo ich hin muss.

zwei

ER WIRFT DIE POST auf den Küchentisch in seiner Zweizimmerküchewohnung und eine Tablette gegen den Druck im Kopf in ein Glas Wasser. Aus der Wohnung nebenan hämmert laute Rockmusik, das dauernde Geballer über der Basswumme gehört zum Alltag der Wohngemeinschaft, mit der Beat sich den Flur, das Bad und die Toilette teilen muss. In seiner Küche hält er sich wenig auf, sie erinnert ihn an die Familie, die er nicht mehr hat, und sie ist zugemüllt mit dem pseudomodernen Kifferstadionschrottrock von nebenan, dessen Hörer er in ein Musikinternat unter Talibanführung wünscht. In seinem Arbeitszimmer ist es erträglich. Auf dem Anrufbeantworter drei Beiträge vom genervten Filmboss Dieter, der von allen Freundes- und Arbeitsempfänger- und sonstigen Listen gestrichen ist, seine letzte Aufforderung zurückzurufen gebrüllt, melde dich endlich, du Scheißarschloch, das lass ich mir nicht bieten, das versprech ich dir!

Dass er nicht daran gedacht hatte, dass Beat seit Jahren jede Woche die gleiche Nacht im Heaven arbeitet, bestätigt die Vermutung, dass da was passiert.

Verschwinde aus meinem Leben.

Er setzt sich an den Computer und geht in die Datei, in der er die Ideen für diese Filmchen skizziert, mit denen sich Dieter und die Firma ein paar nette Luxusgüter angeschafft haben. Nur ein paar von der Singlesfrau inspirierte Stichworte zu einem Sixties-retro-Pornobeatmist, den es wahrscheinlich, wie alles, schon zigfach so ähnlich gab, aber nicht mit der ironischen Leichtigkeit, die ihm vorschwebt – und wegen der sie es ablehnen werden, weil sie außer krankem Dreck nichts mehr im Schädel haben.

Etwas großes Fieses sollte er ihnen als letzte Arbeit hinwerfen, eine Szene, in der deutlich im Hintergrund eine ekelhaft fette Armut zu erkennen ist, die ihre kaputten, verbeulten, fleckigen Beine so breit macht, dass ein Existenzminimumpolitiker dazwischen verschwinden kann, zuletzt hängt nur noch sein zuckendes Bein heraus, das jemand absägt, um es in einen Kochtopf zu werfen … Das aber ist die Fiesheit, die sie ablehnen und die der Kunde nicht ertragen will. Der Coup, es ihnen unterzujubeln mit einem Vordergrund, der ihnen so gefällt, dass sie diesen Hintergrund übersehen, wird nicht gelingen – nach ein paar Worten schlägt er mit der flachen Hand auf die Tastatur: alles Unsinn, jeder Gedanke dazu ist verschwendet, schlimm genug, dass er es aus Gewohnheit wieder versucht hat. Er hat diesen Job schon gefeuert, sie wissen es nur noch nicht.

Er wird die Fotos, die er von seiner Begegnung geschossen hat, ihr Gesicht oder das Dekolleté über den Singleshüllen, nicht verhökern. Er wird für dieses gehirntote Schwein und seine hirnlos geborene Mannschaft, denen sie irgendwann in den letzten Jahren auch die Herzen entfernt hatten, keine Fotos mehr schießen. Wie schon Moses gesagt hatte: er würde auf ihre brennenden Körper nicht pissen.

Er wird seinem Gehirn verbieten, weiterhin solche Fotos zu schießen.

Beat erinnert sich, dass er von seinem Arbeitgeber Nummer zwei ebenfalls beschimpft worden war. Der bekommt die Buchstabensuppe früher, als er darauf gefasst ist – er sucht den Text, übergibt ihn dem elektronischen Postamt und feuert ihn ab. Seine Buchstabenpampe für dieses Magazin ist harmlos, und dennoch muss auch dieser Job beendet werden. Das Loch, das in seiner Finanzdecke dadurch entsteht, wird im Gegensatz zu seinem Pornojob kaum zu erkennen sein, und dennoch wird er diesen Abteilungsleiter eines Tages besuchen und ihm eine Fünfundvierziger in den Mund schieben – lieber Freund, ich dachte, als Kinofan könnte dir das gefallen, nette Idee, oder? Richtig schwarzweiß sozusagen. Aber nein, ich will keinen Applaus und ich will auch keinen Dank, und nimm's bitte richtig persönlich. Denn so spricht der Herr: wer keine Nachsicht zeigt, der möge auch in den geringsten Dingen keiner Nachsicht teilhaftig werden.

Kann man die Gründe, die einen Amokläufer in Position bringen, in wichtige und unwichtige trennen?

Fast hätte er das Buch, in dem die Frage möglicherweise beantwortet wurde, vergessen – ein letzter Dank an seine verhassten Arbeitgeber für den Hinweis! Beat dreht sich mit dem Bürostuhl und hat eine Wand voller Bücher und Zeitschriften vor sich. Eine Menge, wenn ein junger Mann ins Gefängnis geht mit lebenslänglich, hätte er genug zu lesen. Seine Exfrau hatte ihn einmal mit der Forderung zu amüsieren versucht, die Hälfte davon aus dem Weg zu schaffen; ein Zeichen, dass ihre Wege sich trennten; mit der Behauptung, er wäre unfähig, aus dieser schlauen Masse einen Nutzen zu erzielen, lag sie aber nicht falsch.

Du hast hier einen halben Meter über Serienkiller und so Zeug, und hier schon wieder ein neues Buch, willst du Profiler werden oder suchst du Anregungen, kannst du mir das mal erklären?

Du hast einen halben Meter über Kindererziehung, und ich versuche jetzt schon rauszufinden, was mit dem Kleinen schiefgelaufen sein wird.

Er muss den Zentimeter, den die wissenschaftliche Studie Amok einnimmt, nicht suchen, er zieht sie sofort aus der Abteilung Kriminalität und Realwahnsinn. Die große Turmuhr auf dem Umschlag zeigt zehn Minuten vor eins, scheint ein sehr großes Gebäude zu sein, direkt unter dem riesigen Ziffernblatt eine Rauchwolke, auf dem Balkon darunter eine schießende Person, die wegen des grob gerasterten Fotos nicht genau zu erkennen ist – verdammt, wie konnte es passieren, dass er die Geschichte zu diesem Tatort vergessen hatte, und auch auf den französischen Unterwäschepoeten kommt er nicht, seine Augen streifen über die Reihen, nirgendwo macht es Klick, der alte Schnüffler hat sich in ungeordnetem Gebiet verkrochen. Aber das ist sicher, dass einer, der sich auch im Alter nicht geniert, von so was zu erzählen, nicht in Gefahr gerät, Metallteile mit hoher Geschwindigkeit in lebendes Menschenfleisch zu befördern, wenn er sein Album mit den frisch eingeklebten Ausschnitthöschen wieder zuklappt. Bestellt sich so einer auch getragene Wäsche aus einem Magazin? In diesem Berufszweig ist das die einfachste, sauberste, sicherste Art für Frauen, eine gute Mark zu machen, erklärte ihm eine Freundin, und du brauchst keine Tonne Oberweite und kannst aussehen wie der Glöckner von Notre-Dame.

Woher weißt du das denn?

Dann denk doch mal nach.

Die anderen Wände des Zimmers sind mit Tonträgern bedeckt, Beat sucht eine Musik aus, die keine Aufmerksamkeit von ihm verlangt, stellt die Lautstärke so ein, dass sie den Sound seiner Nachbarn leicht überdeckt, und geht dann mit Post und dünnem Amokforschungsbericht – es gibt weniger Erkenntnisse dazu, als uns die brüllenden Artikel auf den Frontseiten weismachen wollen, so viel meldet ihm sein Gedächtnis immerhin – ins Schlafzimmer. Das ist mit einem schmalen Schrank, einer einfachen Matratze auf einem Metallgestell, das nach Meinung der meisten Gäste nach der billigsten Station eines Krankenhauses aussieht, und einer Stehlampe vollgestellt, ein Trainingsrad mit einem Tachometer hätte keinen Platz, auch wenn er die Bücherstapel am Fenster rauswerfen würde. Der Blick aus dem ersten Stock in den Hinterhof ist besser als der Blick aus dem Erdgeschoss. Vier Fünfzigerjahreblocks stehen um den Hof von der Hälfte eines Fußballfelds, an den Rändern der Wiese Büsche, magere Bäume und Bänke. In der Mitte ein paar Stangen für die Wäsche, in einer

Ecke ein großer Sandkasten. Kinder im Sandkasten, eine Horde Mütter an einer Bank, auf einer Decke Teenager in Bikinis und in ihrer Nähe zwei Gangster, schweigsam rauchend, schlecht gelaunt und vorsichtig, weil der größte Teil ihrer Gang offensichtlich im Krieg oder im Gefängnis ist. Sie sind bereit für den Knaller des Tages, und ihre Hosen sind so weiß, dass schon eine erschlagene Mücke aus ihrer Perspektive wie eine Schusswunde aussehen würde. Manchmal ringen sie sich durch, Beats Nachbarn mit den langen dicken Dreadlocks anzumachen, und sie strengen sich an, dabei böse auszusehen, unberechenbar, denn Stilprobleme sind schließlich immer noch die härtesten – hat schon mehr Tote gegeben deswegen als Nazis, die von Stalingrad direkt in den Himmel wandern durften! Sie rauchen, als würden sie eine Straftat begehen, die viel schlimmer ist als Rauchen mit fünfzehn in der Nähe von Kindern, die ihre rauchenden Muttis anquengeln, dass Rauchen nicht gesund ist; wenn die Kleinen es übertreiben mit dem Quengeln, bekommen sie von den Muttis einen Klatscher auf den Hinterkopf, mit der Anweisung, die Klappe zu halten.

Wie sieht die Zukunft der Gangster aus und was stellen sie selbst sich vor? Wenn Beat in den Hinterhof blickt, sieht er auch in seine Vergangenheit.

Mit Blick auf einen viel größeren Hinterhof bin ich aufgewachsen, denkt Beat, und mit Blick auf einen viel kleineren dunklen werde ich am Ende allein in einer dumpfen Bude liegen, ehe sie mich werfen in das letzte Loch. Die Unfähigkeit, sich eine schöne Zukunft vorzustellen und an ihrer Erfüllung zu arbeiten, hatte ihm seine Anna oft vorgeworfen, einen Hang zu dunklen Bildern und fehlenden Ehrgeiz, der verhindert, dass sie wahr werden: du findest das Kaputte interessant und das Schöne dumm. War schon damals Blödsinn, auch wenn das Schöne oft schön dumm ist; und das mit dem Mangel an Vorstellungskraft stimmt ebenfalls nicht, denn er wünscht sich eine große Dachwohnung mit einer sehr großen Terrasse im mindestens fünften Stock in guter Lage und schuldenfrei; seltsam, dass er ihr nie davon erzählte, ihn würden die Fantasien der Mittelklasse reizen. Im Geld schwimmen und im Privatjet auf die Polster aschen! Der Haken ist nur, dass allein der Teufel weiß, mit welchen Aktionen er sich so eine einfache Sache wie ein Scheißpenthouse jemals beschaffen soll; wenn man zwei von drei Jobs feuert, die einem ein gutes Leben erlauben, scheint man nicht auf dem Weg nach oben zu sein. Scheint, scheint, scheint, hatte sie gesagt, der Schein trügt ja doch gelegentlich, hab ich gehört.

Letzten Monat rief Anna ihn mal wieder an. Die Zukunftsaussichten mit dem Architekten, mit dem sie vor zwei Jahren in eine hellere Zukunft abgezogen war, hatten sich verdüstert, sie klang weinerlich, an die guten Zeiten mit ihm hätte sie öfter wieder denken müssen. Vom neuen Mann hatte sie jetzt ein neues Kind, und mit zwei Kindern wurde ihr langsam langweilig; ich fühle mich eingeschränkt, ich weiß nicht, was ich mit meinen Plänen anfangen soll, ich kann nichts damit anfangen, es gibt keinen Platz dafür, ich habe keinen Platz mehr für mich. Seit er sie kannte, waren ihre Pläne so groß, dass ihr echtes Leben wie ein Babyschuh dagegen wirkte. An ihr gemeinsames Kind dachte Beat nur selten und hatte kein schlechtes Gewissen deswegen.

Richard sagt Papa zu ihm! Sie heulte.

Aber das macht er doch seit fast zwei Jahren, das ist doch gut so – hör mal, denk nicht an unsere guten Zeiten, denk an die schlechten, dann geht's dir gleich besser.

Ein Kichern mischte sich in das Heulen: du blöder Spinner, ich will an nichts Schlechtes denken.

Dann denk an deinen guten, vernünftigen Mann, Vernunft ist gefragt in Deutschland wie sonst nichts.

Ach, ich weiß auch nicht, sagte sie, fing wieder zu weinen an und legte auf.

Beat will nicht genau wissen, was sie auch nicht wusste. Wenn sie mit dem Gedanken an eine Wiedervereinigung herumspielt wie mit einem Schwanz, der noch etwas Erholung braucht, dann darf das nicht wahr sein – denn das würde bedeuten, dass das

Kind, das damals nur wenige Monate Papa zu ihm gesagt hatte und sich nicht einmal daran erinnern kann, nicht mehr Papa zu ihm sagen würde, und das Kind, dessen Papa er nicht ist, bald anfangen würde, Papa zu ihm zu sagen. Ausgeschlossen, Sir, ausgeschlossen allein schon deswegen. Sie wird bei ihrem Architekten bleiben müssen, bis auch sie zu ihm Papa sagt. Der Architekt ist gut im Umgang mit komplizierten Konstruktionen, während Beat selbst einfache Konstruktionen kompliziert erscheinen und komplizierte Konstruktionen zu kompliziert, um mit ihnen umgehen zu können; der Architekt sorgt so für die nötige Ordnung, der Architekt ist der richtige Mann für sie. Ein Comeback ist ausgeschlossen.

Und dennoch hatte er dieser Frau geantwortet: Tja, gute Frage. Als sie ihn fragte, ob er auch so ein Singlemann mit vielen Singles sei. Unverzeihlich, dass er dem schicken Retrogeschöpf diese vage Antwort hinwarf, die nicht mal stimmte.

Woher kommen die Worte, die man nicht sagen wollte?

Als würde der verheulte Anruf seiner Ehemaligen in seinem Unterbewusstsein dahinstochern und sie ihm wieder näherbringen. Was für ein Albtraum, es klingelt morgens um fünf an der Tür, sie strahlt ihn an, wirft ihre Tasche in den Gang herein und zieht einen Koffer hinter sich her … Er muss das sofort klarstellen, sehr schön, er hat keinen Namen, keine Telefonnummer von ihr, kein Autokennzeichen, nichts – der Anfang einer romantischen Weihnachtskomödie für die ganze, die halbe und die neu zusammengebastelte Familie, mit dem Drehbuch wird er seine Dachwohnung kaufen!

Zum Glück hatte er ihre Nummer nicht. Er würde sie jetzt aus dem Schlaf reißen und sie wäre sauer auf ihn, nachdem sie schon der Irre aus der Wohnung drüber um den Schlaf gebracht hatte. Oder es geht ihr wie ihm und vielen, man will todmüde nachmittags schlafen und kann und kann nicht einschlafen nachmittags – oh, schön, dass du anrufst, ich musste grade an dich denken, es ist immer dasselbe, ich kann nachmittags einfach nicht einschlafen, selbst wenn ich die Nacht durchgemacht habe, willst du mich nicht besuchen, die Sonne scheint so toll auf mein Bett, ich spiel dir meine Lieblingssingle vor, da kommst du nie drauf, jede Wette, dass du die nicht mal kennst.

Ist das die mit dem kleinen Loch in der Mitte?

Wenn die Nadel sie berührt, macht sie viele Geräusche, aber mehr verrate ich nicht.

Beat zieht die Vorhänge zu, legt sich hin und will die Halluzinationen abschalten. Nichts davon wird im kalten Schatten der Wirklichkeit wahr werden. Wenn sie hören könnte, wie stark er schon infiziert ist von der verblödeten Sprache, die er für die Filmchen benutzen musste, würde sie keinen zweiten Satz zu ihm sagen.

Außerdem ist sie zickig und redet zu viel.

Die meisten Menschen, das ist sein Eindruck, sind mit ihrem Leben nicht zufrieden – zu viel Arbeit, zu wenig Sonne, zu viel Lärm, zu wenig Frieden, zu viel Verkehr, zu wenig Wohnraum, zu viel Stress, zu wenig Tore, zu viel Terrorismus, zu wenig Freizeit, oder das Gegenteil oder was auch immer sie permanent zu meckern haben.

Außer dass sie einen damit nicht in Ruhe lassen, kann er selbst sich nicht beschweren.

Er wird zurechtkommen, auch wenn ihm für eine Zeit lang nur der Job im Heaven bleibt, er braucht nicht viel von dem, was es im großen Supermarkt zu kaufen gibt. Mehr als auf dem Bett zu liegen und nicht angegriffen zu werden, kann doch niemand erwarten. Und ohne von quälendem Hunger, quälendem Durst, quälender Kälte gefoltert zu werden – was will man mehr? Und eine gute Chance auf einen angenehmen Abend – das ist doch Luxus.

So leicht kann man zufrieden sein, würde sein Freund Kossinsky ihn anblaffen, unter den Nazis hätten Sie auch so zufrieden in Ihrem Bettchen liegen können.

Menschenskinder, denkt Beat, bei einer Show, die den Kandi-

46

daten zum Sieger kürt, der in Deutschland seit dem Mauerfall über seinen sozialen Abstieg am wenigsten geklagt hat, würde er die Superlimousine mit dem speziell angefertigten CD-Spieler, mit dem man gewisse Künstler live bei ihrer aktuellen Tätigkeit abhören kann, garantiert rausholen. Er würde sich täglich stundenlang durch die Stadt fahren lassen, mit allem versorgt läge er auf der Rückbank wie in einem Bett, das niemanden an ein Krankenhausbett erinnert. Er liegt auf seinem Bett und öffnet die Post, nichts, außer ein paar neuen CDs, für die er keinen Cent brennen muss, weil er für ein glanzloses Musikblatt über drei bis vier solcher Dinger monatlich eine Bemerkung ablässt – seit heute: abgelassen hat. Die Bedeutung und Wirkung, die er sich an einem fernen Tag ausgemalt hatte, erreichte dieses Geschreibe nie. In den selten optimistischen Momenten träumte er davon, dass dieser abgefahrene Zug plötzlich hielt und auf ihn wartete. Eine lächerliche Vorstellung – es sei denn, er würde den Star der Stunde dabei erwischen und fotografieren, wie sie sich eine Spritze in die Schamlippen setzt; das weiß Beat, selbst wenn er zu besoffen ist, um alle Außenminister seit Ribbentrop nennen zu können. Das Blatt war immer stärker zu einem Idiotenklatschblatt mutiert, sein Redakteur lehnte seit Längerem jeden Beitrag über Unbekanntes, hinter dem kein fetter Geldsack aufgebaut war, grundsätzlich ab. Gab ihm nur noch Aufträge und Termine, versuchte ihm seine niedergebrannte Leidenschaft als Fortschritt zu verkaufen und ist so abgestumpft, dass er den Satz, der sein Leben beendet, nicht erkennen wird. Nur noch das Erfolgreiche wurde von denen gefeiert, der billigste Fernsehschrott, alles nur noch eine Party von Geldanlegern für Geldanleger – auf eine Sammlung von Singles würden sie spucken. Ein schlechtes Zeichen, denkt Beat, dass er das viel zu lange, bis heute mitgemacht hat; auf diese Partygesellschaft ist er nicht angewiesen, er kann ohne sie überleben.

Zu viel zu lange mitgemacht – was macht man, wenn man nichts mehr mitmachen will?

Er ist gespannt auf einige Produkte, die er ausgepackt hat, aber er muss den richtigen Zeitpunkt abwarten, um sie zu hören. Sein Kopf ist immer noch belegt von den elektronischen Stürmen, in denen er zehn Stunden gearbeitet hat.

Gefühlte zehntausend Flaschen Bier hat er geöffnet und über den Tresen gereicht. Viertausend Gläser Wein. Einen Beichtstuhl voll Schnaps. Einen Truck voll Wasser und Cola. Mit dem, was in den Toiletten verkauft wurde, hatte er nichts zu tun. In der letzten Stunde diktierte die Vernunft manchen einen Kaffee.

Fünfhundert Wahlberechtigte finden Platz im Heaven, und auch in einer Mittwochnacht warten viele geduldig auf der Straße, um reinzukommen, wenn andere endlich rausgehen. Im Keller sind drei Räume geboten, Beat arbeitet im größten an der Bar, im Motorraum der Maschine, wo ein dickes Netz aus Sound und Licht alle, die guten Willens sind, in eine andere Galaxie schießt. In den kleinen Räumen soll Gemütlichkeit empfunden werden zum Geplätscher von Ambientmusik, ein Ort für Gespräche und die ältere Generation, die irgendwie mit im Trend herumliegen möchte und in diesem Rahmen bereit ist zu größeren Investitionen; einige von ihnen sind sogar in Beats Alter. Er jedoch arbeitet seit der Eröffnung vor zehn Jahren in der Kampfzentrale – wenn schon, dann richtig, so viel Restleidenschaft für harte Musik muss sein bis zur Rente. Nach etwa drei Stunden im elektronischen Gewitter spürte er wie üblich, dass es ihn aufnahm, mit sich trug und jede Zeitempfindung auslöschte. An der härtesten Bar im Heaven gehört Beat zum härtesten Team, zwei Frauen und drei Männer, es gefällt ihm, dass sie sich wie eine gut trainierte Truppe von Soldaten benehmen und sich als das sehen, was sie sind, Arbeiter in der Unterhaltungsindustrie, sie schaufeln die Kohlen in den Kessel dieses Amüsierdampfers rein, und sie spüren den Abstand zu denen, die zum Spaß hier sind.

Es war eine Nacht ohne besondere Vorkommnisse, er persönlich hatte die Stimmung von nur etwa zehn männlichen Gästen dämpfen müssen, indem er die Ausführung ihrer Bestellung verweigerte. Einen gewissen Stil wollte der Heavenchef gewahrt wissen – besoffen oder nicht, wer Glas oder Flasche auf den Tresen ballerte oder mit einer Mach-mal-du-Scheißarbeiter-Geste was wollte, lief ins Leere. Wenn man solche Typen einfach nur ignorierte, weil man ihnen bei dieser Lautstärke nichts erklären wollte, kapierten sie nichts; das funktionierte nur bei Frauen. Nichts mehr bekommen ist für einen Mann, der sich noch nicht bewusstlos getrunken hat, eine Kriegserklärung.

Hey! wurde Beat von so einem Exemplar angebrüllt.

Hey! Alle paar Sekunden.

Er streckte seine Faust mit der Flasche so weit wie möglich über den Tresen, jedes Hey aggressiver als das Hey zuvor. War hochtourig angekommen, hatte andere weggedrückt, die Flasche hingehauen, hatte es eilig, sah elegant aus, ein Twen, der einen Crashkurs in effektiver Menschenführung mit Auszeichnung bestanden hatte – Platz da, ich bin von der kommenden Führungsebene! Er fixierte zuerst Beat, dann jeden aus dem Team, wurde von allen ignoriert und schoss sich wieder auf Beat ein: Heeyy!

Es reichte, er musste ihm endlich mit etwas Klartext die Aufenthaltsgenehmigung entziehen. Sally stellte sich dicht neben Beat, die Engländerin sah nicht nur so aus, als würde sie einige Kampfsportarten beherrschen, und sie konnte schneller von Gelassenheit auf Brutalität umschalten als ihre Kollegen. Sie beide waren das älteste Team im Heaven. Mit einem leeren Glas in der Hand schob sich Beat in Reichweite.

Hey, schrie der Kunde, bist 'n schwuler Student oder warum willst nichts tun, Mensch, tausch mal die Flasche aus! Dabei stierte er ihn an, als wollte er eine national befreite Zone schaffen, und Beat hatte Lust, ihm das Glas ins Gesicht zu schlagen.

Sie werden hier nicht mehr bedient, verlassen Sie den Club oder ich muss den Sicherheitsdienst rufen, brüllte er ihn an.

Beat sagt den Satz gern, der an der Amüsierfront so grotesk amtlich klingt, seine Wirkung ist großartig. Er ging einen Schritt zurück, als der Kerl seine Schulter anfassen wollte, der Typ wurde noch wütender, beugte sich weit über den Tresen, und als er den Mund wieder öffnete, schnellte Sallys Faust auf ihn zu und stoppte nur einen Zentimeter vor seinen Lippen – sie hatte vier schwere Ringe an den Fingern, ein Schlagring, der seine Klappe zermatscht hätte. Sie war, wie Beat, keine Sekunde beunruhigt gewesen, und weit davon entfernt, zuzuschlagen.

Du sollst dich nicht immer in meine Kundengespräche einmischen, das ist nicht fair und sieht nicht gut aus.

Sie küsste ihn aufs Ohr: mir ist so langweilig, und ich habe dein Leben gerettet, gib es zu!

Mehr passierte im Heaven selten, es ist keine Schlägerdiscothek, hat wahrscheinlich einen hohen Prozentsatz an Werbeleuten, Studenten, Fotografinnen, Künstlern und Technotanzsüchtigen aller Art und Drogisten, die glauben, niemals auch nur in die Nähe einer Gosse zu kommen; das Heaven ist sehr deutsch und riecht nach dem Geld, das nicht white-trash-mäßig mühsam für den Abend zusammengehalten worden war. Als sich die Masse nach vier aufzulockern begann, entdeckte Beat den speziellen Kandidaten – er tritt immer auf, der spezielle Kandidat. Dieser trainierte das Spiel, herumstehende Gläser zu nehmen und mit ihnen das Gesetz der Schwerkraft zu erforschen. Dabei zeigte er keine Eile, keinen Zorn, er schien zu meditieren und wirkte weder betrunken noch debil. Er hatte sich eine Ecke ausgesucht, in der er kaum auffiel, und Beat hatte ihn nur durch Zufall im richtigen Moment beobachtet – was passierte alles in dem Laden, das niemand bemerkte? Der Kandidat grinste herausfordernd, als Beat neben ihm stand und ihm klarmachte, sofort zu verschwinden. Der benahm sich astrein wie das klassische Arschlochkind von reichen Eltern, das sich schon immer alles rausgenommen hat und mit jedem Scheiß durchgekommen ist. Beat war nah dran, ihm eine zu verpassen, und er spürte körperlich, dass er an einer Grenze stand, und er spürt es jetzt, auf dem Bett liegend, wieder – aber zum Glück hatte er mit Yz solche Situationen regelrecht trainiert: niemals zuschlagen, wenn du nicht wirklich an der Grenze stehst, und niemals in derart harmlosen Situationen, schalte dein Gefühl aus, Abneigung ist zu wenig, um jemanden zu schlagen, oder dummes Gequatsche, selbst die Scheißehre ist fast immer zu wenig, irgendein Idiot kann doch deine Ehre nicht ankratzen, mit keinem Wort, mit keiner Geste, verstehst du, hatte Yz gesagt, und er wusste, wovon er redete, er hätte fünf Typen von der Sorte dieses Kandidaten krankenhausreif schlagen können, ohne außer Atem zu kommen; er hatte lernen müssen, es zu kontrollieren … Beat ging nur einen Schritt zurück und verständigte mit seinem Telefon die Sicherheitsleute oben am Eingang. Der Schnösel kapierte, was vor sich ging, er zuckte nur mit den Schultern, Verachtung im Blick, du kleiner Arbeiterpisser, und ging gemächlich los. Beat schaute ihm nach, ein Fehler: er hob den Arm und zeigte den Mittelfinger, ohne sich umzudrehen. Wo waren eigentlich die beiden für ihren Bereich zuständigen Rausschmeißer, wenn man sie einmal brauchte! Es war doch zum Wahnsinnigwerden.

Beat ärgert sich, dass er dieses Stück Dreck in seinem Kopf präzise gespeichert hat. Während er sich an das Mädchen, für das sie den Notarzt rufen mussten, weil sie, allein an der Bar, zusammengeklappt war, nicht erinnern kann. Mit dem letzten Funken Kraft wollte sie durchsetzen, auf keinen Fall dem Notarzt übergeben zu werden, obwohl sie zu schwach war, die Hand bis zur Brille zu heben. Ihn dagegen würde er auf der Straße wiedererkennen. Und die Szene mit ihm läuft mehrmals durch sein Hirn – soll sich endlich verpissen, ein müder Mann will an Schönes denken. Wenigstens kann er endlich das Psychogramm erkennen – der ist einer, der jemanden verprügelt, den er dafür bezahlt hat, dass er sich verprügeln lässt, und er glaubt, dass er durch die Bezahlung rein bleibt, sauber, korrekt, weil es ein freiwilliges und sachliches Geschäft ist, der eine gibt, der andere bekommt.

Oder ist das Psychogramm nur eine irre Übertreibung? Weil er in seiner Ehre verletzt wurde? Aber wodurch? Und welche Ehre?

Und Beat erinnert sich, dass er, als er diesem Gast und seinem gestreckten Mittelfinger nachsah, an seinen Freund Yz gedacht und ihn vermisst hatte. Yz war aus der Sicherheitstruppe des Heaven gefeuert worden, nachdem er am Eingang einen Gast mit einem Schlag niedergestreckt hatte, weil der nicht aufhören wollte, ihn zu beschimpfen – in meinem Land, in meiner Stadt lass ich mir doch von keinem Türken den Eintritt verbieten, hol mir mal deinen Boss her, kannst du Deutsch, hier Deutschland, Mann, unverzüglich, das freut ihn sicher, was der Herr Türke an seiner Tür veranstaltet! Er war nicht zu beruhigen oder zu verjagen, weder mit Höflichkeit noch Schärfe. Yz schlug jemanden nieder, der ihn nur mit Worten angegriffen hatte.

Ich kann's nicht fassen, hatte Yz gesagt, aber diese Null hat meine Sicherung abgebrannt, der hat das wirklich geschafft. Und Beat sagte nichts dazu, schlug ihm nur mitfühlend auf den Rücken. Es gab nichts dazu zu sagen.

Und Yz verteidigte sich auch mit keinem Wort, als Ronald, der Heavenchef, zu ihm sagte, er würde ihn verstehen und ihm vollkommen recht geben, ihn aber nicht weiter beschäftigen. Yz hatte lange genug in dem Job gearbeitet, in guten und miesen Clubs, um zu wissen, dass er einen zu schweren Fehler gemacht hatte. Sie waren sich einig, dass Ronald der beste Chef war, den sie je erlebt hatten, und er lieferte zu Yz' Kündigung im Heaven ein Nachspiel, das typisch für ihn war: als er den Mann, den Yz niedergeschlagen hatte, bald darauf in einem der kleinen Heavenräume mit seinem Tross entdeckte, forderte er ihn auf zu verschwinden und erteilte ihm Lokalverbot, obwohl er ein Gast war, der viel Geld auf den Tisch warf; wenn ich auf solche Rassistenschweine angewiesen bin, sperre ich zu, sagte er. Ronald wirkt wie ein harter Manager oder vielleicht ein Faschist mit adeligen Vorfahren, denkt Beat, und ist das Gegenteil davon. Er hat nie ein dummes Chefgehabe bei ihm erlebt, kein Ausrasten und nach unten Treten, um sich abzureagieren, auch kein Gelaber des Mittfünfzigers, um eine der jungen Bedienungen abzuschleppen – seltsam nur, dass nicht einmal die ältesten Mitarbeiter wie Sally und er ihn besser kennengelernt, in all den Jahren keine Einladung nach Hause bekommen hatten. Welche Leiche hat denn dieser distinguierte Gentleman in seinem Tresor? Wenn er die Arbeit im Heaven beendet, dann nicht, um einen Chef loszuwerden.

Um fünf, als sie wie üblich langsam anfingen, nebenbei ihre Bar wieder in Ordnung zu bringen, machte sich Beat ein Bier auf und trank es in einem Zug aus; während der Arbeit tranken sie alle fast nichts, erst wenn sie die Landebahn erreichten. Kollege Thomas stürzte sich mit Stammgästen in eine Diskussion über den Discjockey und seine Taten, Thomas redete gern endlos über die neue Musik, aber nur mit Kennern, und Beat beobachtete seine Begeisterung mit Sympathie und Wehmut. Er und Thomas waren die Barleute, die auch als Discjockeys im Heaven tätig waren; Beat mit der ganz alten Schule nur einmal im Monat an einem der ruhigeren Wochentage in einem Nebenraum, eine rein freundschaftliche Geste von Ronald – was für ein abgefahrener Scheiß, nannte Thomas Beats Musik, du bist doch genauso krank wie ich, erzähl mir nichts. Beat schaute ihm zu und fragte sich, auf welchem Posten er in siebzehn Jahren sein würde.

Dir geht's nicht gut, was ist los? fragte ihn Sally.

Ich glaube, ich kann die Leute langsam nicht mehr ertragen, oder das alles, ich weiß es nicht.

Das hat bei mir schon im zweiten Monat angefangen, das ist doch normal.

Das ist nicht dasselbe, es macht dir nicht wirklich zu schaffen, sagte Beat.

Was sagst du damit, willst du aufhören?

Vielleicht zu Weihnachten, wäre mein Weihnachtsgeschenk für dich, nicht gut?

Du bleibst, you asshole, das kann ich nicht erlauben, stell dich nicht so an und – sie suchte nach einem Verstärker, Beat erwartete einen englischen Kraftausdruck, irgendwas mit balls – sei ein Mann.

Ich bin ein paar Jahre älter als du, vergiss das nicht.

Sechs Jahre, das ist lächerlich, du hast nur Besuch von Midlife Crisis, das kenne ich auch, aber sie geht wieder, keine Sorge.

Unsinn, die hatte ich doch schon – weißt du eigentlich, dass es im Deutschen kein richtiges Wort für Midlife Crisis gibt?

Was ist passiert, haben diese zwei Idioten heute dich gebracht auf diese Idee? Das kann passieren, wir trinken ein Bier und du hast das vergessen.

Nein, das hat damit nichts zu tun, ich denke schon seit einer Weile, dass ich mein Leben mal etwas aufräumen muss.

Sie klatschte sich an die Stirn – that's fuckin' german Idee, sein Leben aufräumen!

Das ganze Team stand dann auf der Straße, wie immer waren sie die Letzten, die das Schiff Heaven verließen, mit der Frage, wo sie noch was trinken sollten. Nur Beat wollte diesmal sofort aussteigen, was so gut wie nie vorkam, und er ließ sich nicht umstimmen. Sally umarmte ihn und machte den Vorschlag, sich in den nächsten Tagen zu treffen, und sie sagte: bitte – und Beat, der nachmittags nicht leicht einschlafen kann, fragt sich, ob eine englische Lesbe sein einziger Freund ist.

Soll niemand glauben, er hätte mehr Glück verdient.

Das schöne alte Spiel, Beat nimmt die CDs, die auf seinem Bauch liegen, und zieht eine aus dem Stapel, ohne hinzusehen. Vielleicht ergibt sich ein Hinweis auf die Zukunft. Aus dem schwarzen Cover springen ihn die Worte an: Entrance to the Exit. Und von der Rückseite leuchten ihm die Titel Murder, Death to Everyone, Babylon is Burning ins Gehirn. Der seltsame Zufall spielt also perfekt mit, was bringen die nächsten Sekunden, eine Stimme in seinem Kopf, die glaubt, ihn herumkommandieren zu können? Und mit welcher Botschaft wird ihn das Amokbuch konfrontieren, wenn er es irgendwo aufschlägt? Er liest, was ihm zuerst ins Auge sticht: Geisteskranke werden nicht häufiger zu Gewalttätern als Geistesgesunde.

Versucht irgendein Etwas durch zufällige Botschaften Kontakt mit ihm aufzunehmen?! Nur die Ruhe.

Damit hat er nicht gerechnet, dass beim Amoklauf Chancengleichheit herrscht zwischen Geisteskranken und -gesunden. Das verbindet sich gar nicht mit den Überlegungen, die ihn stark beschäftigen: es sind fast ausschließlich Männer, deren Kohle man sich mit den Filmen und Fotos von Sexarbeiterinnen holen kann; es sind fast ausschließlich Männer, die in der Öffentlichkeit ausrasten, den Killer in sich selbst anbrüllen oder Passanten wegen ihres Desinteresses für die drohenden Katastrophen; Serienkiller sind fast ausschließlich Männer; es sind fast ausschließlich Männer, die ihm bei seiner Arbeit im Heaven massiv auf die Nerven gehen, die sich anderen Gästen oder dem Personal gegenüber mies benehmen, Streit suchen, eine Schlägerei; es sind fast ausschließlich Männer, die Kinder ficken. So wie es fast ausschließlich Männer sind, die einen Amok begehen.

Da scheint etwas Nachdenklichkeit angebracht zu sein.

Als Christ kann man sich diesen männlichen Defekt leicht erklären: die Rippe, die der Meister seiner Bastelarbeit dann entnahm, die dem Mann fehlende Rippe hat den Defekt verursacht! Oder etwas tiefer geschürft: es war ein Mann, sein Sohn, den der Meister geopfert hatte, und deshalb hat der Mann bis heute unterbewusst panische Angst, es könnte ihm ebenso ergehen, und versucht sich in Gewaltausbrüchen jeder Art von der Angst zu befreien ... Bodenlos behämmerte Thesen, die diejenigen, bei denen die Krankheit ausgebrochen ist und die geschnappt wurden, wohl gut finden: ich kann nichts dafür, der liebe Gott und seine Propheten sind schuld! – das verschafft einem ein angenehmes Gefühl.

Eine gewisse Ratlosigkeit ist auch in der Einleitung des Buchs zu spüren. Das Gefühl, gleich durchdrehen, Amok laufen zu müssen, kennt jeder im Ansatz – aber das Profil derjenigen, die in diesem extremen Ausbruch explodieren, bleibt unscharf; auch weil viele von ihnen keine Auskunft mehr geben können. Der psychiatrische und kriminologische Kenntnisstand über das Phänomen Amok ist eher unbefriedigend, schreibt Lothar Adler, dessen Untersuchung auf Medienberichten von hundertsechsundneunzig Fällen basiert und damit die umfangreichste ihrer Art ist. Hundertzwanzig Seiten, mit vielen komplizierten Tabellen und Ausdrücken, kein einziges Foto. Da wird dem abgehärteten Fan extremer Verbrechen – kuck da das an, Alta, was hattn dea geile Scheißer da füan Gewea, dea issn Kunstweak, wie dea dasteht, ick bin Napo-po-poleon, jetz kommts, da die Omi is Numma eins, Scheiße, dea hauts voll den Asch weck, ausm fünftn, das sind locka achtzig Meta, da, die Leute, wie die abgeschrottet kuckn, das gibts doch nich, sowas passiat wie dea Finger Gottes oder so, also den krankn Asch muss erstma eina schlagn, hia, jetz er, der tanzt, siehste, dea freut sich richtig, Treffa, das fasste nich, dea Asch ist echt Numma eins abgedreht ever, ich mein, schwea zu sagn, wie gefäalich das für den Filmtypn war, das gibt Asche, das is klaa – keiner abgehen wie im Netzkino.

Amuk -/- Mengamuk -/- Pengamuk.

Auf Malaiisch bedeutet amuk rasend, mengamuk ist der ungeplante mörderische Angriff auf Unbeteiligte, und pengamuk der Täter. Was für poetische Klänge. Ist es möglich, dass es eine Philosophie dazu gibt, romantischen Schwulst, hatte ein Nazi darüber meditiert beim Spazierengehen über Berg und Tal? Amuk mengamuk pengamuk – und frei bist du mit einem Ruck!

Der Spuk nahm seinen Anfang im malaiischen Archipel und war zuerst eine Kriegshandlung, ehe der individuelle Amok im fünfzehnten Jahrhundert ein verbreitetes Verhalten war, mit dem sich ein zahlungsunfähiger Schuldner seiner unweigerlich drohenden Versklavung entziehen konnte. Klappt auch heute. Andere benutzten die Methode, um sich nach überstandener Krankheit als Dank an die Götter mit Messer und Speer bewaffnet in die Menge zu stürzen und rückhaltlos jeden zu töten, der sich vor ihrem Warnruf und zugleich Kampfschrei amuco nicht in Sicherheit bringen konnte, bis sie selbst getötet wurden.

Beat blättert planlos in dem Buch herum, ist zu schläfrig, um sich auf derart verwirrende Informationen zu konzentrieren; einzelne Sätze aufzunehmen und einen Moment schweben zu lassen, passt besser zu seinem Zustand – sechsunddreißig Prozent der heutigen Täter sind vierzig aufwärts – die Ärzte Kuehn und Burton behandelten Patienten, die lediglich unter der Befürchtung litten, Amok laufen zu müssen – die untersuchten Amokläufe von Akademikern legen die Vermutung nahe, dass mit der Höhe der Qualifikation tatsächlich auch die Anzahl der Todesopfer zunimmt ... Mit einem Satzfetzen stößt er endlich auf die Tat, die zum Foto auf dem Umschlag gehört, und den Mad-Man-in-the-Tower. Der Prototyp der amerikanischen Amokläufer hatte unter der Uhr vom Balkon eines Universitätsturms in Texas auf die Menschen unter ihm geschossen, vierzehn getötet, dreißig verletzt. Während sich James Brown mit It's a Man's Man's Man's World in die Köpfe schraubte. Auf den Turm getrieben hatten den leicht kränkbaren schizoid-paranoiden Vereinsamten ein überhöhtes Geltungsbedürfnis und ein Scheitern an den soziokulturellen Anforderungen – das klingt doch, falls Beat es richtig übersetzt, als würde heutzutage eine ganze Schlange Männer unten am Turmeingang stehen, um raufzugehen und ihre Gefühle mithilfe eines Zielfernrohrs auszudrücken, und genau so ist es: am Ende hatte sich der Mad-Man-in-the-Tower als Fremder in einer ihm fremden, feindseligen Welt gefühlt.

Der Mad-Man-in-the-Tower hatte ein Feeling of Alienation.

Schönes Wort. Alienation – ein Schmuckstück, selten wie ein Edelweiß. Heute ist kein schlechter Tag, er hatte interessante Begegnungen auf der Straße gehabt, er ist zuversichtlich, langsam in der Lage zu sein, in seinem Leben aufzuräumen, und er hat besondere Worte gefunden, Pengamuk und Alienation.

Aber die Volkskrankheit Ungenaulesen hatte wieder zugeschlagen. Als er den Satz noch mal liest, ist Alienation verschwunden, vertrieben vom korrekten Alienisation. Das ist die traurige Wahrheit – und das ist die gute Nachricht dabei: er hat den Begriff Alienation entdeckt! Geborgen aus einem Buchstabenhaufen. Alienation gehört jetzt ihm, er ist mit Alienation verbündet, er fliegt in seinem Namen durchs All und wieder zurück.

Ich habe hier einen Pass, der mich als Bürger von Alienation ausweist, und Sie haben verdammt kein gottbeschissenes Recht, mir die Einreise zu verweigern!

So döst das Völkchen im politisch unbedeutenden Lande Alienation leichten Herzens vor sich hin, um sich von schweren Gedanken zu erholen, und das kann – ein politisch normaler Vorgang – von seinen Nachbarn nicht geduldet werden. Es wird laut in der Wohnung nebenan, und das sorgt in Alienation für nervöse Verwirrung. Präsident Beat ist nicht amüsiert, muss man mit einem Angriff rechnen? Die feindliche Musik aus der Wohnung nebenan drängt sich über den stoischen Beat von John Lee Hooker, den er zu seinem akustischen Schutz aufgelegt hat, und durch den Sound von drüben drücken sich auch noch Stimmen. Beat versteht nichts, außer dass es sich um Streitgeschrei handelt. Er steht auf und gibt der Tür zu seinem Arbeitszimmer einen Tritt. Er spürt die acht Stunden Nacht- und Lärmarbeit stärker als beim Aufstehen mittags, seine Arme und Beine fühlen sich an, als würden sie immer noch arbeiten. Deine Uhr zeigt schon drei und deine Scheißnachbarn lassen dich nicht schlafen.

Sind Männer, bei denen der Amok ausbricht, ausgeschlafen oder aufgereizt von zu wenig Schlaf? Der Typ Waffenspezialist unter den Amokläufern, den man Pseudokommando nennt, der sein sorgfältig gewartetes Waffenlager sorgfältig in zwei Taschen packt und es sorgfältig ausbreitet vor dem sorgfältig geplanten Einsatz – der schläft sich wahrscheinlich gern gründlich aus, um dann maximale Leistung bringen zu können...

Ich geh schlafen, Mutti, gute Nacht.

Was hast du denn, mein Liebling, das ist doch nicht deine Zeit, bist du krank, ich werde dir einen Tee kochen!

Aber nein, muss nur topfit sein morgen, die haben mir eine ganz schlimme Prüfung hingeknallt, aber denen zeig ich's, das werden die nicht vergessen, schlaf gut, Mutti.

Eines Tages wird er in ihre Wohnung gehen und alles verwüsten wie ein übergeschnappter Einbrecher. Was ihn eigentlich stört, ist, dass sie diesen Lärmbrei nur wie eine Tapete benutzen, die gleichbleibend irgendwie so dahinläuft, bis abends endlich die ersten lustigen Serien im Fernsehen kommen. Die Musik, die ihr Leben akustisch abfüllt, kommt von jungen weißen Männern und Frauen, die aussehen wie die jungen weißen Männer und Frauen, die einem aus den Fernsehserien entgegengrinsen, und die kann Beat mit jedem Tag weniger ertragen; sie sind nicht zu diesem echten Punklärm fähig, aus dem er damals hervorgekrochen ist, es ist einfach nur dummes deutsches Geschnatter, das in der Mitte des Mittelmaßes herumliegt und im besten Fall seufzt, ach, heute fühle ich mich aber doch ein wenig wild. Und die Unverschämtheit ist, dass er sich nicht bei ihnen beschweren kann, weil sie nur die Chance nutzen würden, es auf sein Alter zu schieben.

Alle Versuche, aus nachbarschaftlichen annähernd familiäre Verhältnisse zu schaffen, nur weil man sich Bad und Flur teilt, hat Beat in den Sand laufen lassen, und wie in einem Hotel sperrt er hinter sich ab, wenn er sein persönliches Gebiet betreten hat, während das Trio seines nicht mal versperrt, wenn alle draußen sind; schon in der ersten Woche bekam Beat den Hinweis, im Notfall ruhig an ihren Kühlschrank zu gehen – ist doch klar, Mann! Inzwischen ist er als etwas Schrulliges, verschlossen Eigenständiges akzeptiert, das eben achtzehn bis zwanzig Jahre älter als das Pärchen Tobias und Yvonne und ihr Anhängsel Sabine ist. Er sieht es als Schwäche, wenn er, hin und wieder, für einen Abend bei ihnen landet; man will einen Satz über das Badezimmer oder die Mietnebenkosten sagen, hat sofort ein Glas in der Hand, kann sich gegen diese Nettigkeit nicht wehren und bleibt als guter Trinker dann hängen, obwohl man Gewohnheitskiffern seit ewigen Zeiten aus dem Weg geht. Beat kann sich mit der Bemerkung interessant machen, er hätte Drogen genug für drei Leben genommen und damit abgeschlossen. Seine Beiträge beschränken sich auf ja, nein oder keine Ahnung, aber mit steigendem Alkoholpegel erzählt er vielleicht etwas aus den alten Punktagen im Stil von Stalingradabenteuern, und sie sind verblüfft, weil sie in seiner Altersklasse nur Leute wie ihre Eltern kennen. Er verflucht seine Eitelkeit, die sich gern füttern lässt – immerhin arbeitet er im Heaven, das sie manchmal toll finden, und er sondert dummes Zeug ab für ein Musikmagazin, das sie gut finden – er kommt nie dahinter, warum. Ihre Ideen fliegen durch die Gegend, ehe die eine sich auf dem Blumentopf am Fenster niederlässt, fliegen schon drei neue aus ihren Haaren, sie gründen morgen ein Musikmagazin im Netz, eine Band sowieso, die aber erst mal einen Film macht, besuchen morgen jemanden in New York und berichten in einem wahnsinnigen Blog darüber; morgen sind die alten von den neuen Ideen in die Datei für Projekte verdrängt. Während Beat nicht weiß, wie er die penetrant laute gute Laune von Yvonne und Tobias ertragen konnte, ihr Dauergerede, eine permanente akustische Kissenschlacht. Es ist nicht gut, dass er sich regelmäßig von einem Anfall von Einsamkeit umlegen lässt, nur um zu sehen, wie eine neue Hippiekultur zurückkehrt, mit Vollbart und Überlegungen, ob der Mond an den Kriegen schuld ist. Sie sind für Greenpeace und gegen die israelische Mauer, für Frieden und gegen die Macht der Medien, finden einiges klasse, was der neue Papst von sich gibt, und lesen dicke Bücher, in denen sich mittelalterliche Elfenstämme bekämpfen, die schon damals gegen die Globalisierung waren. Oder so ähnlich. Falls es einen lustlos vorgebrachten Einwand von ihm gibt, wird er leicht weggekichert.

Dein Palästinensertuch ist übrigens ein verdammtes altes Scheißantisemitensymbol, hatte Beat einmal zu Yvonne gesagt, nur für den Fall, dass du denkst, es wäre was anderes.

Ihre für einen Moment im Schock aufgerissenen Augen waren reizvoll, ehe sie ihr beachtliches Selbstbewusstsein aufschnappen ließ. Das kommt immer drauf an, wer das trägt! Damit muss man aber vorsichtig sein, sagte Sabine so vorsichtig, dass es niemand beachtete. Außerdem verändern sich so Symbole, sagte Tobias, so Symbole sind doch Quatsch. Auf diese Art steigen sie über alles hinweg, die Augen immer fröhlich zum Horizont gerichtet. Von

Rosa Luxemburg bis Paul Weller, vom Dadaismus bis zur Wiedervereinigung – Beats Probebohrungen in ihr Gehirn ergeben nichts außer Gerüchte vom Hörensagen und Naivität und bestätigen, was Yz einmal wütend gesagt hatte: diese jungen Germanen, die ein paar Jahre länger in der Schule waren, wissen immer über alles Bescheid, selbst wenn sie weniger Scheißahnung von nichts haben als mein Opa, der nicht gelernt hat zu lesen.

Beat möchte sie aus einem anderen Grund aus dem Fenster werfen: sie machen ihn zum arroganten Besserwisser. Er ist ständig versucht, ihnen dringend zu empfehlen, statt herumzuhängen sich ein solides Stück Bildung zu verschaffen. Weil sie ihn zu der Ansicht provozieren, er hätte in ihrem Alter etwas mehr im Schädel gehabt und ihre furchtbare Lockerheit sei ein schwerer Irrtum. Sie provozieren ihn dazu, seine alten Zeiten zu glorifizieren – was für ein Dreck, dieses Glorifizieren. Er sieht es klar – er muss einen neuen Platz finden. Auch weil er mit dem Mauerblümchen in diesem Trio – gibt es denn keinen modernen Ausdruck von ähnlich poetischer Kraft für dieses Wesen? – im Bett gelandet ist.

Und seitdem von ihr verfolgt wird.

Sie klopft an seine Tür. Sie kommt aus ihrer, wenn sie seine Wohnungstür hört. Sie setzt sich neben ihn auf die Bank im Hof. Sie beobachtet ihn, wenn er im Heaven Platten auflegt.

Beat hatte die Einladung zu einem Glas angenommen, man saß auf dem Sofa und glotzte verschlafen in den Fernseher. Plötzlich war das Paar verschwunden, und als er und das zarte Blümchen, das er mochte, dann langsam in den Film McCabe und Mrs. Miller hineingesaugt wurden, spürte er ihren Kopf auf seiner Schulter, dann, er hatte nichts dazu getan, heiliger Heiland – war der Heiland eigentlich jemals heiliggesprochen worden? –, ihren Mund am Hals, seine Hand auf ihren Brüsten und dann ihre Kniekehlen an seinen Oberarmen. Sie schleuderte ihren Kopf hin und her, als wollte sie ihn abreißen, und noch während er sie fickte, nannte er sich einen behämmerten Vollidioten; aber die Vernunft war viel zu schwach gegen das Jagdfieber – Mann, sie ist alt genug und hat es selbst in die Hand genommen, also nimm, was dir dargereicht, und gib, was du kannst und dir gegeben.

Im Halbschlaf glaubt Beat zu registrieren, dass das Geschrei drüben aufgehört hat, und vielleicht ist da ein Klopfen an seiner Tür.

Sabine hatte am nächsten Tag geklopft und er hatte sie eingelassen mit dem Vorhaben, ihr den Kopf zu waschen und seinen auch. Während sie ihre Kaffeetasse drehte und ins Schwarze schaute, erklärte er, dass er sich wie ein behämmerter Vollidiot benommen habe; es tut mir leid und wird nicht mehr vorkommen. Er entdeckte keine Wirkung bei ihr und knallte ihr Worte wie Altersunterschied und Alkohol hin, und dass er mit ruhigen Frauen nichts anfangen könne – Mensch, ich bin ein einfach gestrickter altmodischer Arsch, ein blöder Einzelgänger, such dir jemand anderen zum Spielen!

Eine Zigarettenlänge später saß sie vor ihm auf dem Küchentisch mit gespreizten Beinen und das Kaffeegeschirr schepperte laut.

Du bist ein blöder Schwanzkopf, sagte Sally, als er ihr das Problem schilderte, das ist kein Wunder für mich. Dieses Chick ist dreiundzwanzig, deshalb ist dir egal, wie sie aussieht, shut up, wenn du mein Freund bist, dann erzähl mir keine Scheiße, ich weiß genau, wovon du redest.

Sie grinste ihn an, es gefiel ihr, in diese verschwitzten Verwirrungen einbezogen zu werden und sein Vertrauen zu bekommen. Sie redete ernsthaft auf ihn ein – du musst aufpassen, denn wenn du so ein Mäuschen richtig ankickst, dann flippt sie aus, und wenn du sagst Ende, dann you really got a problem, brother, denn endlich hat sie einen in ihrem stillen Leben, der sie, also Explosion, und sie träumt, dass er the one ist, und dann – sie ließ die Finger aus der Faust springen – Plop, schon sagt er Tschüs, hey, das findet niemand schön.

Beat erklärte ihr, dass seine eigene Analyse zu ähnlichen Resultaten geführt hatte und dass er sich deshalb nach diesen Fehltritten nur zu einem einzigen weiteren Fehltritt hatte hinreißen lassen. Sie schüttelte mit verkniffenen Lippen den Kopf und nannte ihn einen dämlichen Bastard – was willst du denn, dass sie dir mit Tränen in den Augen ein Messer reinsteckt und dabei ich liebe dich sagt?

Das habe ich wirklich geträumt, dass sie mit 'nem Messer hinter mir her ist.

Du willst es so; im Vergleich zu dir war Sid Vicious ein intelligenter Mensch, aber weißt du was? Ich kann dich verstehen, ich bin auch so wie du, aber es ist nicht gut, da kannst du dich freuen, ich bin fucking achtunddreißig und habe auch nichts gelernt, ein paar Klischees von Rock'n'Roll vielleicht, Gratulation, deswegen sind wir so gut zusammen. Weißt du, was wir n-People nennen, also mit Buchstabe n?

Keine Ahnung. Seine Schallschutzmusik ist beendet, und Beat hört, dass nebenan immer noch gebrüllt wird. Er ist zu faul, eine neue Musik einzulegen und versucht, mit den Gedanken an Sally wieder in den Halbschlaf zu verschwinden. Wie die Rockerbraut aus einem drittklassigen Rockerfilm hatte sie an diesem Nachmittag im Juli ausgesehen, und er hatte den Verdacht, dass er in sie verknallt war. Es fiel ihm niemand ein, dem er sich so nah fühlte. Als sie ihm zum ersten Mal erzählt hatte, dass sie nicht schon immer lesbisch gewesen war, sondern erst nach einigen Versuchen mit Männern angefangen hatte, sich dafür zu interessieren, um festzustellen, dass es sie stark und immer mehr interessierte, fragte er sich, ob sie beide eine Chance hätten.

Sally, darf ich dich was fragen? Natürlich, ich weiß es schon, weil es ist immer gleiche Prozedur, und deshalb lade ich nur selten einen Mann ein, das Fragen zu stellen. Was heißt Mann, ich bin dein Freund, und es heißt, die Frage zu stellen oder das zu fragen. Danke, Sweetheart, jawohl, mein größter Traum ist es, von einem richtigen Mann gepackt zu werden und wieder eine normale Frau zu werden, Heil Hitler, ich sprechen gerne deutsch! Hör auf mit dem Unsinn. Nicht das, was du gewissen wolltest?

Nein, und hör auf mit diesem Gequatsche, ich falle da nicht drauf rein! Faller gefällt nicht, wenn er kommt zu mir?

Er versuchte, sie um die Hüften zu packen und zu kitzeln, spürte ihre Brüste durch das dünne weiße Shirt, sie balgten sich, Wange an Wange, seine Lippen an ihrem Hals, seine Nase zwischen ihren Zähnen, und kicherten, bis sie schließlich eng umschlungen ruhig dasaßen, wie es in einem Tantencafé erwartet wird. Du darfst mich nicht auslachen, sagte er. Auslachen ist gut, wie das Licht ausmachen? Ja, genauso. Ich werde nicht über dich lachen. Was würdest du sagen, wenn ich dich besuchen komme und sehe aus wie ein Transvestit? Ich würde sagen okay – wenn es gut gemacht ist; aber du willst nicht wissen, was ich sagen würde, sondern ob es mir geben würde einen Kick, das weiß ich nicht, mein Freund, das musst du ausprobieren. Die Idee ist nicht so schlecht, aber – sie schlug ihm zart von unten ans Kinn – was ich eigentlich möchte, ist nur, dass es dir gut geht, also wieder besser, schaffst du das? Sicher.

Nicht im Geringsten hatte er das geschafft. Er dreht sich herum, greift sich das Telefon, sucht im Register ihren Namen und stellt die Verbindung her. Nur die automatische Stimme. Sie schläft, natürlich, es ist der Tag, an dem alle Frauen, die er sofort sprechen möchte, nachmittags schlafen – ich bin's, kann ich dich heute Abend besuchen? Das wäre schön, ruf mich bitte zurück. Wirksame Frauenkleidung wird er irgendwie beschaffen können, ein seriöses Kostüm von Sarah Kossinsky, das würde Sally sicher umwerfen.

Ungewohntes, bizarres oder bis dahin nur fantasiertes Verhalten wird in die Tat umgesetzt auf dem Weg zum Amok. Dem Satz ist er beim Blättern begegnet. Oder er reimt sich nur was zusammen. Zu dem Punkt, der ihn am stärksten interessiert, kann er jedoch nichts finden: was genau geht in Leuten vor, die einen Psychiater aufsuchen aus Angst, kurz vor einem Amoklauf zu stehen? Warum ist jemand in Gefahr, der die Gefahr erkennt? Was kann es sein, das jemanden, der die Gefahr erkennt, die Kontrolle verlieren lässt? Der Unterschied zwischen einem Serienkiller und einem Amokläufer ist ihm klar – das Gemeinsame nicht; und gibt es eigentlich über Amokläufer ebenfalls diese Fankultur, nicht nur die Nachrichtenneugier, sondern die liebevoll besessene Fankultur wie bei Plattensammlern? Tausche Polizeifoto vom Mad-Man-in-the-Tower-Turm gegen komplette Sammlung der Columbine-Täter (vorher/nachher) inklusive ihrer Eltern und Geschwister ...

Weitere unvermutete Untersuchungsergebnisse dringen durch seine Müdigkeit. Die Zahl der Täter, die bei ihrer alleinstehenden Mutter leben, liegt sowohl national wie international bei nur etwa zwei Prozent, und das ist weniger als die Hälfte des Frauenanteils unter den Amokläufern! Demgegenüber das Bild, das die Gesellschaft von erwachsenen Männern hat, die bei ihrer alleinstehenden Mutter leben, völlig anders aussieht. Wenn in der Nachbarschaft ein Kind missbraucht wurde, ist der Muttimann doch als Erster im Visier – war doch klar, normal kriegt der doch keine Frau, kuck ihn dir an, wennse den nicht gleich verhaftn, schießta morgen auf uns alle!

Diese armen Jungs werden dämonisiert, obwohl sie, was den Amok betrifft, weitaus weniger gefährdet sind als verheiratete Männer.

Vielleicht sind sie sowieso im Durchschnitt glücklicher als die meisten verheirateten Männer?

Wer weiß das genau, warum denn nicht?

Und was heißt denn schon glücklich?

Glücklich ist auch der Amokläufer während des Laufs.

Ist das Glück oder nur Befriedigung?

Endlich seine Arbeit tun, ist das wie getane Arbeit?

Es gibt eben nur die eine Nation, in der alleinstehende Männer mit ihren alleinstehenden Müttern unbehelligt leben können.

Frei von Geflüster und Blicken.

Frei von dem Vorurteil, dass sie zu Hause Eintopf Illegal zubereiten: mit eingelegten Muttiteilen.

Frei von dem Vorurteil, dass sie Kindern was zeigen müssen.

Welch wunderliche Instrumente ihr Körper enthält, geschaffen vom lieben Gott.

Für seine meist aufrecht gehenden Werke.

Seine selbst gebastelten Werkzeuge.

Willkommen in Alienation.

Beat döst ein.

Die Geräuschkulisse ist in den Hintergrund verschoben, ohne ganz zu verschwinden; ein Zustand, den er mag. Man entfernt sich, ohne es zu wollen, und ist weit weg, ohne vollständig eingeschlafen zu sein. Wenn er sich vornimmt einzuschlafen, hat er eine diffuse Angst vor dem Einschlafen.

Wo bist du, wenn du schläfst?

Der Durchschnittsmensch erwacht fünfundzwanzig Mal pro Schlaf, kann sich jedoch, falls er nicht länger als eine Minute aus dem Schlaf auftaucht, später nicht daran erinnern. Schlafen ist ihm unheimlich, sie haben dich in einer lautlosen Abstellkammer abgelegt in vollkommener Lichtlosigkeit, und du wirst vergessen, wieder aufzuwachen. Er beneidet die Menschen, die einschlafen können, wann sie wollen, oder die einschlafen können, wenn sie müde sind.

Nur vor dem Tod hat er mehr Angst.

Das Telefon weckt ihn, er zuckt zusammen und schnellt hoch und ist verwirrt. Zwischen dem altmodischen Gebimmel fällt ihm auf, dass irgendwas nicht stimmt. Es ist so still. Keine Lebenszeichen aus dem Hinterhof oder der Wohnung nebenan. Der heftige Streit wurde beendet – wahrscheinlich hat Sabine die feindlichen Kehlen aufgeschlitzt, sitzt heftig atmend und erregt am Boden und sammelt Kraft, um ihr Werk fortzusetzen, Typ Amokläuferin, die sich ein Tuch um den Kopf bindet und sich mit Blut Zeichen auf die Brüste malt, jetzt ist er dran ... Mensch, Mädchen, ehrlich, wenn ich gewusst hätte, welche Kräfte in dir stecken und wie schön du im Blutrausch bist, hätte ich deine Avancen doch niemals abgelehnt, ich dachte, du bist nur so 'ne Studentin in der Warteschleife bis zur Heirat, lass uns noch mal ganz von vorn anfangen – zu spät, buchstabier dein letztes Amen, Arschloch.

Auf dem Telefonbildschirm Name und Nummer der Filmverbrecher. Er kann auf sie verzichten, doch wenn er das Pack nicht endlich durchkommen lässt, würden sie sich zuletzt noch auf den Weg machen und seine Tür eintreten. Er meldet sich mit einem müden Hallo und erklärt, dass er eine Nachtschicht hatte, durchschlafen musste, dann wird ein Schwall Worte über ihn gekippt. Das ist der totale Schwachsinn, brüllt er in die erste Lücke, und wie in einem dämlichen Spiel hangelt er sich von Lücke zu Lücke weiter – wie kommst du auf so eine Scheißidee – Quatsch – trotzdem – hey, komm mal wieder runter – jetzt hör endlich auf mit dem Scheiß – das heißt noch lange nicht – deswegen würde ich nie so weit – Mann, du hast doch selber den Arsch – das ist Blödsinn, ich schwör's dir – Dieter – Dieter, langsam bin ich echt sauer – ich weiß, dass ich das gesagt habe, aber deswegen – ich habe dir die Bullen nicht – du mich, du kotzt mich an – verdammt, wie kann man nur so blöd sein, ich glaub's einfach nicht – sehr schön, sie sagen dir nicht, wer das war, aber ich war es – können wir gerne machen – nein, geht nicht – es geht nicht, ich bin unterwegs und habe Termine – ich weiß nicht, wie lange das dauert – ich melde mich – ich melde mich, wenn ich fertig bin – ich melde mich, sobald's geht – Adios, brüllt er, holt aus, um das Telefon an die Wand zu werfen, beherrscht sich im letzten Moment.

Es ist zum Heulen, dass diese gute Nachricht mit einer schlechten kombiniert ist. Dieses brutal geldgierige Pack hatte sich endlich selbst in die Eier getreten; sie hatten versucht, mit einem miesen Drecksfilm Geschäfte zu machen, und werden deswegen jetzt von den Ordnungskräften angegriffen und sehen sich in Gefahr, mit dem Kopf voran in den Fleischwolf gestopft zu werden – jawohl, denkt Beat, sperrt sie ein, bis ihre Zungen verdorrt und die Augen erblindet, sie haben es verdient. Er kennt diesen Film, Dieter hat ihm das Werk in seinem Büro gezeigt, stolz, weil er etwas entdeckt hatte, für dessen Entdeckung man sich Zeit nehmen musste und Geduld und Beharrlichkeit und Gewieftheit und Kontakte und Kenntnisse von gewissen Codes im Netz. Alter, sagte er zu Beat, warum kannst du uns nicht mal so eine abgefahrene Idee bringen, das ist eigentlich dein Ressort, ich würde dir echt die Hand küssen, wenn du dir mal was richtig Großes überlegen würdest, weißt du, was ich meine? Keine Spur. Beat war anderer Meinung, dieser Dreck war zum Kotzen und die, auf deren Konto das ging, hatten nichts anderes verdient, als gefesselt und mit ihren honigbestrichenen Lieblingsgliedmaßen in einen Ameisenhaufen gelegt zu werden. Dieter, sagte Beat, wenn ihr so ein Zeug vertreibt, dann bin ich draußen, die Typen, die das gedreht haben, sind astreine Psychopathen und ich mach drei Kreuze, wenn die jemand von der Straße wegschafft. Mal langsam hier, hatte er darauf zu hören bekommen, das issn Film, du Superheld, vergiss das nicht, und an deiner Superbetroffenreaktion kannste ermessen, wie gut der gemacht ist, du willst doch immer Kunst, und wenns mal richtig zur Sache geht, ist dir das zu radikal. Worauf er nur entgegnete, man möge ihm keinen Scheiß erzählen. Dieter schraubte sich eine nachdenkliche Stimme ins Gesicht, das ist der Ostmarkt, da herrschen andere Gesetze, mein Freund, seufzte er, ganz der herzensgute Manager, dem beim ultrabrutalen Überlebenskampf, um seine Angestellten vor Billiglohn und absurden transglobalinterprekären, massiv arbeitsplatzgefährdenden Arbeitsrechtsbestimmungen zu beschützen bis zum letzten Blutstropfen, auch noch von den eigenen Mitarbeitern Steine an den Kopf geknallt wurden.

Der Ehrliche mag der Dumme in dieser Gesellschaft sein, sagte Dieter, aber der kleine Unternehmer ist der Nigger, wenn man's genau nimmt, und das sollte man tun! Es lief schon mal besser, und deswegen muss ich reagieren auf jeden neuen verpissten Trend, ob dir das passt oder nicht; ich mach doch diese neuen Pisstrends nicht! Ich würde viel lieber so einen schönen alten Kindergartenreport machen und aus die Maus. Kindergartenreport?

Beat brauchte zwei Sekunden, ehe er kapierte. Der kleine weiße benachteiligte Unternehmermann hatte natürlich so was wie Kindermädchenreport gemeint, wo es nicht um die Kinder ging. Zwei Kinder hatte der Dieter inzwischen, die er so besessen liebte wie Hermann Göring seinen Hund, und er organisierte immer ein niedliches Au-pair-Mädchen für sie.

An diesem Nachmittag war Beat klar geworden, dass er längst hätte aussteigen sollen. Es war beachtlich, wohin sich diese Kanone Dieter in zehn Jahren entwickelt hatte. Angefangen hatte er als Partyveranstalter, dem es wichtig war, bei seinen Veranstaltungen Räume zu bieten für abseitige Musik oder sogar Literatur. Wir lassen den Trash die Hochkultur knallen, war der Spruch, den er aus den Achtzigerjahren mitgeschleppt hatte; später dazu passend die Idee mit den Filmen, Porno, nicht spießig, sondern Trash mit Pop. Und am anderen Ende dieses roten, braun verschmierten Fadens war er nur noch dreiunddreißig Zentimeter davon entfernt, seine Oma in dünne Scheiben geschnitten für knapp über dem Selbstkostenpreis zu verkaufen. Und wenn er sentimental betrunken war, erzählte er, wie er als junger Punk unter den gesellschaftlichen Vorurteilen gelitten hatte, und bedauerte, dass der alte Widerstandsgeist bis zur Unkenntlichkcit in der Gesellschaft versickert war. Dann sang er Lieder gegen die Bullenschweine – ein absurdes Wunder, dass ausgerechnet das noch in einem Kopf geblieben war, in dem es nur noch um Geld ging. Es kann nichts geben, was diesen Irrsinn schlägt.

Nach garantiert unglaublich sorgfältigen Überlegungen hatten Dieter und sein Partner Thommsen von diesem Dreck Kopien hergestellt, um sie westlich des Ostens zu verkaufen, mit der guten alten Methode, weil die Computer nicht mehr sicher waren, und hatten dabei, immer schön lässig bleiben, eine schlecht verwischte Spur zur eigenen Firma hinterlassen – so ähnlich muss es gelaufen sein, denkt Beat. Eine anonyme Person hatte sie dann mit der Polizei verbunden. Und weil Beat das zu dem Film gesagt hatte, was er gesagt hatte, glauben sie, in ihm die anonyme Person entdeckt zu haben. Getreu der beliebten Regel: warum beweisen, wenn's auch schnell gehn kann.

Er nimmt sich aus dem Kühlschrank ein Bier, stürzt es wütend runter – es ist unfassbar, dass er diese Typen so lange nicht begriffen hat. Und in dem Moment, wo er sich verabschieden will, kleben sie an ihm, weil sie ihn für einen Verräter halten – da wird sie sein Goodbye sicher vom Gegenteil überzeugen. Er wirft die Flasche in die Spüle. Da soll sich einer nicht kaputt fühlen! Und was zeigt sich, wenn man es positiv betrachtet: sein Leben ist nicht langweilig. Hätte er sie verpfiffen, wenn er gewusst hätte, dass sie mit diesem Film handelten? Das ist nicht seine Art. Er hat sich ein paar gute alte männliche Tugenden bewahrt, und dazu gehört: Verrat ist ausgeschlossen. Aber vielleicht ist er das doch nicht.

Wenn etwas so zum Kotzen ist, dass du keine Luft mehr bekommst, dann verrate sie.

Wenn's um dein Leben geht, dann schieß ihnen in den Rücken.

Und wenn du glaubst, dass der heilige Petrus dir deswegen den Einlass verwehren wird, dann befördere ein Stück Blei in deinen eigenen Kopf.

Sie waren mal, der Dieter und er, ungefähr viertbeste Freunde gewesen – und wo waren sie jetzt? Er kotzte ihn an und er kotzte ihn an. Das Leben ist schon genug zum Kotzen, da lass ich mich von dir nicht auch noch ankotzen, Alter, darauf kannst du von mir aber Buch und Siegel haben, hatte der Dieter vorhin am Telefon zu Beat gesagt. Der aus seinem Küchenfenster in den Hinterhof schaut, wieder ein Bier in der Hand, nicht über die Kindertraube nachdenkt, die sich im Hinterhof gebildet hat und kein Geschrei macht, sondern ihr Gespräch rekapituliert. Um die Bedrohung einzuschätzen. Und plötzlich lachen muss. Diese vertrottelte cholerische Quasselmaschine gibt ihm doch tatsächlich den entscheidenden Hinweis – er hat den Namen wieder und genau die Stelle, wo er die Memoiren des französischen Frauenunterwäscheverehrers findet.

70

Das Leben ist zum Kotzen.

Dieser Romantitel habe Ende der vierziger Jahre potenzielle Leser abgeschreckt, schrieb Leo Malet in seinen Memoiren. Beat legt sich wieder aufs Bett, die Bierflasche zwischen die Beine geklemmt, er blättert herum – Abbildungen von selbst gemachten Fotos eines Reizwäscheschaufensters und eines Sadomasofesselkostüms für Frauen, das Malet in einem Kriminalroman beschrieben hatte; Stress um Strapse hieß eine Story, und eine andere handelte von einem Sexblatt, das mit Doppelgängerinnen von Filmstars arbeitete, eine zeitlos wirkungsvolle Idee, die auch Beat an die Firma weitergereicht hatte (das Produkt war schon deshalb ein Reinfall geworden, weil diese Billigdoppelgängerinnen den Originalstars nicht besonders ähnlich sahen). Auf seinen Visitenkarten nannte er sich gewöhnlicher Fetischist und Sexbesessener; der anarchistische Gentleman Malet hatte seine Neigungen wirklich schamlos in seine Arbeiten einfließen lassen. Und dann, das war doch sensationell, hatte er seinen ersten Roman Johnny Metal genannt! Zu einer Zeit, als die deutschen Steinzeitmenschen glaubten, es nach Pearl Harbour mit den Amerikanern aufnehmen zu können. Johnny Metal: ein Name und Programm wie monoton gedroschene Beatgitarren. Johnny Metal: Beat fragt sich, ob er zu alt ist, einen Johnny-Metal-Fanclub zu gründen? Ach was. Man muss die wenigen vorbildlichen Männer feiern. Johnny Metal: der sich später nur dem Terrorkommando des Alters beugen musste. Noch vor seinem Sechzigsten torpedierte eine Depression Malets Arbeit, konnte seine Memoiren jedoch nicht verhindern; direkt im Anschluss an die Überlegungen zum optimalen Verschluss eines Büstenhalters schrieb Malet, ihm bliebe nur das Grab, das sei alles.

Die Hoffnungslosigkeit unter dem Bemühen, nicht hoffnungslos zu klingen, ist schmerzhaft deutlich, und Beat fragt sich, ob dieser Metal Malet so viel Angst vor dem Alter, in dem man nur noch auf den Tod vorbereitet wird, gehabt hat wie er. Seit Jahren plagt ihn ein Standardtraum; der einzige Traum, in dem er jemals Zahlen gesehen hat, mal gekritzelt auf einem Zettel, mal groß wie ein Felsen, vor dem er ängstlich steht mit anderen gekrümmten Gestalten, von einer Gottheit zur Rede gestellt, schuldig ohne jede Frage:

Einmal war es ein Mann an einer Theke, den er kannte, ohne ihn identifizieren zu können, die Bar voll mit lustigen Freunden, der es auf eine zurückhaltend fiese Art zu ihm sagte.
    Mit 54 wirst du abtreten.
    Alle lachten. Nur er nicht.
    Irgendwann hatte er es so oft geträumt, dass er es akzeptierte. Beat ist kein Esoteriker – was er sich vorstellen kann, ist, dass er allein deswegen in diesem Lebensjahr abtreten wird, weil er dann wie ein Extremparanoiker durch die Gegend läuft, nichts anderes als einen dummen Traum im Hirn, und deshalb permanent Probleme auf sich zieht, ein betrunken wirrer Typ in einem Johnny-Metal-T-Shirt, und eines dieser Probleme wird eben tödlich sein, ein dummer Zufall, ein Blumentopf, der um 5 Uhr morgens aus dem 4. Stock fällt. Er hat noch Zeit, er hat noch neun Jahre. Und er wird später Kossinsky fragen, ob er Malet Metal gelesen hat, sicher hat er das, denn Kossinsky kennt alles, was geschrieben worden war, um Gott und der Welt in den Hintern zu treten. Als Beat die nächste Seite umlegt – seine Augen fallen in eine sehr Vollbusige in schwarzen Nylons, die Johnny Metal auf eine Postkarte mit Eiffelturm geklebt hatte, wahrscheinlich hatte er sich sogar ein Pin-up in den Sarg kleben lassen, und was hatte eigentlich seine Ehefrau zu seinen Interessen gesagt? –, fällt ein Foto heraus.
    Er ist so überrascht, als würde jetzt der Dieter die Tür eintreten, um mit dem Verräter eine gepflegte Unterhaltung zu führen. Beat

hat das Foto vergessen und dass er es genau an dieser Stelle in das Buch gesteckt hatte. Die Frau auf dem Foto ist schon lange aus seinem Leben verschwunden – vergessen wird er sie niemals. Wenn er beten würde, würde er manchmal für Brigitte beten: der Weinproduzent aus Nazareth möge sie vor Unglück jeder Art beschützen.

Vor fünfzehn Jahren hat er sie zuletzt gesehen. Er hatte seine Mutter besucht, einen Abend mit ihr kurz gestritten und lange geschwiegen, sich allein in einer Kneipe besoffen, und am nächsten Tag auf dem Weg zum Bahnhof, I'm a Lonesome Fugitive auf den Lippen, begegneten sie sich. Sie hatten sich lange nicht gesehen, er war furchtbar verlegen, weil die alten Bilder um sie beide herumkurvten, auf denen er siebzehn und sie doppelt so alt war, und beide waren sie nackt, und genauso verlegen sagte sie Hallo, wie geht's dir, aber ihrem Lächeln sah er an, dass sie stolz darauf war, ihm damals den Sinn des Lebens gezeigt zu haben. Sie schoben dumme Sätze hin und her, er musste zum Zug. Beat ist schockiert, als ihm klar wird, diese Frau ist inzwischen über sechzig Jahre alt – oder ist sie schon gestorben? Seit dem Tod seiner Mutter bekommt er keine Informationen mehr aus dem Ort, an dem er aufgewachsen ist. Dämmert sie als alte Mutti vor sich hin, oder begibt sie sich in dumpfen Kneipen auf die Jagd nach jungen Männern, die für jede Frau dankbar sind? Er kann sich nicht einmal an ihren Familiennamen erinnern, er weiß fast nichts über sie. Im Wohnblock neben ihrem Block hatte sie gewohnt, ihr Mann fuhr die Trucks für eine große Spedition und war meistens nur am Wochenende zu Hause, ein schnittiger Typ, der offensichtlich für immer von Elvis begeistert war. Sie hatten kein Kind, sie waren das auffälligste Ehepaar in der Kleinstadtblocksiedlung, sie waren anders als die Eltern von Beat und seinen Freunden, im Sommer lagen sie auf einer Decke auf der Wiese im Hof, der Mann knutschte um ihren Bikini herum, sie tranken Bier, rauchten und hörten Kassetten, die die Teenager animierten, in der Nähe zu bleiben. Allein deswegen nannte Beats Mutter sie eine Schlampe.

Die erste Single der Jam raste durch England, während auf der anderen Seite des Ärmelkanals jemand nach den Schwachstellen im Plan zur Entführung des ehemaligen SS-Manns Schleyer suchte und auch Brigitte Geschichte schrieb: sie hatte Beats Schwanz in ihrem Mund. So was hatte er nie zuvor erlebt, nur in einem Magazin ratlos angestarrt. Er lag auf dem Sofa in ihrem Wohnzimmer, dann leckte sie sich die Lippen und dann ihn wieder, küsste ihn und setzte sich auf ihn. Er war verwirrt, machte die Augen zu, hatte sich nicht vorgestellt, dass die Sache einen so wahnsinnig machen würde – sie nannte ihn Süßer.

Nachmittags hatte sie ihn gebeten, ihr beim Umstellen eines Schranks in ihrer Wohnung zu helfen, der nur ein Schränkchen war. Sie mussten sich beim Anfassen nahe kommen, und sie wollte es dorthin, dahin, hierhin oder doch besser wieder dorthin tragen, und er hatte unvermeidlich ihre Beine und ihren Ausschnitt im Blick und spürte, dass es um was anderes ging. Dann bekam er Campari mit Eis, sie zeigte ihm ihre Lieblingsplatten, sie hörten die Stylistics, die Supremes, Dusty Springfield – verdammt, das ist es, die Süße von heute Nachmittag, die sieht Dusty Springfield ähnlich! – Marvin Gaye, James Brown, und er fand es etwas langweilig, so ähnlich wie die Fernsehshows am Samstagabend, aber es passte, und sie zog an seinen Händen, so lange, bis er bereit war, mit ihr zu tanzen … Es war dunkel, als er sie verließ, zitternd, völlig durcheinander. Ein Blitz hatte in seine Welt eingeschlagen und sie zerteilt. Nichts war mehr wie zuvor, und es war unmöglich, dass andere Männer dasselbe erlebten, man hätte es ihnen ansehen müssen. Und es war unmöglich, dass seine Mutter sich jemals so aufgeführt hatte, einen Mann küssen, während sie mit der Hand seinen Schwanz streichelte, ihn angrinste, und wenn er stöhnend kam, Ja zu ihm sagte, so ist es schön, mein Süßer, und dann ihre Finger ableckte und ihn wieder küsste, das hätte man ihr doch ansehen müssen.

Er hatte sich dann auf eine der Bänke im Hinterhof gesetzt, um auf seine Freunde zu warten, die bald antreten würden wie jeden Abend, sich aber vorher in einer Ecke verkrochen, um allein

74

zu sein und nicht in Gefahr zu geraten, etwas auszuplappern. Er wollte sofort wieder zu ihr, hatte aber versprochen, niemals vor ihrer Tür zu stehen, wenn sie den Zeitpunkt nicht bestimmt hatte. Beat spürt die Explosion von damals, sein Körper erinnert sich, das Gefühl, sich hinschmeißen zu müssen, etwas Gigantisches tun zu müssen, um sich abzulenken – es war ausgeschlossen, fast vierundzwanzig Stunden zu überleben, ehe sie wieder ihre Platten auflegte und seinen Kopf in ihre Hände nahm und sagte, jetzt komm mit deiner Zunge zu meiner – wie hatte sie sie genannt, Muschi, nein, ein Ausdruck, den er vergessen hatte. Er war unsicher gewesen, was er von dem Geschmack halten sollte, aber er war sicher, er würde die ganze Siedlung dem Erdboden gleichmachen, falls ihn jemand daran hindern wollte, den Rest seines Lebens in ihrer Nähe zu verbringen.

Beat nimmt sich vor, in seine alte Stadt zu fahren, um herauszufinden, ob sie noch lebt. Oder ob sie der Lastwagenfahrer eines Tages erwischt und aufgeschlitzt hat. Es ist ein Skandal, denkt Beat, dass er vermutlich schon damals seinen Sexhöhepunkt erlebt hatte, er kann sich nicht erinnern, dass sich danach diese Sensationen wiederholt hätten. Oder täuscht ihn seine Erinnerung, und mit seiner Exfrau war es in den guten Tagen viel besser gewesen? Er muss die alte Brigitte fragen, was damals genau passiert war und wie, und wie oft sie sich getroffen hatten, und ob das Gerücht gestimmt hat, dass er nicht der einzige Teenager war, dem sie ihre Platten zeigte. Er schließt die Augen und stellt sich vor, wie es ist, wieder in die alte Stadt zu kommen – und sieht sich an ihrem Grabstein stehen.

> WHAT HAVE I DONE
> TO DESERVE THIS

Für heute hat er genug Zeit mit Erinnerungen verbracht. Er ist bereit, in den Abend und die Nacht rauszugehen, Zigaretten zu kaufen, irgendwo was zu essen und zu trinken im Vorbeigehen auf dem Weg zu Kossinsky, um dort nach dem Rechten zu sehen, nicht dass der zwischen Toilette und Bett liegen geblieben ist und vor sich hin verreckt. Beat freut sich auf einen langen Rundgang, der auch die Information bringen wird, wo er Yz finden kann – um dann endlich die Singles zu hören, für die er sich mit ihr in den Staub gekniet hat.

Beat sucht in seinen Schallplatten die passende Musik, um sich straßenfertig zu machen, und das hat ihm schon größere Probleme bereitet. Als er die Auserwählte auf den Plattenspieler legt, hört er wieder krachende Türen und Gebrüll und kann jedes Wort verstehen. Dann hau doch endlich ab, du dumme Kuh! brüllt Tobias, oder To, wie er von seiner Generation angesprochen werden möchte. Beat ist nicht klar, ob er damit seine Sandra oder ihre Freundin Sabine meint. Manchmal hat er den Eindruck, dass die beiden ihr Anhängsel lieber wieder loswerden würden. Dass die Frauenstimme zu leise ist, um sie zu verstehen, würde zum Anhängsel passen. Das nun doch keine Kehlen geschlitzt hat. Wenigstens ein Fortschritt, dass es im Trio Ärger gibt, vielleicht ziehen sie aus und ein taubstummer Schläfer zieht ein. Du mich, du mich, du kotzt mich an, aber ganz gewaltig! schreit der Mann.

Ein Tag, an dem viel angekotzt wird.

Beat blendet die Nachbarn aus, indem er die Nadel aufsetzt und die Lautstärke weit aufdreht – die späte Dusty Springfield, gestützt von den Pet Shop Boys, mit What have I done to deserve this. Wie alle guten Fragen: von niemandem zu beantworten.

Er duscht, zieht ein frisches Hemd an, dunkelblau mit einer dezent hellen Musterung, nimmt schwarze Halbschuhe aus dem Schrank, holt die Papierknäuel aus den Schuhen und stopft sie in die, die er getragen hat. Der Anzug kommt weiter mit. Er legt alles, was im Jackett ist, auf den Tisch: Geld, Adressbuch, Feuerzeug, Kugelschreiber, Sonnenbrille, Notizblock und die Spraydose Tränengas. Es fehlt nicht viel – das Telefon. Und ein Taschenmesser kann nichts schaden.

76

Er hat seine Tür abgesperrt und ist in der Drehung zur Wohnungstür, als Sabine aus der Nachbarwohnung gerannt kommt. In einem grauen Pullover, der bis an die Knie reicht, und mit verheultem Gesicht hängt sie sich an ihn. Dieser Arsch macht mich wahnsinnig, heult sie, dieser ewige Krach, dieses Kiffen, dieses eklige – alles ist ekelhaft, ich ertrage das nicht mehr, kannst du den nicht umbringen, bitte hilf mir.

Er hat keine Antwort für sie. Passend wäre, was er aus einigen Filmen kennt: du bist sehr aufregend, Baby, wenn du so außer dir bist. Aber er hat keine Lust, für sie seine letzten Jahre im Gefängnis zu verbringen. Und wahrscheinlich ist es nur ein Trick, um ihn weiterhin bei der Stange zu halten. Und sie ist es, die innerhalb des Trios gegen die Gemeinschaft handelt. Und wenn er ihr hilft, ist er geliefert.

Er schiebt sie energisch von sich weg: ich lass mich nicht in euren Mist reinziehn, vielen Dank.

Du bist auch so ein mieses Schwein! Komm nie wieder angekrochen!

Er geht die Treppe runter – er, angekrochen, wann? Diese dumme Tucke tickt doch auch nicht mehr richtig.

drei

DIE GANGSTER haben inzwischen ihre Kommandozentrale verlegt, sie stehen im Torbogen an der Straße und kontrollieren den dunklen Gang zwischen Straße und Hinterhof. Sorgen für Sicherheit und wollen von Beat dafür nur zwei Zigaretten.

Mensch, Leute, ich hab doch gestern mit dem Unsinn aufgehört, sagt Faller und hält beide Arme hoch, und ihr solltet auch damit aufhören, hört auf einen Mann, der euer Vater sein könnte, aber nicht euer Vater ist, deshalb könnt ihr auch auf ihn hören. Er hält ihnen den Vortrag ohne stehen zu bleiben, und beide Jungs spucken auf den Boden, bevor er ausgeredet hat. Zielen jetzt mit ihren automatischen Bleispritzen auf seinen Rücken, die verstaubten Ehrbegriffe der guten alten Gangster kümmern sie einen Dreck – er zahlt die Straßensteuer nicht, also bekommt er die Rechnung, ob in den Rücken oder in den Bauch, das ist seine Wahl. Er kann hören, wie ihre Münder leise Duff-Duff-Duff machen, und weiß, dass ihre Hände bei jedem Duff nach oben zucken. Aber heute ist kein guter Tag, um zu sterben. Verdammte neun Jahre zu früh wollen ihn die Knaben zur Hölle schicken!

Mit 45 – nicht mit 54, wie im Traum verheißen.

Er bleibt stehen – weil er ein Idiot ist. Weil er endlich kapiert, dass dieser miese Traum seit Jahren mit ihm spielt. Diese Drecksau verarscht ihn. Ist doch bekannt, dass Träume das gern tun, die

Dinge verdrehen und verzerren, wie es ihnen passt. Du träumst, der Postbote bringt dir ein Paket, das größer als die Tür ist, und in echt bist du schwanger. Der Traum sagt 54 und meint tatsächlich 45. Daher das Durcheinander, seine Nervosität, die Panik: er stolpert durch das Jahr, in dem er entsorgt werden soll. Daher die überfallartige Häufung von 4 und 5 – 5'n'40 sagte die Verkäuferin; bei 5400 Punkten wurde sein Spieler von einer Handgranate erledigt; er schreckte grundlos aus dem Schlaf und das Gerät zeigte 04:50; jetzt ist es 17:45, und die Frau, die er in garantiert 5 Stunden und 4 Minuten treffen wird, nachdem er 4 oder 5 Hinweise auf seinen abgetauchten Freund Yz bekommen hat, kann in ihrem Leben auf 45 sauber gebrochene Herzen zurückblicken.

Er dreht sich um, wartet, bis die kleinen Möchtegerngangster zu ihm her sehen, zündet sich eine Zigarette an und winkt ihnen zu. Er ist stolz auf sich, dass er keine Spur schlechte Laune hat, obwohl die Zahlen von allen Seiten auf ihn einschlagen: er ist kein Mann, der sich von seinen Träumen erledigen lässt.

Und nur verblödete Romantiker glauben, es gibt einen guten Tag, um zu sterben.

Heute ist es schlecht und morgen passt es überhaupt nicht – und die engen Gassen in der Nähe seiner Wohnung sind perfekt, um schnell zu verschwinden, und zu schmal für Autos, die einen daran hindern könnten. Vom letzten heißen Tag haben sie hier wenig mitbekommen, selbst im Hochsommer scheint die Sonne zwischen den alten fünfstöckigen Häusern nur kurze Zeit bis zum Boden. Bei Nebel hört man die Schreie der gefolterten Hexen und die frommen Gesänge derer, die sie hatten verderben wollen … Beat geht gern durch die Gassen bei Nebel – der Mann, dem er Feuer gibt, ist Jack the Ripper: wie sieht 'ne Schlampe von inn'n aus, willste wissen, dann komm mit … Das Mädchen im langen schwarzen Wollkleid, oben viel Haut, die Arme auf Krücken gestützt: fürn Pfund helf ich dir, Schätzchen, wenn meine Krückn unterm Bett liegen, bin ich ziemlich munter, schau, die sind doch nicht hässlich … Einen modernen Gothicporno hatten der Dieter und seine verblödete Firma abgelehnt, die hatten eben keinen Sinn für exzentrische Geschichten, hatten keinen Stil, kein Gefühl, keinen Humor, waren nichts als primitive menschenverachtende Schnell-und-billig-Geldmaschinen.

Sein Tabakladen ist zwei Gassen weiter, da kauft er immer alles, was man zum Rauchen brauchen kann, nur bei den Herrenhandtäschchen wird er niemals schwach werden. Das Loch ist so klein, dass der Platz vor der Theke mit drei Leuten voll ist. Um kurz vor sechs dämmert das Geschäft im Halbdunkel, das Schaufenster verschleiert mit diesen durchsichtigen Vorhängen, durch die man von außen nichts sieht, und es riecht, als würde in einer Ecke ein Adenauer liegen. Jenseits der Theke auf der Unternehmerseite ist der Boden mit leeren Schachteln bedeckt, und dazwischen ein Pfad, um zu den verschiedenen Stoffen in den Regalen zu kommen. Auch die schmale Theke ist zugestellt, kleine Drehständer mit Feuerzeugen, Kistchen mit Zigarettenpapier, ein Ständer mit Pfeifen, eine Minivitrine mit Benzinfeuerzeugen, alles sorgsam hingerückt an seinen Platz, wenn man irgendwas unvorsichtig berührt, kracht alles zusammen; dazu niedliche Werbung, eine Pfeife dreht sich auf einer runden Plattform, und ein Markenname blinkt auf im Wechsel mit einer Zigarettenglut vor roten Lippen, was im Halbdunkel wie eine Warnung aussieht.

Nichts passiert.

Beat ist fast jeden Tag hier, begegnet selten anderen Kunden und weiß, dass nach dem kurzen Läuten der Ladenglocke nichts passiert für lange Zeit. Er sieht aus dem Fenster – eine elegante Frau zerrt an einem eleganten weißen Hund, der mehr kosten dürfte als dieser Laden, der für alle, die es eilig haben auf dem Weg in die tägliche Talkshow, ein Albtraum ist, kostbare Minuten gehen flöten, rechnen Sie das mal hoch auf ein Jahr. Nichts passiert. Außer dass man als Kundschaft bemerken kann: der Faktor Zeit fühlt sich langsam bedrohlich an. Dieser ausgetickte Straßenbahntyp, der hätte jetzt schon alles klein geschlagen.

Aber ich bin ruhig, denkt Beat, kann es sein, dass meine Nerven vollkommen in Ordnung sind?

Die Tür zur Wohnung hinter dem Laden fängt dann zart zu singen an. Im Knarren erscheint eine alte Frau, hinter ihr ein blaues Fernsehflackern, sie kann nur noch mühsam gehen, wieder eine, die kaum noch gehen kann, sie kämpft sich drei Stufen abwärts. Beat hat wie immer genug Zeit, um sich mit diesen wichtigen Fragen zu beschäftigen: Wer ist denn diese komische Tabakoma, dass die es wagt, einer jungen Arbeitskraft den Arbeitsplatz wegzunehmen? Warum hatte die sich keinen geruhsamen Lebensabend verdient? Ist das der Ort, von dem aus man ins Zauberland kommt, von dem die dussligen Kinderbücher erzählen? Und gibt es im germanischen Elfenreich einen Laden, in dem man noch gefahrloser einen Raubüberfall durchziehen kann? Denn diese Geschäftsführerin ist nicht nur schlecht zu Fuß, sondern auch schlecht bei Stimme. Es gibt an der Theke keinen Durchgang zur Ladentür und im Laden kein Telefon. In der Wohnung hat Beat noch nie ein anderes Lebewesen bemerkt, und die Kasse ist Kinderkram in einer Schublade unter der Theke. Wahrscheinlich gehört der Oma das ganze Haus und sie will ihre Funktion als Aufsichtsratsvorsitzende partout nicht aufgeben. Oder warum sonst hatten die munteren Jungs von den Beratungsagenturen für mangelhaft designte Smokeshops hier noch nicht aufgeräumt? Wie kann dieser Schandfleck für den wieder aufblühenden Wirtschaftsstandort Deutschland überleben gegen alle Regeln der ökonomischen Ratgeber? Demnächst werden sich die Hände der alten Frau auf die Theke legen. Wie immer mustert er sie interessiert – anders als die meisten Frauen in ihrem Alter hat sie sehr lange Haare und trägt sie nicht verknotet, sondern lässt die weiße dicke Pracht hängen, und in ihren großen Augen leuchtet immer noch was Mädchenhaftes. Was die wohl gemacht hat damals, als sie noch eine Schönheit war? In Toronto hatten sie vor wenigen Tagen eine zweiundsiebzigjährige Heroindealerin gefasst – passt ihr Aussehen zu so einem Deal, oder ist es besser, eine Dealerin zu benutzen, die wie eine Vorstandsvorsitzendengattin aussieht? Ihre Hände landen auf der Theke, sie atmet durch nach dem ganzen Kraftakt. Während bei Beat die nächste Verbindung klickt: es gibt im Viertel einige Lokale und Spielsalons, die ebenfalls sehr schlecht besucht sind, aber deren Pächter allzeit gut gelaunt durch den schäbigen Raum stolzieren. Das ist die Lösung: diese unorthodoxe Alte war früher 'ne Stripperin, die beizeiten in eine andere Abteilung verlegt wurde und heute als Geldwaschanlage zu fungieren hat. Dass das Heroinpack nicht dumm ist, weiß man doch.

Was darf's denn sein, der Herr?

Er will dasselbe wie Hunderte Male zuvor, aber sie kann sich seine Marke nicht merken und auch nicht, wo sie steht im Regal. Ihre Augen schwenken über das Regal, dann setzt sie ihre Beine vorsichtig in den Pfad zwischen den leeren Schachteln, schleicht zum Regal und schleppt die Packung zurück zur Theke. Sie nimmt den Schein, öffnet eine Schublade, kramt in den Münzen herum, lässt das Restgeld auf die Theke fallen und lächelt ihn an.

Geschafft, sagt das Lächeln.

Geht nicht mehr so schnell, sagt die Frau.

Macht nichts, sagt Beat, aber dürfte ich Sie mal was fragen? Sie schaut ihn abwartend an aus diesen ziemlich großen blauen Augen und sagt nichts. Es ist unklar, ob es ihr passt oder nicht, sie ist misstrauisch – vielleicht gibt es eine neue EU-Verordnung, dass in Tabakläden keine Feuerzeuge verkauft werden dürfen, und dieser Kunde ist ein Kontrolleur.

Was machen Sie denn eigentlich, wenn Sie von da ganz oben was holen müssen? Er deutet mit dem Finger auf die Schachteln im obersten Regalbrett.

Sie kichert – ach, da oben ist doch schon lang nichts mehr drin, da komm ich doch schon lang nicht mehr rauf, was denken Sie denn. Das sind nur Verpackungen, damit's hier nicht so leer ausschaut, sonst denkt ja noch einer, hier gibt's nichts. Aber so viel wie früher gibt's ja auch nicht mehr.

Beat lacht: guter Trick!

Hat mein Enkel gemacht. Ich will, dass er das Geschäft übernimmt, aber er will nicht. Zu wenig Geld. Er würde es machen, wenn er mir nichts bezahlen müsste, aber dann reicht es für mich wieder nicht. Morgen fall ich um, dann machen sie einen anderen Laden rein und er ärgert sich. Aber mir ist das egal, so ist das, und jetzt sperre ich zu.

Und wie lange haben Sie das Geschäft schon?

Sie macht eine Handbewegung – also junger Mann, so viel wollte ja nicht einmal mein seliger Gatte von mir wissen, also wann war denn das, Fünfzig hat unser Vater den Laden gemietet, da war vorher ein Friseur herinnen, 54 ist er dann gestorben, eine harmlose Lungenentzündung, dann hab's halt ich weitergeführt, was soll man machen, ja, seit 54, ich sag's Ihnen, man macht schon was mit.

Wem sagen Sie das.

Draußen setzt sich Beat auf den schmalen Sims vor dem Schaufenster, er will es genau wissen, und es dauert eine Zigarette, bis er es erfährt: die Tür neben der Ladentür öffnet sich, die alte Frau kriecht raus, hält sich mit einer Hand an der Wand fest, nähert sich der Tür ihres Ladens und versucht geduldig, den Schlüssel ins Schloss zu stecken. Als sie die Aktion Absperren durchgeführt hat, fällt ihr auf, dass da jemand sitzt.

Warten Sie auf jemand?

Ja, auf zwei Männer, die mir an den Kragen wollen.

Sie sieht ihn verständnislos an, wünscht ihm alles Gute und schleppt sich wieder in ihren Bau hinein. Er hat den Eindruck, dass sie ihn nicht als den Kunden identifizieren konnte, der gerade bei ihr was gekauft hat. Vielleicht der Beginn einer neuen Serie – Leute, die dich nicht wiedererkennen, obwohl du sie fast täglich triffst, genauer gesagt, Leute, von denen du denkst, dass sie dich nicht erkennen.

Du denkst, du bist ein Niemand, dessen Gesicht sich niemand merken kann.

An der nächsten Kreuzung sieht er sorgfältig in alle vier Gassen hinein – der Dieter und sein Thommsen können ruhig kommen. Denn wie er sie kennt, tun sie inzwischen genau das: hektisch mit dem Jeep durch die Stadt kurven, hektisch in gewissen Cafés aufkreuzen und sofort wieder raus, hektisch in die Gassen in seiner Umgebung reinlaufen. Wichtig ist, dass er sie früh genug sieht. Wichtig ist, in der nächsten Zeit nicht dorthin zu gehen, wo mit ihm zu rechnen sein könnte – er erschrickt, nah in seinem Rücken ein Schreien, er duckt und dreht sich, Mist, wie hatte er so einschlafen können, wie der dümmste Anfänger, am Ende der Drehung die erste Faust im Bauch … Eine Frau mit einem kleinen Kind an der Hand. Sie entschuldigt sich, wir wollten Sie nicht erschrecken. Das Kind schreit vor Freude.

Nichts passiert, sagt Beat, ich war nur etwas – wie soll er erklären, dass er eine Faust im Bauch spürt, obwohl da keine ist?

Ihr glücklich strahlendes Gesicht verwirrt ihn, sie präsentiert es ihm, als würde sie sich um ihn sorgen und ihn damit glücklich machen wollen, eine riesige Brille in diesem Gesicht, zwei große Gläser in schwarzem Rahmen zwischen kurzen blonden Haaren. Die Kombination ist faszinierend, ihre Freundlichkeit macht ihn verlegen, und sie sieht toll aus und lässt ihr Kind grölen, während er wie ein Vollidiot vor ihr steht, in seinen Taschen wühlt, was will er denn in den Taschen, dem Kind ein paar Messerkunststücke vorführen?!

Na dann, passen Sie auf sich auf.

Sie gehen weiter, Beat sieht ihnen nach, er bewundert die Mutter von hinten, das muss sie sein, die Vorsitzende des Clubs der schönen Mütter. Beat erinnert sich an seine Exfrau, wie sie sich als Mutter in wenigen Wochen in eine Muttizicke verwandelt hatte, die vor allem deshalb so wütend war, weil sie das selbst bemerkte. Was passiert bei dieser Frau, dass sie so glücklich sein kann? Sie dreht sich um und winkt ihm zu, das Kind macht es ihr nach, und er auch.

Könnten Sie mir vielleicht dabei helfen?

Es ist zu spät, um sie das zu fragen.

Der neue und sauber weiße Appartementblock, in dem Kossinsky wohnt, steht eine Straße jenseits des schäbigen Altstadtviertels und sieht aus wie ein Vorbote des Renovierungstrupps, der früher oder später in die Gassen stürmen wird. Oder wie die Krankenschwester in ihrem überirdischen Weiß, die bereit ist, die Ärsche zu versorgen, die die hochrenovierten Mieten nicht mehr bezahlen können.

Die weiße Hauswand hatte lange genug erfolglos provoziert – neben dem Eingang sieht Beat eine neue Schrift, fette Buchstaben, auf höhnische Art so schön geschrieben und exakt gesetzt, dass man für einen Moment denkt, der Architekt habe damit seinem Werk die besondere Note verliehen.

EURE ARBEIT UMSONST

Die Straftat, die Gegend, das Haus – das alles ist Kossinsky vollkommen gleichgültig. Er hat die letzte Runde seines Lebens erreicht und es macht ihm nichts, dass er sein schönes Appartement ohne Hilfe nicht mehr verlassen kann – seine schlechte Verfassung hat ihn in eine Stadt gezwungen, die er noch nie leiden konnte. Scheißdreck, sagt Kossinsky, das habe ich nicht verdient, dreißig Hiebe mit der Peitsche: mag sein, Schwanzabschneiden: eine Strafe, die ich wohl akzeptieren müsste, Trinkverbot: hart, doch nicht ganz unberechtigt – aber dieses dumme Drecksnest, nein! Zu viele Reiche, zu viel Trallalla, zu wenig Arbeiter, zu wenig Kommunisten, zu viele Angeber, Weicheier, Idioten, Nazis. Das war schon immer so, ich sag's Ihnen, Faller, und wenn Sie mir erzählen wollen, dass ich die Stadt längst nicht mehr kenne und dass sich das alles inzwischen geändert hat, dann lesen Sie mir lieber gleich ein Märchen aus eurer Bibel vor.

Seine Tochter hatte die Macht über ihn ergriffen, als ihn die Krankheit umlegte, und ihn in ihre Stadt und die nebenbei gekaufte Zimmerküchebadeigentumswohnung verpflanzt, sechs Zugstunden südlich von seinem geliebten Berlin. Nur so konnte sie sich um ihn kümmern. Allein würde er nicht mehr überleben, professionelle Betreuerinnen verjagte er schnell, ein Altenheim ist sein größter Horror. Auf die Frage, wie es ihm lieber wäre, antwortet Kossinsky mit Flüchen oder Blödsinn.

Beat hat einen Schlüssel, wie vereinbart drückt er dreimal auf die Klingel, um sich anzukündigen, und oben im dritten Stock angekommen, lässt er die Tür laut zufallen, um sich bemerkbar zu machen.

Ein Wundaah, brüllt Kossinsky.

Beat zieht seine Schuhe aus.

Fallah, ein Wundaah!

Beat geht mit erhobenen Armen in sein Zimmer.

Ein Wundaah, Fallah, gehn Sie auf die Knie, der Herr ist eingekehrt beim niedrigsten seiner Sündaah! Der Herr hat mich geheilt!

Beat lässt sich nieder auf seine Knie vor dem Bett des Geheilten, wirft seine Arme ekstatisch in die Höhe und kräht Halleluja!

Jawohl, donnert Kossinsky, der Herr hat mich geheilt, ich bin gesund, ein Wundaah!

Gelobt sind die Wunden des Herrn, singt Faller.

Ein Wundaah, oh Wundaah, jaulen sie zusammen.

Beat steht auf, holt sich ein Glas und kippt sich und dem irren Bastard, der ihm sein Glas zähnefletschend hinhält, einen Schuss Whiskey rein.

Auf den Herrn!

Und sein Herrchen!

Der Schuss ist gut gegen den Geruch des Zimmers – und Kossinsky ist ein Vorbild, wenn es darum geht, dem Tod den Finger zu zeigen. Er hört beim Sterben nicht auf, beide Seiten des Manischdepressiven zu pflegen. Hektisches Schwadronieren, schreiender Quatsch, Spott über die eigene Situation – und das Dunkle, Schwermütige, Hoffnungslose kommt mit dem Abend oder wenn das passende Maß Alkohol langsam erreicht ist. Oft ist seine helle Seite von der schwarzen in Sekunden zerschossen. Er ist vierundsiebzig, und einmal am Tag kann er sich vom Bett zur Toilette und zurück kämpfen, vielleicht eine Stunde am Schreibtisch sitzen oder eine Suppe lang in der Küche – an einem schlechten Tag bleibt er nach dem Scheißen im Flur liegen oder schon auf dem Weg dorthin. Falls er dann von seiner Tochter gefunden wird, beschimpft er sie, falls von Beat, beschimpft er die Schöpfung, die Deutschen und die Nazis. Für ihn drei Krankheiten, zwischen denen er keinen Unterschied macht, er sagt, er ist zu alt für den feinsinnigen Unterschied, dieses deutsche Steckenpferd. Der Alte wäre schon seit zehn Jahren tot, wenn er nicht so viel Hass in sich hätte, sagt die Tochter. Beat erwähnt knapp, dass er heute nicht so viel Zeit, noch viel vorhat, und will wissen, woher denn die gute Laune? Er weiß, dass Gutelaune ein Hasswort von Kossinsky ist – aber es eignet sich, um seinen Zustand zu prüfen.

Ahhh, gute Laune, was soll das sein, Faller, ich bitte Sie, machen Sie mich nicht wahnsinnig, Dr. Mengele hatte gute Laune, wenn er seine außerordentlichen medizinischen Studien betrieb, aber ich, bin ich vielleicht der Dalai-Lama, wollen Sie mich beschimpfen, einen kranken Mann, einen todgeweihten Behinderten, sind wir wieder so weit in deutschen Landen? Würde mich nicht überraschen! Auf Ihr Wohl, mein Freund. Sie stoßen an und kippen weiter Canadian Club runter, im Hintergrund Charlie Parker. Zu Kossinskys täglichem Kraftakt gehört auch, fünf andere Scheiben in seine Anlage zu legen. Wenn keine Musik läuft, dann der Fernseher. Nachts stellt er die Anlage so ein, dass sie nonstop durchspielt. Da waren einige Nächte, in denen Beat sich alles mehrmals anhörte – Charlie Parker, Charlie Patton, Hank Williams, John Coltrane, John Lee Hooker war eine typische Mischung –, weitertrank, hinter sich betrunken eingeschlafen Kossinsky, um bei Sonnenaufgang betrunken in den Sessel am Fenster zu kippen und dann wieder weiterzutrinken, weiterzuhören und wieder einzuschlafen, bis ihn Sarahs Hände weckten, die ihm über den Kopf strichen.

Also was, hat Ihnen die Hausmeisterin einen geblasen?

Sie haben's erfasst, wie alles eine Frage des Geldes, überraschend billig übrigens – junger Freund, seien Sie mal ehrlich, was gibt es Schöneres, als neue Wörter zu lernen? Ein Glück, das einem alten Burschen wie mir nicht mehr oft beschieden ist, und heute bin ich einem neuen Wort begegnet, glaubte mich zwar zu erinnern, es schon in meiner Kindheit gehört zu haben, aber beim Bart meiner ersten Frau, es hat sich dann offensichtlich perfekt verflüchtigt. Und Beat flüchtete an Tagen, an denen er dieses Gequassel nicht ertragen konnte, nach zehn Minuten. Messjöhdamm, dröhnt Kossinsky, heißen Sie willkommen: Cholíle (überraschend kurze Einleitung des Redners heute), eine Interjektion, wie wir aus der Branche das zu nennen pflegen.

Oder Interektion? sagt Beat, der sich sofort an das viel schönere Alienation erinnert.

Keineswegs, Interjektion, sagt Kossinsky, und falls wir dem kränklichen Wörtchen Cholíle das amerikanisierte Kleid abnehmen, entdecken wir das ursprüngliche Chalilá. Kurzum, für die flotten Tanten unter uns gesprochen, die sich längst langweilen und endlich was Handfestes möchten: das charmante Cholíle ist ein, huhu! – er streckt seine Hände beschwörend aus und reißt die Augen auf wie in einem schwarzweißen Horrorfilm – Abwehrzauber! Will heißen: Cholíle, meine dicken Titten werden doch nicht anfangen, die Gesetze der Schwerkraft zu beachten!

Ist das 'ne Göttin, Kossinsky, oder wollen Sie mir sagen, dass die Hausmeisterin wirklich – das ist nicht Ihr Ernst.

Kossinsky schnaubt, weil es ärgerlich ist, da siecht man sich die letzten Tage durchs Leben und verstanden wird man auch sonst nicht: also, für einen ehrbaren Halbintellektuellen wie Sie sei gesagt: zwei Juden beschließen eines schönen Tages, den weithin geschätzten Staatsmann Hitler um die Ecke zu bringen, Revolverkanonen kaufen die munteren Gesellen und verstecken sich in dem Gebäude, das der Allerwerteste bald aufsuchen wird, und sie warten und warten, und als das Warten nun in eine Warterei sich auszudehnen droht, sagt der eine zum anderen: Cholíle, es wird ihm doch nichts passiert sein?

Kossinsky gackert und röchelt, haut mit den Händen auf die Bettdecke und kriegt keine Luft mehr.

Der Witz möge dem ungläubigen Kranken nicht den Kragen umdrehen, da sei Gott vor, sagt Beat und hält ihm ein Glas Wasser hin, und wartet und wartet, bis er fähig ist, es zu nehmen.

In der Zeit hätte sie ihm ihre zehn Hitsingles vorspielen können. Und er hätte sich ein Bild von ihr machen können.

Die gute Laune des, wie die Nazis das Kind nannten, Halbjuden ist damit erledigt. Nachdem er sich beruhigt hat, ist er erschöpft, und in seinem Gesicht ist der Tod wieder deutlicher anwesend. Von dem er behauptet, ihn freudig wie ein Freiheitskämpfer zu erwarten. Was nicht stimmt, sagt seine Tochter, seine Angst ist so groß wie das Tor zur Hölle, und seine Wut ist ebenso groß, weil von seinem Leben nichts übrig ist – fast nichts, ich, und nicht zu vergessen, am Ende bist du in sein Leben eingetreten, lass dich nicht täuschen, es ist ihm nicht egal. Dass sie ihm dankbar sei, hatte Sarah mehrmals zu Beat gesagt, weil er die Last mit ihr teile; seine Motive waren ihr egal. Beat lernte zuerst Sarah, dann Kossinsky kennen, und er hatte in diesem knappen Jahr viel dazu aufgeschrieben. Es war ein sehr seltsames Zusammentreffen in seinem Leben.

Einmal hatte sich ein bizarres Bild ohne jeden Grund in seinen Kopf geschoben, nicht im Schlaf, sondern während er an seinem Küchentisch saß und dem Schneetreiben zuschaute: Sie standen auf dem Dach eines Hochhauses und sahen über die niedrige Betonbrüstung hinweg auf die Stadt, ein starker Wind, Sarahs lange Haare tobten um ihren Kopf, Kossinsky im Rollstuhl. Sarah und er hielten sich an den Händen, sie tranken Schnaps und alberten herum – Kossinsky merkwürdig ruhig.

Eine Stimmung, als sollte dort oben noch etwas passieren.

Aber es war nur dieses Bild, ohne Fortsetzung. Und jetzt, während Beat den dösenden Kossinsky betrachtet, ist das Bild wieder da, und es ist so stark, dass er den Wind spüren kann und Sarahs lange Haare, die ihm ins Gesicht schlagen, und plötzlich wechselt die Perspektive, und wie aus einem tiefffliegenden Hubschrauber sieht er sie auf dem Dach des Hochhauses.

Auf dem sie was tun?!

Der Kranke ist eingedöst, Beat legt seine Füße auf den Bettrand und lässt sich wie üblich von der riesigen Müdigkeit in diesem Zimmer anstecken. Er wehrt sich dagegen, er will hier nicht versacken. Er hat Sehnsucht nach Sarah – weil sie sich mit dem Krankendienst abwechseln, sehen sie sich kaum. Das Telefon meldet, dass sie auch jetzt nicht erreichbar ist, und das passt doch, seine letzten Freunde sind abgetaucht oder nicht zu sprechen, und ein ehemaliger Freund möchte seine Eier in die Pfanne schlagen. Könnte die berühmte Situation sein, in der man aus Verzweiflung versucht, sich mit einem seiner Feinde anzufreunden.

Faller, ich habe einen Wunsch, sagt Kossinsky. Es klingt, als würde er im Schlaf sprechen. Ich möchte nur noch so lange leben, bis der Hass meiner Tochter auf mich vergangen ist.

Genehmigt, sagt Beat, übrigens ist Hass der falsche Ausdruck, Sarah hasst Sie nicht mehr. Sie wissen beide, dass er diese Zeit nicht mehr haben wird. Hiermit haben Sie die Genehmigung für weitere hundert Jahre, und wenn's nicht reicht, verlängern wir, kein Problem, Sie machen doch eh nur Ärger im Paradies. Ein krächzendes Geräusch von Kossinsky, die Bemerkung hat ihn immerhin aufgemuntert, und er streckt die Hand aus, weil er wieder einen Schuss Whiskey möchte. Saufen ist das Einzige, was uns dieser Arsch beigebracht hat, sagte Sarah an dem Abend, als sie sich kennenlernten, und am Ende war sie eine betrunkene Augenärztin auf einer Party, die von Augenärzten und Augenärztinnen und ihren Partnern und ihren Augenarztassistentinnen und deren Partnern beherrscht wurde, die von ihrem Mann, einem kleinen dicken Augenarzt, nach Hause gezerrt wurde, während Beat immer noch unter dem Schock stand, dass er auf einer soliden Mittelstandsparty, in die er rein zufällig geraten war, auf die Tochter von Alfred Kossinsky gestoßen war, die seit vielen Jahren in der Stadt lebte.

Er hatte seit einer Stunde schlafend und trinkend an der Wand gelehnt, verfluchte den Barmann aus dem Heaven, der ihn mit Abenteuergeschichten über Augenarztassistentinnen geködert hatte, und murmelte sein bevorzugtes Mantra vor sich hin: was für ein Scheiß, ich geh sofort nach Hause. Da hörte er eine Stimme, die jemandem eine Sarah Kossinsky vorstellte. Er kannte den Namen aus einem Buch von Kossinsky und verlor jede Kontrolle, stieß sich von der Wand ab und schrie ihren Namen in den Raum. Alles verstummte und glotzte ihn an, dieses peinliche Ding, wer hatte es angeschleppt, ihm zu trinken gegeben und nicht beaufsichtigt?

Gestatten, mein Exmann! sagte Sarah laut und vollkommen überzeugend in die Stille.

Daran erkannte Beat, dass er sich nicht getäuscht hatte, und er sah ihr an, dass ihr die Verbindung zwischen ihnen sofort klar war: die Bücher ihres Alten. Von denen hier außer ihnen nur ihr Mann etwas wusste, denn sie waren nie sehr bekannt geworden und seit Jahren vergessen. Sie war schneller bei ihm als die beunruhigten Gastgeber, die erleichtert wieder abdrehten.

Beat entschuldigte sich und sagte: Wissen Sie, ich kenne –

Das ist Ihr Problem, sagte sie rigoros, außerdem bin ich zwar, wie die meisten hier, falls Sie das mitbekommen haben, in der Augenheilkunde tätig, aber noch nicht völlig verblödet.

Seine Chance war, dass sie diese Party ebenfalls langweilte und es sie reizte, mit diesem Peinlichen ein wenig aufzufallen, und nach mehr Drinks kippte sie ihre Hasstiraden aus, über die Mediziner, ihre gut aussehenden Assistentinnen, ihren Mann sowieso, der einen Kopf kleiner war als sie und seine berufliche Position zum Flirten nutzte – eine Fünfzigjährige, die noch nie gut ausgesehen hatte und vom Leben keinen Spaß zu erwarten schien. Beat war hingerissen von ihrer großen Klappe und ihrem Zynismus. Den er eindeutig von ihrem Vater kannte. Auf den sie sich, angefeuert durch mehr Alkohol, einschoss. Als sie ihm schließlich erzählte, dass er als Wrack nun ebenfalls in diese Stadt übergesiedelt war, und seine Reaktion bemerkte, grinste sie: ich nehm Sie gerne mal mit, er hat Fans noch nie ausstehen können, sein einziger Lichtblick: weil die so bekloppt sind wie er. Kleiner Tipp, spielen Sie nicht den Ehrfürchtigen, den Mitleidigen oder den Klugscheißer.

Kossinsky hatte sich ziemlich totgelacht, als er ihm das später erzählte; als beide so vertraut mit ihm geworden waren, dass Beat von ihnen sogar das zu hören bekam, was sie einander nicht sagen konnten.

Wahrscheinlich ist es dennoch übertrieben, Sarah als Freundin zu bezeichnen; dass er sie noch nie besucht hat, ist dabei unwichtig – sie hat sich schon einige Nächte lang bei ihm ausgeheult. Und er hat ihr seine Katastrophen geschildert. Zusammengehockt hatten sie wie Kriegsveteranen und sich erzählt, wie sie sich ihre Verletzungen geholt hatten. Beat macht das mit Sarah, was ihr Mann nicht mit ihr macht – aber er macht nicht das mit ihr, was ihr Mann auch nicht mehr mit ihr macht. Und ihr Mann hasst Kossinsky und verweigert ihr jegliche Unterstützung, protestiert gegen ihren Einsatz, hat keinen Schimmer, warum sie von Hass redet und voller Liebe handelt, ist für das Altenheim, keine Diskussion – aber er weiß, sagt Sarah, wenn er einmal so was sagt wie, dass dieser Jude wegen dieser anderen Geschichte nach so vielen Jahren keine Rücksicht mehr erwarten darf, dann kann er sich verpissen, wenn ich das schon höre: wegen dieser anderen Geschichte! Weißt du, ich glaube, er würde es manchmal gern sagen und traut sich nicht, weil er mich kennt. Ich weiß auch nicht, ich sollte ihn verlassen, spar dir deinen Kommentar.

Faller, Sie sind es, der mich erheblich vor der Zeit ins Grab befördert, und wissen Sie warum? Ich halte die Hoffnung nicht für ganz unberechtigt, dass Sie mich darüber in Kenntnis setzen werden, Baron Kossinsky. Weil Ihr permanentes Gerede derart gewalttätig auf mich niedergeht, dagegen war Doktor Goebbels stumm wie ein aufgeschlitzter Hering.

Das geht zu weit, ich bin ehrlich betroffen, möchte fast Genugtuung fordern.

Und ich nicht weniger – wenn Sie mir nicht sofort sagen, worüber Sie grübeln, dieses deutsche Gegrübel, allein schon das Wort sollte aus Gründen der Körperverletzung verboten werden.

Altenheime, Kossinsky, über Altenheime kann man nicht anders als grübeln, oder? Ich meine – er merkt sofort, das war ein beschissener Scheißwitz, der nicht angekommen ist – nicht Sie, Kossinsky, ich habe überlegt, wie es mir gehen wird, ich bin 45, vergessen Sie das nicht, ich bin jemand, der einen Plan braucht, die Frage ist, gibt's dann so ein Scheißaltenheim, in dem samstags die Stripperin reinschaut, okay?

Kommt nicht an. Der alte Mann ist immer noch misstrauisch, obwohl niemand daran denkt, das Versprechen, ihn nicht dorthin zu schaffen, zu brechen – wozu auch, sie alle haben das Ende im Blick, und die nervenzerfetzende Aktion stünde nicht dafür.

Es kann in einem Monat so weit sein, sagte der Arzt vor ein paar Tagen, aber vielleicht werden Sie neunzig, ich kann Ihnen das nicht mit letzter Sicherheit prognostizieren, außer dass neunzig natürlich etwas unwahrscheinlich ist. Wenn sich jemand ins Knie ficken soll, dann die Ärzte, pflegte der Kranke zu sagen, wenn der Arzt wieder etwas gesagt hatte.

Wir müssen Ihre Geschichten aufnehmen, bevor's zu spät ist, hatte Beat nach so einem Arztbesuch vorgeschlagen. Ach, mein lieber Herr Faller, keifte Alfred Kossinsky, machen Sie doch was Sinnvolles, in Ihrem Alter, ich bitte Sie, wen interessiert denn der Scheiß noch, den man in meinen Büchern vollständigst nachlesen kann. Glaub ich Ihnen nicht, außerdem wär's nicht das erste Mal, dass die sich täuschen, sagte Beat, schlagen Sie doch mal nach bei Anthony Burgess. Wenn Sie erlauben, am liebsten schlage ich meinem Großvater nach, der um Kap Hoorn herum mit den allerliebsten Negerfräuleins gespielt hat! Stehe ungern als Besserwisser da, sagte Beat, aber der Neger und das Negerfräulein wur-

94

den inzwischen aus dem Gebiet der benutzbaren Wörter verbannt, ob Sie das erlauben möchten oder nicht. Stehe denn auch ungern einem Rassistenschwein ähnlich da, möchte wiederum meinen Großvater aber auch nicht falsch zitieren und seine Weisheit verkünden, er werde bis in die Ewigkeit lieber eine besoffene, hässliche Negermama ficken als ein blondes Nazisupermodel, Gott steh ihm bei, aber ich möchte mit Verlaub anderer Meinung sein. Lachhaft, Kossinsky, dass Sie glauben, Sie hätten bei so einer einen hochgekriegt!

Was meinen Sie mit hätten, Faller? Hätten ist eine Frechheit! Sie mieses antisemitisches Subjekt!

Ich trau mich das fast nicht zu sagen, mein Lieber, sagte Sarah, als sie sonntags in einem dösenden Café saßen, nachdem sie eine Stunde spazieren gegangen waren am Fluss – was Beat sonst mit niemandem machte –, aber ich kann sein Nazizeug nicht mehr hören. Du glaubst nicht, wie der uns als Kinder damit traktiert hat, der hatte keine Vorstellung, dass wir überhaupt nichts kapierten, der erzählte uns seine Nazihorrorgeschichten und heulte dabei, und wir saßen da und hatten eine furchtbare Angst, weil wir nicht verstanden, was ist denn mit dem Papa los, und heulten auch und der kapierte nichts; und einmal hat er sogar unsere Mutter deshalb geschlagen. Wie, deshalb? Sie hat zu ihm gesagt, lass mich doch mal in Frieden mit deinem ewigen Nazimist, ich kenn das doch nun wirklich auswendig, da hat er sie so ins Gesicht geschlagen, dass sie in die Ecke geflogen ist, und stand über ihr und schrie sie an, minutenlang. Und ihr habt zugesehen. Wir saßen am Tisch – du miese dreckige deutsche Fotze, ich prügle dir die Scheiße aus dem Leib, bis du nicht mehr weißt, wie du heißt. Er war betrunken, sagte Beat.

Der war doch immer betrunken, jedenfalls kommt es mir heute so vor. Es war furchtbar, wir mussten ganz still sein, wenn er an seiner Schreibmaschine saß. Wir hörten, wie er permanent vor sich hin redete, leise, laut, wie er brüllte, hin und her ging. In der ersten Zeit, an die ich mich erinnern kann, war es schön, er war entspannt, ich durfte jederzeit zu ihm, und er war bereit, mit mir zu spielen, oder er sagte einfach, jetzt nicht, mein Schatz, du musst jetzt ein wenig warten, was aber nichts machte, ich konnte im Zimmer bleiben. Doch irgendwann wurde es unerträglich. Du bewunderst ihn für seine Bücher, ich aber weiß, wie sie entstanden sind, und deswegen kann ich sie auch nicht so lesen wie du, ich beneide dich darum. Kannst du sie nach so vielen Jahren nicht anders lesen? Nein, sagte Sarah, ich bin schon froh, dass ich ihn dafür nicht mehr hassen muss.

Ihr Bruder hat seit Jahren nicht mehr mit ihm gesprochen, und obwohl er weiß, wie es seinem Vater geht, hat er sich kein einziges Mal bei ihm gemeldet.

Beat schwieg. Er wunderte sich nicht, dass es mit Kossinsky und seiner Familie so gelaufen war. Es zeichnete sich deutlich genug in seinem Werk ab. Er hatte von seiner Jugend und der Zerstörung seiner Familie unter den Nazis erzählt, und ebenso von seinem später nicht schwindenden Hass und seiner Verbitterung, und wie er durch die Aufarbeitung und Wiederholung seine eigene Familie kaputt gemacht hatte.

Kossinsky sprach nie über die zweitausend Seiten, die er über seinem Land ausgeklinkt hatte. Und als Beat es einmal riskiert hatte, ihn zu fragen, wie er das geschafft habe, man habe den Eindruck, er hätte zwanzig Jahre in einer Zelle gesessen und alles manisch aus sich herausgepresst, sagte er nur: mein Leben war ein Stück Scheiße mit etwas Jazz.

Nur über meine Leiche, sagt Kossinsky.

Weiß ich doch, sagt Faller, aber wenn es jeden Samstag eine Stripshow gibt, würden Sie sich's überlegen, stimmt's?

Kossinsky nimmt die Fernbedienung, schneidet Parker mitten im Stück ab, macht er selten, Miles Davis von sechsundsechzig hinterher, gleich wieder weg, schlechte Zeichen zur blauen Stunde, dann Townes van Zandt, den er seinen Fährmann über den letzten Fluss nennt, er müsse sich doch irgendwie vorbereiten und was Besseres falle ihm nicht ein – was glauben Sie, hört man drüben irgendwas oder ist da einfach nur komplett nichts, Gott, wie elend langweilig, das wird nicht lustig, glauben Sie mir.

Er dreht sich stöhnend zur Seite, wühlt unter seinem Kissen, holt seine Pistole raus, legt sie sich auf den Bauch und streichelt sie. Er mag seine Pistole. Er hat sie sich auf dem Nachkriegsschwarzmarkt besorgt. Sie lag immer in dem gepackten Koffer, den er seit damals in jeder Wohnung bereitstehen hatte. Bereit, in fünf Minuten abzuhauen, niemals darauf vertrauen, dass sich alles in Deutschland nicht wiederholen könnte, glauben Sie mir. Der Koffer liegt unter seinem Bett – aber die Pistole liegt jetzt unterm Kissen oder in seiner Hand: um das Ende jederzeit selbst bestimmen zu können. Nicht mal von der tobenden Tochter lässt er sich davon abbringen, die einen Horror davor hat, jedes Mal seine Wohnung zu betreten mit dem Gedanken, im nächsten Moment seinen zerschossenen Kopf zu sehen. Und Kossinskys Horror ist, damit am Ende seiner Tochter einen neuen Grund zu geben, ihn zu hassen. Verzweifelte Überlegungen, wochenlang. Dann ruf mich an, bevor du's tust, sagte Sarah. Dann kann ich's nicht, sagte Kossinsky, das ist grausam. Dann nimm doch 'ne Scheißpille. Kann er nicht – die Zeit zwischen Einnahme und Abgang ist grausam. Er will mit Würde abtreten. Aber mit deiner Scheißwürde kannste auch an mich denken! Er wird sich zuvor die Bettdecke über den Kopf ziehen, dann sieht sie doch fast nichts. Das stimmt, sagte Beat, fast nichts. Dann soll ich ihm einen blutroten Bettbezug kaufen!? schrie Sarah, nein, zwei, zum Wechseln, wer weiß, wie lange das dauert! Kossinsky quälte sich, Beat wurde zum Experten für Selbstmordarten – sie fanden nichts, was Kossinsky passte. Schließlich knallte Sarah ein Mobiltelefon auf den Nachttisch, verband es mit der Steckdose, bearbeitete die Tastatur und hielt es Kossinsky wütend hin mit der Anweisung, auf jene Taste zu drücken, wenn er bereit sei für seinen würdevollen Abtritt – dann geht die Meldung, die schon fertig drinsteht, an uns, verstehst du, aber du darfst den Stecker nicht rausziehen, lass es einfach da liegen, wahrscheinlich drückst du dann auf die falsche Taste, oder ist das auch wieder grausam? Garantiert ist er dann zu besoffen, um es richtig zu machen, sagte sie zu Beat, wir sollten ihm das Scheißding einfach abnehmen. Ich finde, er hat ein Recht darauf, es auf seine Art zu erledigen, sagte Beat.

Sie klatschte sich verächtlich an die Stirn: war mir klar, dass du das in Ordnung findest – weißte was? Erschieß du ihn doch, dann habt ihr beide was davon.

Ich muss los, sagt Beat, muss einen Freund ausfindig machen, und später habe ich noch eine Verabredung, wenn Sie mir vielleicht die Daumen drücken würden. Kossinsky schweigt. Keine dumme Bemerkung wie sonst in solchen Fällen. Der Mann gefällt ihm heute nicht, er hält es aber nicht länger aus.

Ich wollte Sie noch was fragen.

Dann tun Sie das – brauchen Sie Geld, kein Problem, das wissen Sie doch.

Nein, danke, aber könnten Sie mir die Pistole für ein paar Tage ausleihen?

Kossinsky ist alarmiert: meine Pistole?! Was ist los, haben Sie Ärger, ist jemand hinter Ihnen her? Er dreht den Kopf, als würde er selbst verfolgt. Nein, das hat Ihnen meine Sarah aufgetragen, und ich habe darauf vertraut, dass Sie auf meiner Seite sind!

Wirklich nicht, überhaupt nicht – an diese Möglichkeit hatte er nicht gedacht, sie verwirrt ihn, er hatte gehofft, Kossinsky das Problem so schildern zu können, wie es ist, geht nicht, viel zu kompliziert, behämmerte Idee, er winkt ab – schon gut, ich wollte nur etwas ausprobieren, ist nicht so wichtig, vergessen Sie's.

Was denn ausprobieren mit einer Pistole? Bringen Sie Ihrer Verabredung lieber ein paar Blumen mit.

Ich wollte nur ein paar Leute umlegen, die Welt ein wenig verbessern, ich dachte, die Idee gefällt Ihnen.

Im Gang zieht sich Beat die Schuhe an und hört, dass der Sänger von einem Fernsehnachrichtensprecher ersetzt wird, es ist neunzehn Uhr, er zieht die Tür zu.

Eine Treppe tiefer hört er den Knall.

Er hält sich am Geländer fest, rutscht aus, liegt für einen Moment auf der Treppe, spürt keinen Schmerz – eine Halluzination, ganz sicher, passiert nicht zum ersten Mal, nachts hat ihn der Knall auch schon … Er zieht sich hoch, die Füße rutschen weg, er wird doch wohl diese Scheißtreppe raufkommen, dieses verdammte Arschloch, sein Herz dröhnt, er zieht sich eine Stufe hoch, das darf nicht wahr sein, in den Fernseher wahrscheinlich – er sperrt die Tür auf, bleibt vor der Wohnzimmertür stehen, die Hand auf der Klinke, er schließt die Augen, drückt sie dann mit einem Schlag und gibt der Tür einen Tritt, sie kracht gegen die Wand.

Kossinsky starrt ihn an, eine Hand auf der Pistole, die friedlich auf seinem Bauch liegt. Beat stöhnt laut auf und geht in die Knie, außer Atem, wischt sich Perlen von der Stirn.

Scheiße, Kossinsky, ich dachte, ich hab 'nen Schuss gehört.

Die Nummer zieht nicht, Sie bekommen die Pistole nicht.

Beat geht die Straße runter, ohne auf irgendwas aufzupassen, er geht die brüllende Vierspurige runter ohne einen Blick für Passanten oder Autos. Er sieht in die Straßenschlucht rein und würde lieber viel länger die Straße runtergehen, der Wind ist gut, es geht wieder besser, und er geht über die Brücke, ohne sich den Fluss anzusehen, und als sich auf der anderen Seite die Vierspurige in drei Richtungen verläuft, geht er die kleinste Straße runter, und als er den Mann sieht, der Kisten in seinen Laden trägt, geht er rein und kauft Blumen und geht dann weiter die Straße runter.

Der Barmann im Bosporus erkennt Beat, begrüßt ihn aber mit keinem Wort und keiner Geste – wer nicht für mich ist, ist gegen mich, wer so lange nicht hier war, kann uns nicht leiden, so sind die Regeln, Alter, so viel kannste heute nicht trinken, um das Schiff wieder klarzumachen … Beat kann sich nicht an seinen Namen erinnern, das ist ungünstig. Er versucht den Eisklotz mit einem schwungvollen Lang nicht gesehn zu brechen – immerhin, das bleibt nicht ohne Wirkung.

Was hast du hier verloren? sagt der Barmann.

Nichts, wollte einfach nur mal wieder vorbeischaun, was tut sich so am schönen Bosporus, sägt Beat ihn an und weiß, dass es länger als gewünscht dauern wird, doch er wird den unerwartet Feindseligen besänftigen und ihn schneller weich kochen als er den Namen Allahs singen kann. Sie kennen sich durch Yz, und in seinem Gehirn kommt ein schwaches Signal, das Vorsicht sagt, Vorsicht mit der Klappe.

Sag du's mir, du bist doch 'n schlauer Junge, sagt der Barmann. Als hätte er ihm was getan – vielleicht soll er die Rechnung bezahlen, die andere Germanen mal wieder verbrochen haben. Ich musste etwas Ruhe und Ordnung in mein Leben bringen, deswegen war ich länger nicht hier, du weißt ja, wie das ist, sagt Beat. Irgendwann hatte er mit ihm und Yz einen langen Nachtlauf unternommen, kann sich aber an nichts erinnern.

Der Barmann antwortet mit einem verächtlichen Laut, so ein Gequatsche will er nicht hören, er putzt seine Gläser weiter. Dieses Bosporus kennt Beat nicht mehr, da muss irgendwas passiert sein. Früher war es um die Uhrzeit schon gut gefüllt und in einem Nebel aus ballerndem Hiphop – an einem Tisch sitzen drei alte Männer und spielen Karten; im einen Fernseher stummer Historienfußball, aus dem anderen gackernd eine Show, ein Kindermädchen in einem rosa Glitzerkleidchen singt einem sonnenstudiogebräunten Typen vor, der Beat an seine Drehbuchkarriere denken lässt und der sich jetzt in die Mitte einer Jury setzt und überlegt, ob er ihren Hintern braten oder ihre Titten grillen soll, und ob er das tun soll, bevor oder nachdem er ihrer Kehle einen roten Strich verpasst hat – die neue Pest, sich immer stärker ausbreitend, von keinem Serum auszulöschen. Jede will ein Star sein und erträgt deswegen so einen Typen, sein Urteil, seine dämlichen Witze, und niemand ist da, der den Mädchen und Jungs sagt, liebe Kinder, das habt ihr nicht nötig, schenkt dem Leben etwas Vertrauen, gebt diesem Sack einen Tritt und ihr werdet euch glücklich fühlen, wenn auch nicht bis ans Ende all eurer Tage …

Figuren wie der sind gefährlich, man sollte ins Studio gehen und ihm live eine Schusswaffe an das halten, wo angeblich seine Gehirnzellen untergebracht sind, und falls die Kontrollen, das würde nicht schwer rauszufinden sein, zu streng sind, eine Stichwaffe, eine Schleuder benutzen, nein, man muss in seine Nähe kommen, sonst hat das keine Wirkung, also Stichwaffe mindestens, und die richtige Kleidung, um es auf die Bühne zu schaffen, vielleicht mit einer Partnerin, die im selben Moment an einer anderen Stelle in der Halle die Aufmerksamkeit auf sich lenkt – ja, diese Amokläufer, denen es auch um maximale Aufmerksamkeit geht, die denken immer viel zu klein, wenn schon, dann in einer Fernsehshow, das ist viel stärker und lustiger, als vom Dach eines Kaufhauses nach unten auf das zu schießen, was man unschuldige Passanten nennt, komisch, dass das nie passiert.

Vielleicht kannst du mir helfen, weißt du, wo ich Yz finden kann?

Ich weiß, wo du hier die Tür finden kannst.

Was ist denn los, Mann, was hab ich dir getan!

Plötzlich die Lust, dem eine zu verpassen, nichts anderes hatte der verdient. Sie hatten einige Stunden freundschaftlich zusammengesessen, und jetzt behandelte er ihn grundlos wie einen Feind, so kann er seinen Hund behandeln oder seine Maus zu Hause – Alter, ich bin nicht der Typ, der dir einen Bonus gibt, weil sie dir die Sprache deiner Ahnen genommen haben, ein Sack ist ein Sack, ob er das Wunderding Falle, Pflaume oder die heiße Moschee nennt, spielt keine Rolle … Beat dreht sich um und geht zur Tür, beherrscht sich, die Kartenspieler schauen auf, sie spüren seine Wut.

Ich weiß nicht, wo du dieses Arschloch finden kannst, vielleicht dort, wo er hingehört!

Beat steht in der Tür, auf dem Parkplatz davor ein offener Sportwagen, der Fahrer von Jungs belagert, die junge Frau neben ihm trägt ein samtblaues Kopftuch und scheint sich mit Blick in den Spiegel frisches Rot auf die Lippen zu machen.

In der Hölle!

Er hat den eingebildeten Schuss im Treppenhaus noch nicht weggesteckt, weit hinten im Hinterkopf hört er Dieters aggressiv genölte Verdächtigungen, dazu diese miese Abfuhr, ein netter Abend kündigt sich an, er wird betrunken sein, wenn er sie endlich wiedersieht, und zuletzt wird ihr Gatte ihm ein Messer in den Magen stecken – wenn du was Sinnvolles tun willst, bevor du mit der blauen Stunde in die Nacht gezogen wirst, dann geh nach Hause, du bist ein Mensch mit guten Instinkten, missachte sie nicht, die Signale sind stark. Schiebt euch die Signale in eure private Aftertalkshow! Viel wichtiger ist: nicht durch die Stadt zu laufen und sich dabei von den eigenen Gedanken einmüllen lassen.

Prompt hat er verpasst, wie sich diese Politesse dem Sportwagen genähert und bei ihm angedockt hat. In sehr schicken, hochhackigen schwarzen Stiefeln und unter einem Berg roter Haare steht sie nun neben der Motorhaube und diskutiert mit der aufgefrischten Beifahrerin, während sich der Fahrer, ein Türke, der sich nicht ohne Erfolg jünger herrichtet als er ist, weiter mit den Jungs unterhält, die für so einen Wagen sicher einige Überstunden einlegen würden. Wegen des Verkehrs versteht man nichts, es ist viel los, die Sonne hat allen den Kopf verdreht. Und Beat hat vergessen, warum er seit einem halben Jahr nicht mehr den Weg über die Brücke in dieses Viertel gefunden hat, aus dem er manchmal tagelang nicht rausgekommen ist. Eine Menge Leute in den anderen Vierteln denkt, es wäre hier gefährlich, aber das ist es nicht, wenn man die vielen jungen Männer in den Straßen in Ruhe telefonieren lässt und in den Lokalen nicht begafft. Wenn hier regelmäßig illegales Spiel abgebrochen wird, dann ist die übrige Bevölkerung davon ebenso stark betroffen wie in Bagdad von einem Feuer, in das eine amerikanische Militärpatrouille gerät. In den Tischtanzclubs ist man so sicher wie um drei Uhr nachmittags in Erich's Bistro auf der ziemlich reindeutschen Seite der Brücke, wo man über die verdammten Knoblauchfresser gefahrlos herziehen kann, aber sich besser nicht beschwert über dreckige Tischdecken, Aschenbecher, Pissbecken, und aufpassen muss, dass man zu einem, der sich halb blöd gesoffen hat, keinen Satz sagt, den der nur falsch verstehen kann.

Ich find's ehrlich in Ordnung, wenn einer sein Arbeitslosengeld kassiert, wenn er mit seiner Arbeit auch nicht mehr verdienen kann.

Das ist in den Germanenschenken kein guter Satz.

Saufen, immer nur saufen – tut doch mal was für den Sozialismus, anstatt euer Geld immer nur versaufen, versaufen!

Auch keine beliebte Botschaft. Hatte er mit Yz und Jorgos in einer Pinte ausprobiert, und sie hatten sich nicht gelangweilt mit den Empfängern der Botschaft.

Die Politesse und die viel jüngere muslimische Schönheit diskutieren lebhaft, und dann dreht sich die Ordnungshüterin einmal lachend im Kreis und deutet ein Händeklatschen an. Die Muslima steigt aus, ihr Begleiter merkt es, fährt alarmiert herum, sie beruhigt ihn mit einer flachen Hand. Die beiden Frauen unterhalten sich angeregt, entdecken, dass sie ähnliche Stiefel tragen, die Jüngere zieht ihr wadenlanges Kleid hoch, um sie besser zeigen zu können. Sie lachen, und die Politesse befühlt den Kleiderstoff der anderen mit zwei Fingern. Dann ist es wieder gut, sie hebt zum Gruß die Hand an den Kopf und deutet auf das Auto, Zeit, dass der Jaguar sich an die Gesetze hält, und auch der Fahrer kennt das Gesetz vom Bogen, der nicht überspannt werden soll.

Sie fahren davon, als würde nun hinter ihnen der ganze Block in die Luft fliegen.

Nettes Auto, sagt Beat zur Politesse.

Allerdings, sagt sie, das kann nicht falsch parken, denken die immer.

Zu ihm ist sie nicht freundlich. Er geht in die andere Richtung weiter, Politessen, auch lesbische, hatte er natürlich schon in einem Skript abgeliefert, Copgirls, Krankenschwestern – die Stories mit Berufsgruppen hatten sich immer einfach ergeben, und die Geschichte mit der Mädchenrockband war die einzige, die er selbst gut fand, daraus hätte man auch einen richtigen Film machen können, doch das meiste hatten die Debilen natürlich wieder gestrichen, zu kompliziert, Mann, geht weg vom Kern, wir haben nämlich ein Kerngeschäft, verstehse? Und seine beste Idee aller Zeiten, die Gefängnisausbrecher, die sich in ein Kaufhaus flüchten und Geiseln nehmen, hatte der Dieter sofort abgelehnt, das ist wirklich zu krank, was soll das sein, kranke Scheißkunst oder wie, aber es war nicht krank, es war bizarr und komisch, es war gesunder Extremschrott im Vergleich zu dem, weswegen sie ihn jetzt hoffentlich einbuchten würden … Beat geht langsam weiter, Schaufenster, Fotoapparate, hier das modernste Handy des Universums, seine tote Mutter könnte er damit anrufen, sein eigenes ist dagegen nur noch eine Mangelerscheinung – Geräte, die verschwinden, wie Autos ohne CD-Player, seine Armbanduhr wird er nie als veraltet ansehen, ein Geschenk von Kossinsky, der mehrere besitzt; ein Onkel hatte ihm einen verrosteten Totschläger und ein Klappmesser vererbt, während sein bald nach der Geburt getürmter Alter ihm nicht einmal ein beschissenes Schweizer Messer mit auf den Weg gegeben hatte. Beat hat eine Schwäche für diese Weitergebengeschichte. Bei einem Überfall würde er gelassen sein Portemonnaie ausliefern, diese bedeutenden Gegenstände ungern – das würde gefährlich werden für alle Beteiligten.

Er biegt in die Straße ein, an deren Ende, im letzten Eckhaus vor der Bahnlinie, Der Renner sitzt. Uralter Kommunistentreff, hatte Jorgos ihm stolz erzählt. Im Renner hatte sich ihr Trio gegründet: Yz, Jorgos, Beat. Jorgos hatte die Kneipe gepachtet, Yz war seine rechte Hand und Beat ein guter Kunde, der dann Plattenleger und Aushilfskraft wurde. Er weiß nicht, wer den Laden inzwischen hat, garantiert ein bekanntes Gesicht, denn er wurde seit vielen Jahren im Bekannten- und Verwandtschaftskreis weitergereicht, und er wird dort sicher die gewünschten Auskünfte bekommen, wo ist Yz, wo ist Jorgos' neues Lokal, und dazu freundliche Worte, Essen und Trinken.

Zwei kleine Jungs donnern einen Ball gegen ein marodes Holztor und haben den größten Spaß mit dem Krach. Langsamer Einbruch der Dunkelheit. Beat kann das Haus erkennen, und dass die roten Neonbuchstaben Der Renner noch nicht leuchten.

Yz hatte dort gearbeitet, als sie sich kennenlernten. Yz saß an der Theke und las Zeitung, Beat war der erste Gast und sah nicht nur aus wie einer, der seit einem vollen Tag auf dem Spielfeld war – seltsam, plötzlich fühlte er sich wieder frisch und nüchtern, Tatsache! Und schon saß er wie 'ne ordentliche Eins auf dem Barhocker neben dem Gangsterbärtigen, abgefahren, dass in einer türkischen Pisskneipe Punkrock lief, hatte er noch nie erlebt, Asbach uralt, bevor aus Punk ein Hundeliebhaberverein wurde, krank, waren das die Howling Monsters oder die Abgerockten Aufschneider?! Und trafen sich hier die Türken, Kurden, Aleviten, Assyrer oder Armenier? Er konnte sie nicht auseinanderhalten, machte nichts, klare Regel: sie waren Feinde, wenn sie Schwule auspeitschen und Ungläubige steinigen wollten. Und was war das? Die Cramps, die ihr Kizmiaz hinwarfen! Der Schuppen mochte eine altmodische Dunkelkammer sein, doch bei einem Schafhirten am Ende der Welt war er offensichtlich nicht gestrandet, und ein gottgefälliges Pils weit unter siebeneinhalb Minuten würde er wohl auch schaffen.

Meister, was bringt Sie denn auf den Gedanken, dass Sie hier noch ein Bier kriegen? fragte ihn Yz, ohne ihn anzusehen und so ruhig wie ein Banktresor um Mitternacht.

Beat war überrascht – was hatte der zu ihm gesagt? Hatte er sich verhört? Und was sollte er antworten, wenn er sich nicht sicher war, was der gesagt hatte? Sollte er ihn vielleicht bitten, noch mal zu sagen, was er gesagt hatte? Er rannte durch sein abgesoffenes Hirn. Ich bin kein Bulle, sagte er, und ich glaube an kein höheres Wesen, das mir verbieten kann, noch was zu trinken, deshalb spricht nichts dagegen, oder? Er hatte ein Lachen von dem Typen erwartet, aber der sah aus, als lachte er nur, wenn jemand dem Papst die Hände nach hinten fesselte und eine entsicherte Handgranate in den Mund steckte.

Zeig mir mal deine bescheuerte Hand, sagte Yz. Beat hielt sie ihm rüber, sie zitterte, das hätte er ihm vorher sagen können, es war keine Metallhand, es war ein Zeichen von Gesundheit, dass sie nach diesem langen Marsch durch die Gemeinde zitterte. Yz schaute sie kurz an. Hast aber Glück gehabt, sagte er, stand auf, ging hinter die Theke und bediente den Zapfhahn für einen Mann, der wild entschlossen war, seine Klappe nicht aufzureißen.

Es entstand eine angenehme Ruhephase. Er saß gern in leeren Lokalen und hörte gute Musik.

Yz beendete den Zauber, schlug mit der flachen Hand auf die Theke und warf seine Zeitung in den Müll. Hör mal, sagte er, du machst hier keinen Punkt, nur weil du die Klappe hältst, vergiss es, wichtig ist nur, wenn du Klappe aufmachst, was kommt raus, klar? Er ging zur Anlage und machte Schluss mit der Musik – jetzt reicht's mit dem Scheiß, wie soll's jetzt weitergehn, was schlägste denn vor, Germane, was willst du hören, was willst du denn hier, wieso bist du nicht bei deinen Leuten? Er schaute ihm direkt in die Augen, etwas kleiner als Beat, viel breitere Schultern, er machte irgendeinen Kampfsport, die Fresse war entsprechend, und Beat wusste, dass er ihn testen wollte.

Was riet der Volksmund in solchen Situationen? Wenn das Fenster offen ist, lehn dich so weit wie möglich raus.

Ich sag's dir ganz ehrlich, wie's ist, Meister, ich kann viel Musik vertragen, aber wenn du Ska dahast, würde ich glatt noch 'n Bier nehmen. Ah, brüllte der Sportler und kam ihm mit seiner todernsten Miene so nah, dass er ihm mit einem Kopfstoß die Nase zertrümmern konnte: was bist'n du für 'n verdammter Angeber! Yz grinste und hielt ihm die offene Hand hin.

Die nächsten zwei Stunden behielt er ihn im Auge, beschützte ihn vor denen, die ihn für einen Behördenvertreter hielten, denn andere Deutsche kamen nicht rein, und passte auf, dass er keine Reden hielt, mit denen er sich Ärger einfangen würde. Beat hielt keine Reden, er war zufrieden damit, in Ruhe da sein und zuhören zu können, und als die Geisterstunde anbrach und Beats Lider anfingen dichtzumachen, legte ihm Yz die Hand auf die Schulter. Hätte nicht gedacht, dass du so lange durchhältst, was meinst du, ich bring dich heim, ich glaube, es reicht. Er fuhr ihn mit seinem schwarzen Ford nach Hause.

Also pass auf, sagte Yz, der ruhig fuhr und nicht, wie erwartet, scharf, das ist der Zeigefinger und das ist der Ringfinger.

Yeah, sagte Beat, yeah, und dieser Finger, Mann, der sagt echt aufpassen, Kollege, er kicherte, also ich meine, wenn du den zeigst, dann ist international Aufpassen angesagt, verstehst du, was ich meine?

Bei Männern mit hohem Testosteronanteil ist der Ringfinger länger als der Zeigefinger, kapiert, Alter?

Wieso sagt'n ihr eigentlich immer Alter, Alter hier, Alter da, alles Gute zu deinem sechsten Geburtstag, Alter – also das würde mich wirklich mal interessieren, Mister Alter!

Ist 'ne alte Sitte aus der alten Heimat, wer's nicht hundert Mal am Tag sagt, der verrät die Heimat und wird aufgehängt im Paradies, klar? Haste das verstanden mit dem Testosteron?

Logo, sagte Beat, Toasteron is super.

My brothers and my sisters are stranded on this road, sangen die Lautsprecher, I ain't got no home in this world anymore, und obwohl Beat betrunken war, beschloss er, sich über nichts mehr zu wundern; war doch selbstverständlich, dass dieser Ostgangster uralte amerikanische Volkslieder mochte. So was gefällt dir?

Ganz genau, Mann, und weißte, was das verdammte Problem von diesen Testosteronarschlöchern ist?

Voll Toasteron, Mann, aber echt volles Rohr.

Du Spinner – die haben, Punkt a, immer zu viele Aktionen mit den Damen an der Backe, da verschleudern sie ihre ganze Energie, um das alles zu organisieren, ansonsten haben die nichts im Kopf, und, Punkt b, haben die mindestens 'nen leichten Schatten, immer gern was mit Gewalt und immer total sinnlos – also auf die Finger aufpassen, das muss nichts heißen, kann aber in Verbindung mit die Gesamteindruck, haste verstanden, du Toaster?

Der, heißt das, der Eindruck. Beat musterte seine Hände: erzähl mir nicht, dass ihr diesen Unsinn glaubt, Alter.

Yz haute aufs Lenkrad und lachte: wir sind da, lass dich mal wieder sehn, Germane.

Sieben Jahre später steht Beat vor den Brettern, mit denen die Tür vernagelt ist. Der Renner war erledigt. Er tritt auf die Straße zurück und schaut zu den Fenstern hoch, nirgendwo Licht, und das Haus sieht aus, als wäre es seit der erfolgreichen Rückführung Adolf Eichmanns in die Gerechtigkeit unbewohnt. Und die Straße war doch früher auch nicht so dunkel. Er geht wieder zurück, findet es nicht gut, dass sich alles, auf das er trifft, verändert hat. Was denn noch? Es ist jetzt dunkel, von irgendwo massiver Orienthouse, Fernsehflimmern in vielen Fenstern. Außer ihm ist kein Mensch in der Straße zu sehen – hatte jemand den Befehl aufgehoben, dass sich Ausländer lebenslustig in den Straßen aufzuhalten haben, wenn es abends noch warm ist? Könnte bedeuten, dass das Viertel langsam zerdeutscht wird, genauer gesagt retour eingedeutscht, und sie dadurch immer weiter nach außen verschoben werden.

Kennst du dich aus hier? hatte ihn Yz bald gefragt.

Schon halbwegs, sagte Beat.

Vergiss es einfach, sagte Yz.

Am frühen Nachmittag fingen sie an und rückten Straße für Straße vor und landeten zuletzt in einem Puff, der von außen unverdächtig war. Die Männer, die sich für die Transvestiten interessierten, sahen aus wie frisch aus dem Zug aus Anatolien gefallen. Yz lachte, weil Beat zu ängstlich war, um ihnen auch nur einen neugierigen Blick zu schenken. Keine Angst, die kennen mich, du hast nichts zu befürchten. Ein kleiner holzverkleideter Raum, ein biederes Zimmer mit ein paar farbigen Glühbirnen, ein dünner Tresen, vier Tische, ein Kühlschrank und Faschingsdiscosound. Einige Männer saßen für sich allein, andere im Gespräch mit Damen, sie setzten sich an den Tisch, wo sich der Rest drängelte, und versanken in einem allgemeinen Palaver über Fußball. Die Transen und die, die vielleicht noch was von ihnen wollten, und die, die nur so da waren, bildeten eine seltsam normale Mischung weit weg von den üblichen normalen Mischungen. Yz verschwand kurz mit einer schwarzhaarigen Schönheit, während sich Beat mit aller Kraft bemühte, nicht einem schrillen Kunstwerk zu verfallen, das ihm ausführlich sein Lebensmodell und seine Geschichte auseinandersetzte. Ein friedliches schräges Kabinett – eine Woche später wurde es nach einer Messerstecherei geschlossen.

Beat merkte zuerst nicht, dass er sich mit diesen Ausflügen immer schneller und weiter von seiner Frau entfernte. Sie verstand nicht, warum er von seinem neuen Freund und der Welt, die er ihm zeigte, begeistert war. Sie steuerte vehement das Gegenteil an. Als er Yz und seine Freundin zum Essen zu sich nach Hause einlud, was er mühsam hatte erkämpfen müssen, krachte ein peinlicher, von harter Höflichkeit beherrschter Abend über ihnen zusammen, der, nachdem die Gäste entkommen waren, von einem furchtbaren Streit besiegelt wurde.

Er verpasst einer Blechdose einen Tritt – er sieht Yz in einem Bett, nach einem Unfall gelähmt, stumm, ausgehöhlt. Seine Eltern hatten ihm oft prophezeit, es würde kein gutes Ende mit ihm nehmen. Hatten sie ihnen allen prophezeit.

In der Hauptstraße wieder mehr Licht und Menschen. Einen Mann, der durch seinen Lebensabend schlendert, im Gespräch mit den dicken Plastikkugeln an seiner Kette, fragt er, ob ihm bekannt sei, wo ein gewisser Jorgos sein neues Lokal aufgemacht hat. Der Mann bleibt stehen, schaut die Straße rauf und runter, zeigt dann stadtauswärts und malt mit dem Finger ein halbes Hakenkreuz in die Luft. Habe in Lokal Jorgos seine Vater gearbeitet, Jorgos guter Junge. Absolut, sagt Beat, und er weiß, dass der Junge sogar gut in Sachen war, die der Mann nicht gut finden würde.

Weit weg vom Schuss hat es Jorgos also abgetrieben. Die Hauptstraße wird zum Autobahnzubringer, Beat biegt ab und verschwindet in einer Herde dumpfer Blocks und Mehrfamilienhäuser aus den Fünfzigerjahren – hier draußen benötigt man als Deutscher schon eine Aufenthaltsgenehmigung. Als Beat auf einer Party genau das zu einer grünen Abgeordneten gesagt hatte, schossen ihre Haare senkrecht in die Höhe, sie taumelte, weil ihr die Schuhe abfielen, und war atemlos, weil ihr Oberteil platzte. Er fragte erstaunt, was sie denn hätte. Solche Nazisprüche habe ich von Ihnen nicht erwartet, flüsterte sie. Beat war verblüfft – das war also ihre Reaktion, wenn sie sich mit einem Nazi konfrontiert sah. Vom Anfang seiner Erklärung – leichte Übertreibung auf Basis von Tatsachen und so weiter – verstand sie kein Wort und er übergab den Fall sofort an Jorgos, der schnell in seine Lieblingsnummer einstieg: das ausländerfreundliche Germanenchick angraben, das von ihm glaubt, er könne ihr alle Volkstänze seiner Vorfahren vorführen. Sie nahm seinen lächerlichen Flirt mit vollendeter Toleranz hin; dass ihr verborgen blieb, dass er es nicht ernst meinte, konnte man ihr nicht vorwerfen – fast nie spielte er mit einer, die es durchschaute. Bei euch Germanen sind gewisse Instinkte einfach komplett ausgestorben, pflegte er zu sagen, das ist nicht gut, glaub's mir. Und diese trübe Straße ist nun wieder ein Zeichen für typisch orientalische Nachlässigkeit, auf eine anständige Straßenbeleuchtung legen sie offensichtlich keinen Wert, sind einfach zu faul, beim zuständigen städtischen Amt mehr Straßenlampen zu beantragen. Das ist den Niggern, den Russen und allen anderen mal wieder zu anstrengend, solche simplen Behördengänge zu absolvieren – dabei ist es doch so einfach: man schnallt sich einen Dynamitgürtel um, sagt ihnen höflich, was Sache ist, und basta.

Endlich ein gutes Zeichen. Zur Sonne heißt die Wirtschaft, und unter dem stolzen Leuchtschild mit der lachenden Kindersonne ist eine strahlende Fensterfront ausgebreitet. Nichts erinnert an Jorgos' frühere Lokale. Wie ist er dazu gekommen, mit einem guten Deal, mit dem berühmten letzten großen womöglich? Beat geht vorsichtig rein, alles neu und sauber, weniger los als erwartet. Der Freund steht an einem Tisch und unterhält sich mit

Gästen, ein Geschirrtuch über der Schulter. Die Tür fällt zu, der Freund schaut auf.

Ich glaub's nicht, sagt er laut und kommt auf ihn zu. Der verschollene Minister Gast in meiner Hütte!

Sie umarmen sich, klopfen sich die Schultern; es fühlt sich gut an, und Beat möchte fast zu weinen anfangen, als Jorgos ihm auch noch die Wangen tätschelt und ihn seinen Bruder nennt, der endlich wiederkehrt.

Hab mich verlaufen, sagt Beat, könntste mir vielleicht Begleitschutz nach Deutschland geben, zwei Mann ohne Knoblauch, wenn's geht?

Kein Problem, ich selber Deutschland, auf geht's!

Es ist beruhigend, in das alte Gequassel verfallen zu können – die Verlegenheit verdrängt es nicht. Beat entschuldigt sich kleinlaut, dass er sich so lange nicht blicken ließ. Es ging nicht anders, glaub mir, ich musste mich mal zurückziehen, frag mich nicht. Jorgos fasst ihn an den Schultern: Wer bin ich, dass du glaubst, dich entschuldigen zu müssen? Habe ich mich gemeldet? Das passiert manchmal – er deutet mit einer großen Geste auf sein neues Geschäft –, der ganze Scheiß hier, also Schluss.

Er zieht ihn zu dem Tisch, an dem er sich unterhalten hat, und stellt ihn drei Männern vor, man reicht sich die Hände, doch Beat wird nicht aufgenommen, sondern distanziert gemustert. Sie hatten ohnehin gerade zahlen wollen. Was ist denn los, seh ich aus wie der stille Teilhaber? Oder als wollte ich was kontrollieren? Das ist, wie immer, gut möglich…

Darf ich kurz um Ihre Aufmerksamkeit bitten?

Ich bin das neu eingerichtete mobile Deutschtestkommando, keine Angst, es sind nur drei kinderleichte Fragen, und in fünf Minuten ist alles vorbei. Erläutern Sie bitte a) den Begriff Kreditrückzahlaufschubverfahren, b) Volkstrauertag und c) Migrationshintergrundbeleuchtung.

Er zieht sich an die Theke zurück. Und sieht sich mit wachsender Verblüffung um. Damit hatte er bei Jorgos nicht gerechnet: eine helle Gaststätte mit der Ordentlichkeit und dem Flair eines Touristendorfs; ohne einen Hinweis auf die griechischen, türkischen und kurdischen Wurzeln des Inhabers, der sich am liebsten als Zigeuner bezeichnet, obwohl er sich da nur auf Legenden stützen kann; neue helle Tische, auf denen Deckchen liegen, und Blumenstöcke in den Fenstern. Dazu leise Radiomusik und Fernsehbilder – und die größte Überraschung ist, keinen Plattenspieler und keine auffällige Musikanlage zu entdecken. Seit sie Freunde waren, hatte Beat in allen Lokalen von Jorgos als Discjockey mitgemischt, damit war jetzt Schluss. Hier kann er nur manchmal die Stühle hochstellen und die Tische wischen – auch in Ordnung, er ist ein großer Fan von gewischten Tischen.

Sehr schöner Laden, sagt er, ich hab dir doch immer gesagt, dass du's mal zu einem schönen Laden bringen wirst. Er hält seine offenen Hände Jorgos anklagend entgegen: hast du geglaubt, ich würde dich belügen!

Jorgos freut sich über das Kompliment, stellt ihm ein Bier hin, das er nicht bestellt hat, und entschuldigt sich, weil er was tun muss.

Kein Problem, ich habe Zeit, sagt Beat. Seine innere Uhr tickt anders, er ist unruhig.

Im Fernseher wieder die Wie-machen-wir-Supermenschen-die-kleinen-Talente-platt-Show, der moderne gesunde Clown in der Jurymitte jetzt in Hochform, er rudert mit den Armen, rollt seine Augen, coole Haltung in der verzweifelten Meute, Humor bewahrend im Wettbewerb der zitternden Hoffnungen, spuckt Essenzielles aus, der Last hoher Verantwortung souverän standhaltend – wer war es, der einst erkannt hatte, dass die Probleme mit solchen Typen mit einer großkalibrigen Handfeuerwaffe leicht zu lösen sind? Klar: wenn Beat diese Show zu seiner eigenen umfunktioniert, muss er sich etwas einfallen lassen, damit die Fernsehtechniker, sobald sie begriffen haben, was da vor sich geht, nicht sofort ausblenden; wahrscheinlich genügt die glaubwürdige Androhung, den Arsch in diesem Fall sofort zu töten. Das Problem der glaubwürdigen Androhung ist nicht zu unterschätzen.

Sie müssen dem sein Todesangstgesicht groß zeigen, damit auch die dümmsten Teenager kapieren, dass es kein Spiel ist. Und wie die Gefahr umgehen, dass der Täter selbst zur negativen Figur wird, die alle verachten? Ein durchdrehender Amokläufer hat's einfacher, der stellt sich solche Fragen nicht und fragt sich auch nicht, warum ihm immer wieder diese blöden Gedanken durch den Kopf schießen. Beat beobachtet den Fernsehstar und Showrichter, was ist an ihm dran, das ihn darüber nachdenken lässt? Gibt doch genug andere Ekelpakete. Oder ist es nur die Person in Verbindung mit der Liveshow, die ihn dazu animiert? Und wie kann er den Typ, wenn er es bis zu ihm auf die Bühne geschafft hat, in eine Position bringen, in der ihn alle hassen? Und wie fühlt sich eigentlich die Frau, die unter dem liegt? Blöde Frage, die Liebe kennt keine Grenzen … Warum sollte Eva Braun bei dem Gedanken nicht überglücklich gewesen sein, ihrem Verlobten einen blasen zu dürfen?

Hatten sie ein spezielles Naziwort dafür gehabt?

War der Ausdruck erst später aufgekommen?

Und woher kam der Ausdruck?

Blasen – Beat kann das Wort nicht ausstehen.

Auch nicht, wenn John Coltrane gemeint ist.

Seine Anna Exfrau konnte alle diese Wörter und speziell dieses nicht leiden – sie konnte sich nicht mal entscheiden, wie sie ihre persönliche Pflaume nennen sollte – und den Vorgang mit dem Sprachrohr auch nicht besonders. Hatte ihn selten gestört, weil sie genug andere Methoden mochte, sie war unglaublich gut mit der Hand – was soll das, hatte Jorgos gesagt, Hand und Frau, eine Hand hab ich selber!? Aber das habe ich noch nie erlebt, hatte ihm Beat erklärt, dass meine Frau es mit der Hand besser kann als ich, oder hast du das schon erlebt? Jorgos war skeptisch, und er wollte es ihm nicht genauer schildern … Sie inszenierte es gern als Machtspiel, er musste dabei in einer Position sein, dass sie stehen konnte – irgendwie trifft das meine Nuttenader, meinte sie einmal, und dass angeblich jede Frau diese Ader habe; war nicht ihre

Art, so was zu sagen. Manchmal hatte er sogar den Eindruck, dass ihr diese Technik am besten gefiel – die Höhepunkte waren, wenn sie nur eine weiße Schürze um Hals und Hüften gebunden hatte, er auf dem Tisch hingestreckt, erinnerte ihn an die alten Doktorspielchen, und mit vor Öl triefenden Händen machte sie sich an die Arbeit, berührte ihn lange kaum am entscheidenden Punkt, ließ es ewig dauern, bis er am Durchdrehen war. Vielleicht hatte sie auf das mit ihren guten Tagen angespielt. Meinte einmal, wenn sie das professionell machen würde, trüge sie lange Handschuhe und würde sich dabei nicht einmal schmutzig machen müssen. Träumte wahrscheinlich von einer Karriere in dieser Disziplin und traute sich nicht zuzugeben, dass es sie mehr reizte als ihr lust- und ziellos abgenudeltes Germanistikstudium. Machte ihn wahnsinnig, dass sie sich für nichts wirklich interessierte und sich dann auf das Kind stürzte und glaubte, damit von allem befreit zu sein. Beat merkt nicht, dass ihm Jorgos ein frisches Glas hinstellt. Wäre doch geil, sagte sie, nur ein Tag pro Woche mit vier Kunden, alles sehr exklusiv natürlich, ich würde zur Bedingung machen, dass der Kunde sich die Augen verbindet, nein, ich würde mein Gesicht verhüllen, ist spannender, sie war betrunken und ließ sich mehr gehen als sonst. Er hat sie nie verstanden, nie einen Schlüssel gefunden – Ironie des Schicksals: als er mit den Entwürfen für die Scheißfilme anfing, waren sie schon so weit auseinander, dass er ihr nichts davon erzählte. Hätte ihr vielleicht gefallen: musste man sich auch nicht die Hände schmutzig machen. Wahrscheinlich hatte er die Szene mit der Frau in weißer Schürze mit eingeölten Händen skizziert, während sie schon mit ihrem Hintern über dem Gesicht des Architekten hockte! Jedenfalls ist der Bursche zu beneiden, wenn er das Talent ihrer Hände zu schätzen weiß. Gibt ja auch Männer, die immer nur dorthin wollen, wo der liebe Gott das Verkehrsschild aufgestellt hatte, Jesus, es gibt sogar Männer, deren oberstes Lebensziel eine Begegnung mit dem Heiligen Vater ist, und die trotzdem ihren Samen nur versprühen können, wenn sie gleichzeitig ein scharfes Messer durch die Kehle eines jaulenden Kindermädchens ziehen – der Herr hat's gegeben, sagte Herr Hochwürden, als er seinen Schwanz in seinen persönlichen Kinderjungen steckte, den kleinen Gottesfürchtigen an den Schultern festhaltend, und der Herr hat's genommen, sagte er, als er seinen Sündenstrom in seinen Mund schickte … Ich verstehe viel, hatte Yz gesagt, als sie sich mit Jorgos darüber unterhielten. Eine Menge Scheiß kann ich irgendwie verstehen, und manchmal auch, warum sich einer auf 'nem Dach verschanzt und dann Leute abschießt, die er nicht mal kennt. Aber diese Typen mit den Kindern, das verstehe ich nicht; ich kann euch das nicht erklären, aber der Typ mit dem Gewehr scheint mir das kleinere Verbrechen zu begehen, selbst wenn der andere das Kind nicht tötet – okay, das ist auch 'n Scheißgedanke, ich weiß, wenn einer krank ist, ist er krank, aber ich kann mir nicht helfen, für mich ist es so, ich würde den sofort umnieten, wenn ich das sehen müsste.

Beat erschrickt. Eine Hand auf seiner Schulter. Wer will denn wieder was von ihm?

Ich habe gefragt, wo du bist mit deinem Kopf, sagt Jorgos.

Nichts Wichtiges, ich will lieber hören, wie es dir geht, die Familie, das Geschäft, pack aus.

Es läuft gut an, ich bin zufrieden, sagt er und macht eine vage Geste dazu. Er will nicht klagen, auch wenn er schon seit Monaten keinen Ruhetag hatte. Eine Bedienung kann er sich nur am Wochenende leisten, wenn es allein nicht zu schaffen ist, und im Notfall oder wenn er für eine Stunde etwas erledigen muss, hilft seine Frau. Mit der Frau und den zwei Kindern ist alles in Ordnung. Warum es heute Abend außergewöhnlich ruhig ist, weiß er nicht und ist froh, mal durchatmen und mit ihm reden zu können. Das Schöne ist, dass alle kommen, nicht nur die eigenen Leute aus dem Viertel, sondern auch diese und jene und sogar die Deutschen. Und der Papa macht die Küche, Kochen, Karte, Einkauf, alles – willst du was essen? Er ist gut, ich lade dich ein.

Ich weiß doch, dass er ein fantastischer Koch ist, sagt Beat, aber heute nicht, herzlichen Dank.

Als Jorgos sagt, dass sein Vater der Koch ist, macht er eine Bewegung mit den Augen, die Beat sofort versteht. Das war unmöglich zu verhindern, und nun hat er ihn die ganze Zeit an der Backe. Wahrscheinlich steckt viel Familiengeld in der Sache. Und wie kommt's, dass er keinen Plattenspieler hinter der Theke hat, wo doch, Katastrophen hin oder her, auch kein Fluss flussaufwärts fließt?

Jorgos winkt ab: das ist hier nicht möglich, das kannst du in so einem Lokal nicht machen. Die Zeiten sind vorbei.

Und bei seinem Arbeitspensum wird er aus den paar tausend Jazzplatten, die er zu Hause stehen hat, nicht oft eine ziehen. Beat versteht die Lage: seine gastronomische Karriere war lang, aber hatte ihn nicht weit gebracht, und mit dieser Wirtschaft muss Jorgos endlich einmal richtiges Geld verdienen, auf solide Art mit solidem Publikum, ohne Flausen im Kopf und große Ideen.

Ich find's trotzdem sehr angenehm hier, sagt Beat, und du weißt ja, die Zeiten ändern sich, und du solltest dich besser mit ihnen ändern.

Toll, sagt Jorgos, aber Männer mit Kanonen ändern sich nicht gerne, und wenn sie es doch tun, ist ihr Glück schon ausm Fenster geschmissen.

Sie grinsen sich an – Sätze aus einem Film, den sie sich oft zusammen mit Yz angesehen haben, sie konnten stundenlang daraus zitieren oder ihn parodieren. Beat könnte jetzt seine Frage nach einer Waffe stellen, doch er findet, es ist noch zu früh, er will nicht, dass es aussieht, als wäre er allein deswegen hier.

Der Vater kommt aus der Küche, Beat springt auf, hält ihm die Hand hin, neigt den Kopf und sagt, dass es ihn freut. Aber der alte Herr sieht nicht so aus, als würde er ihn noch kennen wollen. Er spricht kurz Herkunftsprache mit Jorgos, der mit einem gebrummten Satz und einer beschwichtigenden Geste antwortet und das Ganze übersetzt mit: bloß kein Stress hier. Der Vater setzt sich allein an einen Tisch und sieht fern.

Der nervt vielleicht, sagt Jorgos leise, aber er hat Geld eingesammelt, damit ich das hier übernehmen kann, du weißt ja, ich habe zuletzt zu viel Geld in den Sand gesetzt, egal, Mann, es geht schon.

Eigentlich hängt er schon sein ganzes Leben an einem Seil, hin- und hergerissen zwischen alten und neuen Geschichten, denen der Eltern und den eigenen, im Kreuz einen traurigen Vater, der hier nie angekommen ist, und eine Mutter, die sich außerhalb ihrer Wohnung so verloren fühlt wie ein Soldat, den sie beim Rückzug vergessen haben. Sie sollten in ihre Heimat zurückkehren, aber nein, sie hängen sich an mich dran, erklärte er Beat oft, ich bin das Symbol für ihre Herkunft, das ist absurd, ich kenne ihre Heimat kaum, was habe ich damit am Hut?

Auch in der Hinsicht hatten sie, alle drei, ein starkes Gefühl von Verbundenheit – sie hatten sich weit entfernt von der Lebenswelt ihrer Eltern, Denken, Gebräuche, alles. So unterschiedlich sie waren. Jorgos mit einer stabilen Gelassenheit, die nicht ständig Sensationen brauchte. Yz dagegen neigte zu Exzessen, rannte hektisch durch seine Räume, verteidigte heute die traditionellen Strukturen einer Heimat, die er kaum kannte, und morgen verfluchte er sie und alle, die ihn damit einengen wollten, und verteidigte sogar die Germanengesellschaft. Während der Halbgermane Beat diese familiären Ketten, die an ihnen hingen, längst nicht mehr hatte, seine Eltern waren weg oder tot; wenn er den Freunden erklärte, dass er manchmal ihr Eingebundensein vermisse, den Zusammenhalt, den Clan, obwohl er sie darüber stöhnen höre, nickten sie verständnisvoll. Klar, der deutschen Gesellschaft fehlt es eindeutig an Herz, sagte Jorgos. Die Nazis haben es rausgeschnitten, sagte Yz, und nach dem Krieg haben sie sich stattdessen Geld reingestopft. Und denken, sie sind wieder gesund, sagte Beat. Zum Glück haben wir keinen Dreck am Stecken! sagte Yz. Und wir auch nicht! sagte Jorgos.

Wenn einer gegen die reaktionäre, kapitalistische Pest ist, dann verbindet mich das stärker mit ihm als so'n Scheißblut und die Heimat! Wer hatte so was gesagt? Hätte jeder von ihnen sagen können.

Ihr seid Spinner, hatte seine Anna dazu gesagt, ihr haltet euch für freie starke Männer, aber ihr traut euch nicht erwachsen zu werden. Sie war nie dabei, wenn sie sich bei Yz oder Jorgos trafen, um eine Nacht lang Musik zu hören und zu diskutieren, und während Beat mit ihren Frauen tanzte, träumte seine eigene von einem besseren Leben. Jetzt hat sie es mit ihrem gut situierten Architekten, und schon träumt sie wieder … Meine Wurzeln in dieses dumme Ding Heimat, das so vielen das Herz wärmt wie der Mist, in dem die Rosensträucher den Winter überstehen, sind doch praktisch nicht vorhanden, denkt Beat. Es fällt ihm nichts ein, was er verklären könnte, außer dem Anblick der Berge. Sie standen alle drei eigentlich nur auf dem Boden, den sie sich selbst geschaffen hatten – die anderen Böden waren schwach, durchlöchert, unzuverlässig, vergiftet; sie mochten auf irgendeine Art ihre Eltern getragen haben – sie nicht mehr. Alle diese Heimattypen, welche Sprache sie auch sprechen mögen, sind ihre Feinde. Wird sich auch für Jorgos nichts daran geändert haben. Obwohl Beat seine Familienketten noch nie so deutlich gespürt hat.

Der Germane denkt, sagt Jorgos.

Der Zigeuner hängt, sagt Beat.

Eine Weisheit, die nach Schnaps verlangt, Jorgos greift nach den Gläsern und streift seinen Alten mit einem Blick. Beat reibt sich mit beiden Händen das Gesicht, um wieder dort anzukommen, wo er ist. Ich habe mich an unsere schönen Nächte mit Musik erinnert, und wie sehr ich das vermisse, und dass es nicht gut ist, wenn man sich monatelang in seinem eigenen Zeug vergräbt und seine Freunde – nicht vergisst, aber du weißt schon.

Geht mir genauso, aber ich bin hier – ein Aufschrei im Fernseher lenkt sie ab, sie schauen hin. Wieso macht'n das niemand mit Managern? sagt Jorgos, die müssen antanzen und uns im Fernseher ihre Fähigkeiten zeigen. Moment mal, sagt Beat, du kannst hier nicht den deutschen Manager beschimpfen, das geht zu weit, der arbeitet tausend Stunden die Woche und kriegt keinen Dank dafür, Cholíle, dass auch noch der Herr Kanake mit-

reden will, der nicht weiß, dass so 'n Fernsehapparat noch ein anderes Programm hat.

Jorgos flüstert: der Papa will das sehen.

Glaubst du, er hat 'nen Steifen?

Nein, aber ich.

Sie lachen und bestreichen ihre Handrücken mit Zitrone,
streuen Salz darüber, lecken es ab, stoßen die Gläser aneinander
und kippen weißen Tequila. Jorgos' Vater kommentiert wieder,
mit dieser Arroganz, den Sohn weder direkt anzusprechen noch
anzusehen; er redet vor sich hin im Glauben, dass er es nicht wagen wird, ihm nicht zuzuhören. Weil mit den alten Freunden die
alten dummen Geschichten kommen und der Schnaps, und an
dem hängt bekanntlich der Teufel, sagt Beat. Jorgos wirft den
Kopf nach hinten, lacht, haut mit der Hand auf den Tisch und
gießt wieder ein.

Lass es lieber, ich will nicht, dass du wegen mir Ärger mit ihm
hast.

Wegen dir, nein, der Papa macht doch immer Ärger, immer
Kommando, er will es so, dann wieder anders, und andere sollen
nichts wollen, scheiß drauf – ich will wissen, wie es dir geht. Beat
verstreicht mit dem Glas eine Pfütze und fragt, ob er ehrlich sein
darf. Auf keinen Fall darf er das, was denkt er sich!

Hast du vielleicht eine Waffe für mich, die in mein Jackett
passt?

Jorgos geht um die Theke herum, nimmt die Fernbedienung
und stellt den Fernseher etwas lauter, geht zum Tisch mit den einzigen Gästen, sagt dann was Nettes zu seinem Vater und ist bei seiner Rückkehr das Musterbild des jovialen Wirts.

Kein Problem, sagt Jorgos, ist doch klar, dass Leute wie wir im
Keller eine Tonne Waffen haben – hast du keine anderen Probleme? Ich meine, was ist los, was soll der Scheiß, sind wir hier
vielleicht innem Scheißscorsesemafiafilm, kannst du mal deine
Klappe weiter aufreißen? Aus der Klappe kommt die Filmge-
schichte. Jorgos weiß, dass er schon länger für die arbeitet, dass es

bisher harmlos war, nie irgendwas Illegales, nur Zeug, das jeder Mann schon mal gesehen hat und bei dem auch Jorgos' Frau nichts hätte entdecken können, was sie nicht kannte oder ihr bekannt war. Ein Detail aus dem Dreckswerk, mit dem der Dieter zu handeln begonnen hat und Ärger dafür zu bekommen scheint, genügt und Jorgos versteht die neue Dimension. Er schüttelt ununterbrochen den Kopf – Mann, wer solche Typen ruhigstellt, ist in Ordnung, egal wie, das ist meine ehrliche Meinung. Es sei unwahrscheinlich, dass es richtig übel werden würde, sagt Beat, aber man könne denen nicht trauen und müsse letztlich mit allem rechnen; wenn die den Eindruck haben, dass sie an der Wand stehen, dann sind sie zu allem fähig, wenn sie einen Schuldigen brauchen, nehmen sie den Nächstbesten, und wenn sie beschossen werden, die eigene Tochter als Schutzschild. Zugegeben, er übertreibt wahrscheinlich und die Sache löst sich auf, wenn er mit dem Dieter persönlich reden kann – aber ich hätte gern was für den Notfall.

Jorgos ist skeptisch, sucht nach einer anderen Möglichkeit. Beat solle bei ihm übernachten, paar Tage untertauchen. Aber wenn er denen aus dem Weg geht, verschwindet das Problem nicht, sondern wird eher größer. Dann soll er sie sofort hier im Lokal treffen. Gute Idee, aber heute Abend nicht möglich, und was ist, wenn er sie in der Zwischenzeit auf der Straße trifft, was sehr gut möglich ist? Jorgos spielt mit dem Korkenzieher, die ganze Sache gefällt ihm nicht. Ich baue keinen Scheiß damit, ich will mich nur nicht drauf verlassen, dass die fair sind, verstehst du?

Jorgos bringt dem Papa einen Tee und nimmt dann das Telefon, spricht zuerst griechisch, hört zu, wählt eine neue Nummer, redet türkisch, es zieht sich hin, er spricht freundlich, trommelt mit den Fingernägeln auf Gläser, dann zischt er ein paar Worte. Und immer den Papa im Auge behalten. Er legt auf und stößt eine Beschimpfung aus. Reißt ein Blatt vom Block und gibt es Beat. Das ist zehn Minuten von hier, du holst das Ding für mich ab, klar? Du bezahlst nichts, es ist nicht für dich, es ist für mich, hast du das kapiert?

Sicher, aber wieso brauchst du das Ding? Hast du hier Partner?
Beat grinst: komm zu mir, wenn du Ärger hast, klar?

Arschloch, ich fass es nicht, sagt Jorgos, besucht seinen alten
Ausländerkameraden Jahre nicht, dann kommt er, und warum, er
braucht eine Scheißkanone, dafür sind wir dann wieder gut,
krumme Sache, gehst du zu Jorgos. Sie schütteln sich die Hände
und verbeugen sich. Und wenn was sein sollte, sagt Beat, geb ich
der Polizei deinen Namen, weil das Ding ist ja für dich, nicht für
mich, richtig? Sie verneigen sich weiter. Absolut richtig, Herr Bür-
germeister – der Grund, warum ich dich schon glücklicher gesehen habe, liegt jedoch woanders, richtig?

Beat ist überrascht von diesem Überfall und winkt ab. Der
Freund solle nicht vergessen, dass er 45 ist, sonst nichts. Da
kommt man auf die Idee, in seinem Leben noch mal etwas aufzuräumen, seinen Job im Heaven wird er bald aufgeben, etwas Besonderes fehlt ihm in seinem Leben, es schleppt sich so dahin –
dennoch, sagt er, ich kann mich überhaupt nicht beklagen. Sein
Gerede kommt ihm blöd vor, einem Mann gegenüber, der hart arbeitet und für eine Familie sorgt und auch noch für Mama und
Papa. Besonderes! faucht ihn Jorgos an – du immer mit besonders,
besonders! Er zeigt auf den Fernseher: das ist die Besonders-
krankheit, alle wollen nur noch besonders sein, ein Star, bist du
nicht besonders, bist du im Arsch, blöder Schwachsinn! Ein gutes
Leben muss nicht besonders sein, Sensationen, Mann, die einfachen Dinge müssen stimmen, schau dir diesen Laden an, das ist
auch nicht besonders, aber wir können davon leben, und ich muss
in keinen Arsch kriechen, wir sind gesund, ich finde, das ist eine
Menge. Genau das meine ich, sagt Beat. Und auf Jorgos' klaren
Rat, er solle sich endlich wieder eine Familie zulegen, gibt er ein
abwehrendes Vielleicht zurück, danke, Herr Philosoph, ich werde
mal den Henker dazu befragen.

Sehr witzig, Scheiße, Leben ist echt nicht das Leichteste.

Da sagst du endlich mal die Wahrheit, Alexis Zorbas!

Sie wiederholen das Tequilaritual, der Vater sagt was, Jorgos antwortet mit größter Höflichkeit. Ihm zu entgegnen, er solle sich um sein eigenes Wohlergehen kümmern, würde er niemals wagen; in seiner Gegenwart zu rauchen war schon ein Mangel an Respekt, zu entschuldigen allenfalls durch die Tatsache, dass er nicht neben ihm stand.

Wenn wir schon bei diesem schönen Thema sind, sagt Beat, wo ist denn Yz abgeblieben, lange nichts von ihm gehört, seine Telefonnummer funktioniert auch nicht, was ist los?

Jorgos starrt ihn vollkommen perplex an: wie bitte, du weißt von nichts!? Beat zuckt zusammen: Was ist passiert! Er braucht keine Angst zu haben, so schlimm sei es nicht, aber er soll sich gut festhalten. Unser Freund sitzt seit 'nem halben Jahr in dem dummen Pissnest seiner väterlichen Vorfahren, das ist die traurige Wahrheit. Darf nicht wahr sein, sagt Beat, erleichtert und schockiert zugleich. Jawohl, dort verfault er, seit ihm die Pflichten der Familie auferlegt wurden, sich nach einem Notfall um das gastronomische Geschäft seines, wie wir wissen, überaus verständnisvollen Erzeugers kümmern zu müssen. Der ist dort so glücklich wie 'n Schneemann im Sommer. Und seine Freundin Dorothea, wie du weißt, ein ganz mieses Stück, hat ihn auch sofort verlassen, hatte die unglaubliche Meinung, dort nicht leben zu können. Mit ihr zusammen haben wir ihn an seinem Auto verabschiedet, der Mann hatte vielleicht eine Laune, wenn er das gehabt hätte, was du dann für mich abholst, hätte es niemand von uns überlebt, das will ich dir sagen. Und diese Dorothea, als der gute Sohn endlich weg war, sie war drei Tage bei uns und hat nur geheult. Jetzt weißt du, warum er dir bis heute nichts gesagt hat, ich meine, seine Klappe war immer größer als unsere zwei zusammen, du kannst dir vorstellen, wie sehr er sich schämt, dass er jetzt dem Vater sein gehorsamer Diener ist. Das kann niemals gut werden, daran habe ich keinen Zweifel, und ich weiß, er hat keine neue Frau und seine Frau keinen neuen Mann, das darf nicht sein, dass er da unten bleibt.

Was für ein verdammter Mist, sagt Beat, wir müssen ihm helfen, irgendwas muss uns einfallen. Er hält die Hand über sein Glas – so viel können sie heute nicht trinken, dass sich diese Geschichte besser anhört.

Er muss kommen, um mir zu helfen, denkt Beat, als er zehn Minuten später mit dem Feuerzeug das Schild mit den Klingeln beleuchtet. Ja, sagt der Lautsprecher. Soll Paket für Jorgos abholen, sagt er. Bekommt die Anweisung, an der Tür zu warten. Er raucht und sieht sich um, gegenüber eine Kleingartenanlage, weiter unten auf der Straße Gestalten um ein Auto, dessen Innenraum hell ist, Musik dröhnt raus, Kreischen und Lachen, sonst ist niemand auf der Straße.

Die Tür geht auf. Ein Mann, von dem er nichts erkennen kann außer, dass sie gleich groß sind. Hier, sagt er. Beat sagt Danke. Die Tür fällt zu.

Das Paket ist eine Plastiktüte. Er geht auf die andere Straßenseite und ein Stück die Gartenanlage entlang, ehe er die Pistole rausholt und die Tüte über den Zaun wirft. Er sieht sie kurz an, klein, leicht, er schiebt den Sicherungshebel runter und rauf, löst das Magazin. Es beruhigt ihn, dass sie derjenigen ähnlich ist, mit der Yz und er geschossen haben, unter einer Diskothek in der untersten von drei Kelleretagen. Er steckt sie in die rechte Außentasche seines Jacketts. Das Gefährliche an den Dingern ist, hatte Yz ihm erklärt, es beeinflusst dich im Kopf, wenn du eine Pistole dabeihast, dann kann sie dich komplett verdrehen, macht einen anderen Menschen aus dir, und du merkst es vielleicht erst, wenn es zu spät ist, das ist das Gefährliche, darauf musst du aufpassen. Er wird aufpassen.

Er bleibt stehen – er hat seine neue Nummer, er wird ihn sofort anrufen. Schluss mit diesem verblödeten Versteckspiel. Es ist 21:54, das macht nichts. Kannst du mal kommen und mir helfen, nicht nur deine dumme Familie braucht Hilfe – er kann das nicht auf den Anrufbeantworter sprechen … Deine Leute haben gewisse Instinkte verloren und das ist nicht gut – hat Yz das gesagt?

Hat er auf seine Instinkte gehört, als er das Land verließ? Er wird sich nicht über ihn lustig machen, wenn er seine Stimme hört.

Beat spürt das Gewicht in seiner Tasche – was, wenn er ihr zeigt, was er dabeihat? Wird er nicht tun. Würde sie vor ihm zurückschrecken oder das Gegenteil? Er sieht sie vor sich, wie sie geredet und sich benommen hat. Sie ist nicht schreckhaft. Sie würde nicht vor ihm zurückschrecken.

Das kühle Metall fühlt sich gut an.

Sieh dir meine Kanone an.

Sie ist voll geladen.

Du kannst sie in die Hand nehmen.

Du kannst sie küssen.

Sie ist hart, hat kein Herz.

Sie verdreht dir den Kopf.

Sie kann nicht aufpassen.

vier

SIE STEHT ALLEIN an der Theke, am Rand des Gedränges, und noch in der Tür sieht Beat, dass sie wütend ist. Die Lautstärke ist heftig, die Band am anderen Ende des schmalen lang gezogenen Raums versucht einen neuen Rekord aufzustellen. Und sie wirkt ein wenig wie die Lehrerin, die nahe daran ist, dem schädlichen Treiben Einhalt zu gebieten, vielleicht wird sie einen Dezibelmesser steil nach oben halten. Sie ist so wütend, dass sie sich für eine flüchtige Bekanntschaft nicht mehr interessieren wird.

Er stellt sich neben sie – und ihr Lächeln überfällt ihn. Schön, dass du hier bist, schreit sie in sein Ohr, ich bin sauer, die haben mir diese Band vor die Nase gesetzt, ohne mir etwas zu sagen, und das passt auch überhaupt nicht zusammen. Er nickt, obwohl er nicht versteht, warum hier was nicht zusammenpasst – schön, dass er hier ist, mehr muss man nicht verstehen.

Ein Satz, der den Mad-Man-in-the-Tower, wenn er ihn im Treppenhaus gehört hätte auf dem Weg zum Dach, vielleicht davon abgehalten hätte, sein Feeling of Alienisation mit Schüssen auf Passanten zu bekämpfen.

Ich bin bewaffnet, wenn du willst, beende ich das Konzert!

Die Lautstärke ist großartig – damit sie ihn verstehen kann, muss er ihr so nahe kommen, dass er mit der Zunge ihr Ohrläppchen berühren könnte, und die Perspektive dabei erinnert an den Nachmittag. Das Angebot gefällt ihr, dann solle er doch die beiden Chefs erledigen, die sie wie Luft behandeln; ein Freund hatte ihr den Auftritt vermittelt, doch der war jetzt nicht da, und die beiden sahen keinen Grund, die Tante ernst zu nehmen. Beat kennt diese arroganten Pinscher, Milchgesichter, die zweimal jährlich nach London fliegen, wenn sie neue Impulse benötigen, und sich deshalb für die Größten halten. Die schlechte Laune hat sie auf die Idee gebracht, ihren Einsatz sausen zu lassen. Kommt nicht in Frage, brüllt er sie an, ich will hören, wem ich heute Nachmittag in höchster Not geholfen habe, du schaffst das schon, das Publikum hier ist nicht schlecht, sie werden dich mögen. Sie rollt mit den Augen, zeigt auf die schwer arbeitende Masse und macht mit der Hand ein Zeichen der Ablehnung.

Das behäbige, matschige Getöse von Rock mit einem kreischenden Sänger ist zurück, wieder eingeschleppt von einer neuen Generation. Beat hasst den Rock, der den alten Rock verehrt, den er selbst verehrt hat, als er nichts kannte außer den alten Rock, der nun sagen würde, er sei unsterblich, weil ehrlich, der gute alte ehrliche Rock; man hat ihn ausgegraben und vergessen, neu einzukleiden, er kommt Beat immer noch vor wie ein schwankender, glotzender Mann mit 45 und Bierbauch, der sich am Sack kratzt. Im Gegensatz zum eleganten Heaven scheint hier das Chaos zu herrschen, Tonnen von Jeans und T-Shirts, etwas Leder, alle denkbaren Frisuren, viele Tätowierungen, Männer mit langen, Frauen mit grünen Haaren, ein normaler Querschnitt, der sich im Heaven kaum zeigt: wo deutlich mehr Geld in den Taschen steckt und die Träume der jungen Leute sind, es so weit zu bringen wie die älteren Herren, die mit ihrer Anwesenheit zeigen, dass es keinen Ort gibt, den sie nicht für sich einnehmen könnten; diese Herren interessieren sich nicht für Musik, sondern für Mädchen, die man mit Geld beeindrucken kann – und Beat fragt sich, warum diese Herren nicht hier sind? Weil hier jeder reinkommt, und das ist ihnen zu billig und das Risiko, nicht von allen grundsätzlich respektiert zu werden, zu groß, und außerdem, eine Disco muss laut sein, aber bitte so frisch gewaschen und gebügelt wie ein Portier in der Zentrale der Deutschen Bank ... Das diffuse Publikum hier gefällt Beat besser als das großkotzige an seinem Arbeitsplatz, wo die Angestellten gut behandelt und bezahlt werden, während sie hier ausgebeutet und immer wieder herablassend behandelt werden – interessante Widersprüche, zu kompliziert, um es ihr hier zu erklären.

Ein paar Mal Kopfnicken und Winken zu Beat. Er fällt auf in seinem Anzug, und das Gekreische geht auch ihm auf die Nerven, was ihn mit den gewissen Herren seines Alters im Heaven verbinden könnte, dennoch bewegt er sich sicher, er war hier eine Zeit lang als Discjockey beschäftigt. Er überlegt, ob diese Frau schuld ist, dass er die massive Lautstärke nicht ertragen will, oder ob er endlich den Punkt erreicht hat, an dem er sie nur noch in Ausnahmefällen ertragen wird. Oder ob es jemals eine Zeit gab, in der er einen kreischenden Sänger, der sich bei erhöhter Ekstase eine Faust ans Herz presst, ertragen konnte.

Er fällt wieder in ihre Augen. Die mit ihrem viel zu süßen Blumenkleid, die nicht weiß, was sie hier soll.

Wo gehört man hin, wenn man nicht mehr weiß, wo man hingehört?

Finde ich nicht in Ordnung, pustet sie ihm ins Ohr, dass du mir schon jetzt nichts mehr zu sagen hast.

Entschuldige, er deutet nach vorne, auf die Masse, auf die Gruppe – erst Orientierung, dann sprechen! Hat sie einen Schatten oder meint sie das ernst? Kann Jahre dauern, so was rauszufinden.

Ich weiß, das ist toll, aber heute nichts für mich, ich heiße Monika, ich bin dreiundvierzig Jahre alt und muss noch eine Stunde warten und bin gerädert und genervt, was sagst du dazu, falls man dich in deiner tiefen Nachdenklichkeit stören darf? Er hat sie für jünger gehalten, außerdem neigt sie zur Stichelei, das steht fest. Ich weiß, das ist stumpfer Rockscheiß, sagt er, und auch heute nichts für mich, ich heiße Beat, ich bin 45 Jahre alt, und weil ich zu ahnen glaube, dass du nichts kennst in dieser Stadt, zeige ich dir in dieser Stunde das nette Lokal gegenüber, was sagst du dazu? Sie kneift die Augen einen Moment zu Schlitzen – und schon stöckelt sie zur Tür und hält sie ihm auf.

Sie schwingt ihre Handtasche, als sie den Gang zur Straße rausgehen, und er fragt, ob sie diese Musik wirklich toll findet. Stumpfer Rockscheiß, sagt sie verächtlich, deswegen werden die meine Soulplatten nachher hassen, Schmusedreck, aber scheiß drauf – ist es dort gemütlich? Bei euch ist es doch immer gemütlich, wenn es nett ist.

Absolutely, sagt Beat, bleibt an der Straße stehen und zündet sich eine Zigarette an.

Stimmt, ich erinnere mich, du sagst gern absolutely, Süßer, mach dir keine Sorgen, es klingt sehr nett und nicht affig, Mensch, diese Typen, die glauben, ich habe keine Ahnung, weil ich nicht aussehe wie diese Rockmäuse, diese ganzen Scheißmänner mit ihren Platten! Sie will beruhigt, eine Stunde lang aufgebaut werden: du wirst ankommen, ich war da eine Zeit lang Discjockey, keine Sorge, das wird ein guter Abend. Er nimmt sie leicht am Arm und zieht sie nach links, wo zwanzig Meter weiter ein kleines Schild aus der Wand ragt mit der geschwungenen blauen Schrift Bei Gerda. Und wo bist du denn jetzt tätig, Herr Kollege Beat, wie sprichste deinen Namen eigentlich aus, Beat wahrscheinlich, gib's zu, sehr witzig. Sie bleibt stehen, als sie hört, dass er im Heaven einmal im Monat seine Platten spielt in einem der kleinen Räume, und hält sich die Ohren zu – in dieser dämlichen Schickidisco, stehst du auf Börsenmaklerhouse?

Er hält ihr die Tür auf, und als sie Bei Gerda eintreten, fügt sie hinzu: ich dachte schon, du hast vielleicht Geschmack.

Die Köpfe drehen sich, Beat winkt Gerda zu, die laut Grüß Gott sagt, obwohl es hier keinen Grund gibt, laut zu sein, während Monika sofort in Schweigen verfällt und sich umsieht. Sie scheint sich nicht zu freuen, dass sie mit einem Mal zu den Jüngsten gehört. Ehe sie umdrehen kann, steht Beat schon an der Musikbox neben einem freien Tisch in der Ecke und winkt sie aufgeregt rüber.

Wo Liebe wohnt, singt ein Schlager – in dieser Rentnerkaschemme nicht, sagt ihr Gesicht. Bestickte Tischdecken, gelbe Lampenschirme, schneebedeckte Berge an der Wand. Er war sich sicher, dass es ihr gefallen würde – sie ist enttäuscht, wenn nicht verzweifelt. Sie sitzt am Tisch, als würde sie, verdammt, endlich zahlen wollen. Ein guter Satz wird schnell gebraucht, eine Buchstabensuppe, die sie ablenkt.

Die deutsche Version von Stand by your Man, hört man nicht oft, ist doch zum Schreien, oder? Ich sitze hier am liebsten nachmittags, wenn's regnet manchmal stundenlang, genau hier, und schau zum Fenster raus. Das ist wie ein Wohnzimmer für mich, manchmal vermisse ich das alte Wohnzimmer aus meiner Kindheit, kennst du das Gefühl? Selber willst du nie so ein Wohnzimmer haben, aber wenn du in einer Kneipe sitzt, ist das Wohnzimmer manchmal großartig. Und die Leute hier erinnern mich daran, wo ich herkomme, gefällt's dir? Sie hat den Kopf auf eine Faust gestützt und nagt an den Lippen. War ein Fehler, sie das zu fragen, er sollte weiterreden, bis ein neues Thema auftaucht und ihre Gedanken fesselt, sollte weiterreden, bis sie einschläft und er sie wegtragen kann.

Sie stöhnt: Und wie! Ich frage mich, was habe ich nur angestellt, dass ich immer in solche Schuppen ausgeführt werde, kannst du mir das mal sagen? Ich hab mich hübsch angezogen, ich habe mir Chanel Nummer Sixsixsix unter die Achseln und wo sonst die Dame von Welt einen guten Eindruck machen will hingetropft, und was fällt dir dazu ein? Mir – schon gut, ich sage nichts mehr, guten Abend zusammen, zwei Schnitzel vom Gammelfleisch größer als der Teller ohne irgendwas und zwei Korn, ist das korrekt? Sie muss Dampf ablassen, das stört ihn nicht, es hört sich gut an. Also Madame, sagt Beat, das Essen ist in Ordnung hier, gibt nicht viel übrigens, und dann wirst du mit deinen

Singles spielen, und zehn Minuten später haben sie diese Rock-clowns vergessen, du weißt doch, wie das ist. Süßer, wenn ich was nicht hören kann, dann ist das Madame, außerdem kenne ich diese netten Gerdalokale aus dem Effeff, in die dich die älteren Schallplattenjungs schleppen, diese originellen Schuppen mit originell abgemeldeten Leuten von der originellen Straße mit echt originalen Gefühlen und originellen Schlagern, das ist immer dasselbe, und außerdem, die werden mich hassen, aufgedreht wie die sind, denn ich habe nur schöne alte Sachen dabei. Sie streicht an ihrem Kleid herum. Dabei habe ich mich so gefreut. Sie streicht im Gesicht herum. Ich bin das erste Mal dort und hatte tatsächlich den Gedanken, vielleicht wird da mehr draus, schön blöd. Ihr Blick wandert durch Gerdas Kneipe, als sei sie auf der Suche nach einem neuen Opfer. Entschuldige das Gemecker, ich sag's dir, du hättest mich gestern mal kennenlernen sollen, und nicht heute diese komische Gurke – Mensch, das ist ja doch 'ne schöne Kneipe, huh, man soll sich nicht vom ersten Eindruck beeindrucken lassen, kennst du den Spruch vielleicht auch noch aus dem Wohnzimmer deiner Eltern?

Was war geschehen, hatte die italienische Schnulze aus der Musikbox geholfen? Das kommt vor. Oder sie hatte bemerkt, dass sie nicht in einem dieser Absturzlokale saß, die nur betrunken zu ertragen sind. Es ist ruhig hier, kein lautes Gelalle, kein Gegröle, und die vielen Fotos an den Wänden sind keine Dekoration, sondern zeigen Gerdas eigene Geschichte und dass dieses Lokal ihr Wohnzimmer ist.

Gerda ist achtundsechzig, sie begrüßt Beat mit der Hand und nach kurzem Austausch auch Monika, ehe sie geht, um ein kleines Bier und Kaffee zu holen. Ihr erstes Bier komme noch früh genug vor den folgenden, sagt Monika. Die vor einem Jahr aus Bremen hergezogen war, nicht mehr so oft in Kneipen ging, wie sie es schon getan hatte, und deshalb noch nicht alle möglichen in der neuen Stadt kannte. Die einen machen Babypause, ich befinde mich in einer Kneipenpause, und übrigens, bevor du drüber nachdenkst, wer Moni sagt oder Mona, ist schon gestorben! Monka habe sie früher interessant gefunden, aber das sei lange her. Beat sagt nichts, möchte nur seine Hand auf ihre legen und so lange so sitzen bleiben, bis Gerda sie als Foto an die Wand nagelt. Ich habe das dumme Gefühl, in dieser Stadt nicht anzukommen, ich komme irgendwie nicht rein, ich finde keine richtigen Freunde, es ist alles irgendwie irgendwie und ich bin langsam auch irgendwie. Sie handelt auf Flohmärkten, näht hin und wieder ein Kleid für jemanden, macht für zwei kleine Firmen die Internetseiten und hat einen Abend die Woche als Babysitter. Und sagt, dass es nicht mehr gut funktioniert, das Einkommen mit diesem und jenem zusammentragen, das strapaziert die Nerven.

Beat möchte ihr sagen, dass er das auch kennt, will aber ihre Fragen dazu jetzt nicht hören und sagt nichts; außerdem weiß man doch, dass es nicht beliebt ist, wenn Männer sofort die Gelegenheit ergreifen, um über ihren Scheiß zu schwadronieren. Kommt ihm sehr bekannt vor, was sie sagt – er will nicht so viel Bekanntes hören, lieber ein paar Dummheiten von ihr. In Bremen ging das besser, ich hatte ein schönes Lokal mit paar Leuten, fast zehn Jahre, da haben die verschiedenen Sachen einen guten Kreis gebildet, wenn du weißt, was ich meine, und hier fliegt das alles nur noch so durch die Luft. Warum ich hier bin, willst du wissen, ich seh's dir an, Süßer, ganz einfach, ein Mann, ah, was für ein Mann, nach zwei Monaten hab ich ihn aus dem Fenster geworfen, ehrlich, ich hab die ganze Welt nicht mehr verstanden und mich am allerwenigsten. Sie hebt die Hand, noch einen Kaffee, bitte, und ein kleines Bier natürlich. Ich kann das heute noch nicht glauben. Ach ja. Was erzähle ich da eigentlich! Wo bin ich? Sie sieht ihn an. Wer bist du? Und die wichtigste Frage natürlich, warum rede ich zu viel? Antworte!

Hör nicht auf damit, sagt Beat. Er berührt im Jackett die Pistole, er wäre lieber wieder von Lautstärke umgeben, es ist zu still hier, er weiß, er wird jeden Moment sein Glas umwerfen, vom

Stuhl kippen, auf dem Weg zur Toilette einen Tisch umreißen. Er glaubt, er kann nicht mehr mit den Menschen. Er ist draußen, wie jemand draußen ist in der Wüste, wo nichts und niemand ist.

Es war alles ein und sein Fehler.

Und sie sind eingeschlossen.

Und diese Tür kann nur aufgeschossen werden.

Und es ist nicht ihr Tag, nicht ihre Nacht, es war nicht ihr Monat, nicht ihr Jahr, und sie sitzen hier und kämpfen mit den falschen Mitteln dagegen.

Wie macht man das in Alienation?

Du bist echt ein Schweiger, mein Lieber, das habe ich nicht erwartet; ich kenne das, du kannst dich in so einer Masse gut unterhalten, aber hier, plötzlich ist es schwierig mit einer fremden Frauensperson, hab ich recht? Lass mich eine Lösung finden – nenne mir deine drei Lieblingsplatten im Bett, nein, deine drei unangenehmsten Eigenschaften! Ich schwöre, du darfst auspacken, ich werde vor Gericht nichts gegen dich verwenden.

Beat könnte kotzen, kann es nicht mehr ertragen, will aufspringen und rauslaufen, die Pistole ziehen und schießen, einfach in die Luft ballern, woanders tun sie das doch auch. Warum kann er keinen netten Satz finden oder einen guten, warum ist alles weg, warum kann er nichts mehr für sie tun?

Bin ich nicht, sagt er, bin ich wirklich nicht, bin nur etwas, also – das Gelächter von Gerdas Tisch hilft ihm.

Dann ist gut, sagt sie. Es ist seltsam, aber da gibt's so ein Mittelmaß bei mir, mit den ganz Schweigsamen ist es schwierig, und mit denen, die dich permanent komplett vollquatschen, kann ich überhaupt nicht. Und ich quatsche dich hier komplett voll, ich bin zu aufgekratzt und angespannt. Ich bin froh, dass du mich da rausgeholt hast, ich würde immer noch dort stehen, nein, ich wäre abgehauen und würde heulend im Bett liegen, du hast ein altes Mädchen gerettet, weißt du das?

Beat nickt, er kann sein Glas auf dem Tisch nicht erkennen, hat er was bestellt? Wer hat es weggenommen, hat er es an die

Wand geworfen oder ihr an den Kopf? Wo sind sie und wann waren sie woanders gewesen und warum?

Kann ich dir was helfen?

Nein, alles bestens.

Vielleicht doch, sagt Monika, wir haben immer noch eine Stunde, oder meinst du, ich bin gefeuert, wenn ich zu spät komme? Mensch, ich weiß was, ich liebe Kennenlernspiele, los, wir machen eines, das ist lustig, erster Punkt, jeder muss sagen, wovor er am meisten Angst hat im Leben. Sie lässt den Rest Wasser in ihrem Glas kreisen. Du zuerst.

Mir ist nur, sagt Beat – das ist es, er dreht seinen Kopf dreimal um den Hals, jetzt ist es ihm endlich klar. Jemand zielt auf ihn. Diese Idioten haben ihn die ganze Zeit verfolgt, aber er hat nichts bemerkt und jetzt ist es zu spät, um Jorgos anzurufen. Durch das Fenster. Er ist eine ausgeleuchtete Zielscheibe. Warum ist das Lokal leer? Warum sind immer alle plötzlich verschwunden, wenn einer da sitzt, der etwas bemerken sollte und nichts bemerkt?

Geh in Deckung, sagt er.

Du gehst was!? Du machst mir Angst, sag mir, was ist, oder ich rufe sofort einen Arzt! Sie hält ihr Telefon in der Hand. Sie schüttet ihm das Wasser ins Gesicht.

Weißt du was?

Noch nicht, sagt Monika.

Ich bin in dich verliebt.

Ich dachte schon, ich hätte mich getäuscht, ich glaube, ich auch. Sie legt ihre Hand auf seine. Oder glaubst du vielleicht, ich quatsche mich immer so durch die Wand, als hätte ich, wie nennt man das, Logorhythmus?

Bisschen viele Glaubensfragen im Moment, aber genau das glaube ich.

Das geht ja gut los, mein Süßer, aber du hast völlig recht, die alte Regel: abgerechnet wird vor dem ersten Kuss.

Dann sind wir so weit, sagt Beat.

Absolutely, sagt Monika.

Für ein paar Sekunden sind sich ihre Gesichter so nah, dass ihre Hände nicht dazwischen passen würden – ihre riesigen Augen, ihre riesigen Nasen, seine riesigen und ihre nur zu ertastenden riesigen Ohren, ihre vielen Haare, ihre vielen Falten, ihre vielen Verletzungen, ihre riesigen Flecken, ihre verwirrenden Gerüche, ihre lauten Atemzüge, ihre mit irrsinnigem Krach alles bedeckenden Gedanken, ihre riesigen Lippen.

Ich sterbe jetzt, sagt Beat und schließt die Augen, der Tag war einfach zu viel für mich.

Erst wirst du mir etwa vier Stunden lang zuhören, du faules Miststück.

Warum immer ich?

Warum musst du immer das letzte Wort haben?

Und warum du?

Muss ich nicht – aber das muss ich endlich.

Das geht aufs Haus, die Herrschaften, sagt Gerda, bevor was passiert, und mehr Wasser gibt's auch. Kleine Gläser knallen auf den Tisch. Sie lehnen sich einen Moment zurück und versuchen zu analysieren, in welche Gegend des Planeten es sie verschlagen hat, schwer zu sagen, achtzig Tage unter dem Meeresspiegel wahrscheinlich. Beat schaut auf die Uhr. Immer noch eine Stunde, sagt Monika, und Beat ist beruhigt, dass er das Lachen doch noch nicht verlernt hat. Und in einer Stunde sind's noch zwei Stunden und so weiter, ich habe keine Lust, ich bin krank, die sind mir egal, ich will nach Hause, ich meine, ich habe Lust, wenn du weißt, was ich meine – was meinst du denn, fragt Beat – die runden Dinger mit dem Loch in der Mitte, ich meine, deinen, du weißt schon, würde ich jetzt, oh, sieh an, ich verspüre Hunger, ich muss mich vollstopfen, Berge Fleisch reinschieben, Pfannkuchen, Möhren, Bananen, dicke Nudeln, uaah, ein dicker Braten in der Röhre, ich dachte, ich bin jetzt wieder normal, aber nein, umgestürzter Pudding, Spargel, Spaghetti – kennst du diese Werbung, sagt Beat, also diese Frau, obenrum etwa dreimal so viel wie du und so ein Ausschnitt– verstehe, dreimal so dicke und bis runter zum Rasierten, ich vernehme erste Kritik an meinen – auf keinen Fall, sagen wir eineinhalb mal so groß, stimmt, je länger ich mir deine – pass mal auf, die sind noch größer, wenn ich dir, gibt's hier eigentlich irgendwas zu – du trägst normalerweise eine Brille, ich wusste es, die Karte liegt direkt vor dir – ein Traum, eine Karte in einem Lokal, das so einfach aussieht, also, für mich dicke Eier, Nachspeise Eis, zum Ablutschen aber, also nicht zum Rumlöffeln, sondern – kannst du mal aufhören, mich jetzt schon fertig – und du musst auch essen, Mutti kümmert sich, pass mal auf, eingelegte, gepuderte oder gefüllte Pussy, sagst du eigentlich Pussy oder, nein, ich will das nicht wissen, sonst kann ich mich auf nichts mehr freuen, man darf nicht alles gleich am ersten Abend, was ist das denn, die haben hier irgendwas mit ihrem Süßsauerkram, ah, Frau Gerda, zwei kleine Biere diesmal, bitte, und gibt es – die Karte kannst vergessen, sagt Gerda, Fleischpflanzerl gibt's, das sind – hab ich doch schon gelernt, Buletten! – und Wiener, sagt Gerda, das war's, kleines Fräulein – Wiener, juhu, mein Lieblingsessen, zwei riesengroße Wiener mit Kartoffelsalat – aber das sage ich dir gleich, kleines Fräulein, der Kartoffelsalat kommt aus dem Kübel, weil am einen Tag mach ich fünf Kilo und dann kommt ein Pfund weg, am nächsten Tag mach ich ein Kilo und bräuchte zehn, also das kann ich einfach nicht mehr, das ist mir doch zu blöd, da muss man jung sein, deswegen der Kübel, ich tu zwar ein bisschen was hin, Zwiebel, Petersil, Öl, aber den mag trotzdem nicht ein jeder, wir mögen ja auch nicht einen jeden, Stunde der Entscheidung, kleines Fräulein – wunderbar, Wiener und Kübelkartoffelsalat – dann haben wir das, und der Herr Faller, mehr kleines Bier, gut, ich kann auch ein noch kleineres bringen, Bewegung ist ja gesund, sagt Gerda und geht – kleines Fräulein, hast du gehört, sie hat kleines Fräulein zu mir gesagt, endlich ist mein Abend gerettet und ich kann glücklich sein – sie würde sogar zu ihrer Mutter kleines Fräulein sagen – oh du mieses, kleines Miststück, du Mistkerl, wir werden jetzt essen, dann werde ich mich in diesem Saftladen krankmelden, Migräne, jawohl, eine Herde von ausgewachsenen Riesenmigränen hat mich gestreift, und dann zeigt dir mein kleines Fräulein – sehr gerne: wenn du deinen Job erledigt hast, ausgemacht ist ausgemacht – diese Männerscheiße jetzt wieder, seinen Job anständig und so, küss mich, du Idiot – dann lasst es euch schmecken, sagt Gerda, ein Paar Wiener, ein kleines Bier, eins und eins macht drei, aber das wisst ihr ja selber – wir gehen sofort, sagt sie, undamenhaft Essen reinschaufelnd, nach Hause, weißt du, wie lange ich schon einsam bin – weil du immer so direkt bist – bin ich auch, sie wirft sich auf ihn, schiebt ihm ein Stück Wiener in den Mund, sie kippen um auf der Sitzbank, verkeilen sich ineinander – trotzdem, du wirst in vierundzwanzig Minuten dort drüben deinen Job antreten – du spinnst, ich habe noch 54 Minuten – sprich diese Zahl nicht aus, die verfolgt mich im Traum, ich werde noch wahnsinnig – glaub ich dir nicht, dass du dich für deine Träume interessierst – nur für die bösen – was ist denn mit der 54? – nichts, war doch nur Spaß – sehr lustig, und ist das auch Spaß, die Pistole in deiner Tasche? sagt sie und beobachtet, wie das Bier in seiner Hand unmittelbar vor seinen Lippen gefriert – guter Tastsinn, sagt Beat und muss für einen Moment an die absurde Idee denken, die er bei ihrer ersten Begegnung hatte – lass dir ruhig Zeit – die habe ich für einen Freund abgeholt und werde sie ihm morgen übergeben, leider ohne sie für einen Überfall benutzt zu haben, oder wärst du dabei, wir verziehen uns in ein Land, wo wir beide noch nie waren, und lernen uns dort kennen, ich bin in einer Stunde bereit, mich hält hier nichts, was meinst du, sag ja! – ja – die Sache ist vollkommen harmlos, das Ding gehört mir nicht und ich stelle nichts damit an, keine Panik – dann ist gut, ich dachte schon, ich könnte nicht mal zu Ende essen, ich hatte mal einen Verehrer, der sah harmlos hoch zehn aus, und dann kam ich dahinter, dass er ein völlig kranker Waffenfreak war – ich bin kein Waffenfreak – wenn zwei nämlich zu weit auseinander sind, dann funktioniert's nicht, haste vielleicht auch schon davon gehört, wie bist'n du so, pack mal aus, Süßer – alleinstehend, verträumt, Nachtarbeiter, keine Rücklagen, links, Trinker, Vater eines kleinen Jungen, der sich zum Glück nicht an ihn erinnern kann, häuslich, kulturell interessiert, Schwimmer, Exfrau weit weg, ist ja auch immer wichtig, zukunftsorientiert, Frischluftfanatiker – aufhören, sagt sie und hält ihm den Mund zu, so viel hat noch nie ein Mann mit mir geredet, das ist furchtbar, ich glaube, ich brauche auch eine Kanone – kein Problem, das ist mein Job, Bonnie – jedenfalls kannst du mich heute verteidigen, wenn sie böse zu mir sind, ist mir wirklich passiert, ein Typ wollte mich verprügeln, weil ich seinen Lieblingssong nicht spielen wollte – welchen denn? – Sex Machine – wenn das heute einer versucht, dann pumpe ich ihn mit Blei voll, das ganze Magazin in den Bauch und zuletzt noch ein Tritt – ich habe eben eine Schwäche für richtige Männer – und dann stecke ich ihm ein Kreuz in den Mund – du weißt, was mich heiß macht – zum richtigen Zeitpunkt, Gerda, zahlen bitte, ruft Beat und küsst ihre Hand.

Draußen auf der Straße ist kein Mensch zu sehen. Ihre Schuhe klicken laut auf dem Asphalt. Im selben Moment legt jeder eine Hand auf den Hintern des anderen. Monika sagt, sie könne es nicht glauben, sie fühle sich wie ein kleines Fräulein, das nicht weiß, wie ihm geschieht. Beat sagt Nein! Darf doch nicht wahr sein! Ich habe Blumen für dich gekauft und sie dann liegen lassen! Ich schwöre!

Was ich heute alles glauben muss, sagt sie, aber morgen ist auch noch ein Tag.

Sein Telefon klingelt, und er geht dran, ohne nachzusehen, ob er den Anrufer kennt. Der Wortschwall stoppt ihn sofort, er dreht sich von ihr weg. Er hört genervt zu, tritt mit einem Fuß ins Leere. Sie stellt sich so, dass sie sein Gesicht erkennen kann. Ich bin nicht in der Stadt, sagt er, hört wieder zu, verzieht wütend den Mund und wird dann laut, ohne es zu bemerken: bist du taub, ich bin nicht in der Stadt, ich melde mich morgen! Er dreht sich im Kreis, sucht nach dem Punkt, an dem er den Anrufer unterbrechen kann, und sagt: du mich auch, Mann! Und bei jedem Wort schlägt seine Hand aus. Er legt auf, denkt nicht an sie und verpasst dem Randstein einen Tritt. Dieses wahnsinnige Arschloch, sagt er leise.

Ich gehe keinen Schritt weiter, wenn du mir nicht sagst, was los ist.

Und um sie muss er sich auch noch kümmern. Er hatte mit ihr den Notausgang gefunden, um aus der Problemzone rauszukommen, und genau dort stehen sie jetzt wieder. Er sucht im Sternenzelt nach einer Antwort, einer dieser behämmerten Sterne wird ihm wohl helfen können, er hatte diese dumme Lichterkette noch nie um was gebeten. Also gut, ein Typ ist hinter mir her, für den ich bis vor Kurzem gearbeitet habe, sagt er und versucht ruhig zu bleiben, er hat Ärger mit der Polizei und glaubt, dass er das mir zu verdanken hat, hat er aber nicht, seit paar Tagen will er mich treffen, ich ihn aber nicht, und langsam ist er richtig sauer. Seltsam, dass niemand auf der Straße ist. Als hätten sie die Straße an beiden Enden abgesperrt. Er geht weiter und zieht sie mit, alles ist gesagt, man kann den Abend fortsetzen.

Aber eigentlich ganz harmlose Sache natürlich.

Wahrscheinlich ja, aber ich bin mir nicht sicher. Wir waren mal Freunde, ich glaube, ich kann ihm klarmachen, dass ich ihn nicht verpfiffen habe.

Klarmachen ist gut, klarmachen mit dem Klarmacher – Jesus, warum passiert so was immer mir? Und was für eine Arbeit war das?

Sie stehen vor dem Club, aus dem jetzt eine Menge Leute kommt. Wird er ihr später genau erzählen, eine vollkommen lächerliche Arbeit, das geht nicht in zwei Sätzen.

Sie küsst ihn – toll, ich bin in einen Mann verknallt, der mir viel zu erzählen haben wird, wenn ich das hier überstanden habe. Bist du bereit? Dann folge mir straight to hell.

Bist du nicht etwas zu alt für solche Sprüche?

Du vielleicht, Süßer.

In der Superbar ist nach dem Konzert eine gespannte Erschöpfung eingekehrt. Würde man eine Nachladung bekommen oder, wenn nicht, besser weiterziehen? Wer ist denn diese Blümchenkleidtante, die man nicht kennt, hat die was auf der Pfanne, was tut sich eigentlich sonst, und überhaupt, wer gibt mir einen aus? So steht man herum und schöpft neue Kraft. Beat registriert einige Blicke von Bekannten, weil er Monika an der Hand hält und ihr die Gasse bahnt zur Ecke mit der Anlage. Er entdeckt niemanden, mit dem er reden möchte. Sie beginnt sich einzurichten, ihre Sachen aufzubauen, an Geräten herumzufummeln. Sie wirkt etwas lustlos, aber Beat sieht ihren Bewegungen an, dass sie das schon oft gemacht hat, und als sie sich bückt, sieht er viel von ihren Beinen – warum sollte man jemals etwas anderes sehen wollen? Sie dreht sich um und weiß, was er bewundert hat, sie kommt zu ihm: ich erlaube nicht, dass du auf der Toilette verschwindest, jetzt musst du es mit mir durchstehen, du wolltest es so! Ich habe einen Job für dich, du bleibst genau hier in diesem Durchgang stehen und lässt niemand durch, der sich was wünschen oder mich vollquatschen will, du weißt, warum ich Angst davor habe, und jetzt hör auf, mich abzulenken, du verdorbenes Sexbiest.

Er könnte sich später unter den Tisch legen, auf dem die Anlage steht, und sie betrachten. Von außen kann man nicht erkennen, was unterhalb ihres Bauchnabels passiert. Er könnte dort liegen und aus dieser Perspektive die Welt endlich bewundern, bis sie zu glühen beginnt und als Scheibe in den Weltraum schießt.

Sie schleudert ihre Arme in die Luft, lässt ihren ersten Song fliegen und schneidet damit den Kneipensound wie mit einem Messer durch, sie dreht sich wie ein junges Mädchen und klatscht in die Hände. Sie versteht was von Effekt. Es ist ein alter schöner Schmachtfetzen, den zwar jeder kennt, aber längst vergessen hat. Würde niemand auflegen, der glaubt, irgendeinen Ruf verteidigen zu müssen. Schneller hat Beat nie eine allgemeine Ablehnung entstehen sehen – sie legt es darauf an, in Rekordzeit die Truppe samt Boden- und Bedienungspersonal gegen sich aufzubringen und ihr erstes als ihr letztes Gastspiel zu inszenieren. Er bewundert ihren Mut, und er fragt sich, was er alles an ihr entdecken wird. Das ist für uns, sagt sie zu ihm, und damit mich diese Kinder nicht so schnell vergessen.

Beat sieht die Kontrolleure kommen und stellt sich in den schmalen Eingang zur Anlage. Die Kontrolleure wollen zu ihr, die Kontrolleure haben Fragen, die Musikkontrolleure wissen alles und wollen wissen, was diese Dame weiß, was sie mit sich führt, zu spielen gedenkt, ob sie durchzukommen glaubt mit dem jetzt zu hörenden Unsinn, und ob sie diese neue Platte kennt, die kein Mensch kennt, und ob sie diese legendäre kennt, die ebenfalls kein Mensch kennt, aber die Person zwingend kennen sollte, die an ihrer Position steht, weil man sonst weiß, die kann nichts taugen, diese Person, von der die Kontrolleure sonst nichts wissen wollen. Beat wird nicht zulassen, dass ihr einer der Kontrolleure mit seinen dummen Fragen die Stimmung verdirbt, und sei es die freundlich gestellte Frage, was da zu hören ist, das der Kontrolleur nicht kennt.

Monika tänzelt drei Schritte auf ihn zu, es wird noch schlimmer, sagt sie und zeigt ihm, was kommt, In the Middle of Nowhere. Ich kann mich perfekt als Dusty Springfield verkleiden, mit Perücke, würde dir das gefallen? Ich bin nämlich pervers, aber ganz harmlos.

Beat neigt sich zu einem Kontrolleur, der sich nicht abwimmeln lässt. Ich muss sie nur kurz was fragen. Geht nicht, sie muss sich konzentrieren, sie ist unsicher. Dann frag du sie, ob sie Katie Webster dabeihat, eine der ersten Singles, ich meine, sie kann nicht in diese Richtung gehen, ohne das zu spielen, das sollte sie wissen. Sie hat das dabei, was sie dabeihat, und damit kannste den Weg zur Hölle pflastern, versucht Beat den Fachmann zu beschwichtigen. Erfolglos: Hört sich aber nicht so an! Sie braucht etwas Zeit, in ihrem Alter gehst du das langsam an, wirst du auch noch merken, das gehört zu ihrem Konzept, das ganz Abgehangene und Abgehakte mit dem Gegenteil verbinden, siehe die Ge-

schichte der afroamerikanischen Musik, im Grunde gibt's keinen
Unterschied zwischen Charlie Patton und Chuck D, falls du dir
das mal klargemacht hast. Der Kontrolleur wendet sich kopfschüttelnd geschlagen ab und schließt sich wieder einem anderen
Kontrolleur an, sie sehen nicht glücklich aus, und mit der nächsten Nummer, die man vielleicht noch in einer Hinterlanddisco,
die seit Jahren von der Außenwelt abgeschnitten ist, zu hören bekommt, lassen sie alle Hoffnung fahren.

Sie bedankt sich bei ihm. Der hätte mich in den Wahnsinn getrieben – weißt du was? Ich komme mir vor wie eine alte Kuh, die
alle für ausgetickt halten, ich hab das Gefühl, ich mache das heute
zum letzten Mal, kennst du das? Aber alten Typen wie dir lässt
man das natürlich durchgehen! Er muss sie nicht nur vor den
Kontrolleuren, sondern auch vor sich selbst beschützen – Unsinn,
du machst das wunderbar, es kommt dir wie das letzte Mal vor,
weil man es immer wie zum letzten Mal machen muss, sonst hat's
doch keinen Sinn. Er sollte das Bundesverdienstkreuz bekommen
für die Reden, die er in den letzten Stunden geschwungen hat.
Und was bekommt er dafür – ein blödes Arschloch ins Ohr. Jedoch mit einem Lächeln, das in der guten alten Zeit lange Kriege
zu verursachen imstande gewesen wäre. Und ein Tablett wird ihnen gereicht, das er in Empfang nimmt, mit Treibstoff für den
Stern und seinen Beschützer, in Form von Wodka, Wasser, Bier.
Das heißt, du sollst bleiben, sagt Beat, dann zeig mal, was du
wirklich in deiner Pfanne hast. Einen Tritt hat sie für ihn.

Ehe alle kapiert haben, es müsse sich hier wohl um einen
Abend mit Soul- und Sechzigerbeatschnulzen handeln, und ehe
die Verächter von allen kleinen und großen Hits das Gebäude verlassen können, zischt sie davon Richtung Orient und sieht Beat
grinsen, der die nächsten Falten der Ratlosigkeit in einigen Ge-
sichtern beobachtet. Vielleicht übertreibt sie es mit dem Vorsatz,
das Durcheinander der Welt vorzuführen. Sie hakt sich bei ihm
ein, lässt ihn Oberschenkel spüren und die aufgeheizten Wangen.
Das nun ist die schöne Göksel, Süßer, sie hat selbst im Schlaf

mehr Sexbeat als eine deutsche Killermaus! Und ehe jemand auf den Gedanken kommt, diese Plattenlegerin hätte nun die ersten Peinlichkeiten durch einen peinlichen Anfall von Angeberei durch exotisches Material ausbügeln wollen, folgt, erklärt sie dem Mann, den sie sehnlichst genauer erkennen möchte, die schöne Sezen, die in ihrer Schauer erzeugenden Stimme und allein schon in ihrem kleinen Finger mehr Feuer habe als eine schön gebaute deutsche Mutti in – als ob es bei diesen Orientbräuten um genau das ginge, du willst mich nur verrückt machen. Und die Angebetete haucht, oh nein, bei ihrem scheinbar übertriebenen Urteil handle es sich nur um die Summe aus Wissen und Erfahrung. Sie kommt also in Stimmung, am Ende wird sie im Handstand den Raum verlassen.

Als sie dann ihren kostbaren Teppich mit einer weiblichen Südstaaten- und einer tiefen algerischen Stimme weiterknüpft, gibt Beat den Gedanken auf, die allzu Unbekannte könnte womöglich in lustvoller Unwissenheit handeln, und weiß, wer ihre Fähigkeit in der Errichtung von Sound immer noch nicht zu erkennen vermag, der kann den Klang eines Orchesters nicht von einem Rasenmäher unterscheiden. Und kann nicht das geringste Verständnis erwarten von dem Mann, der sich diesem Geschöpf zu ergeben vorbereitet.

Selig sind die Unwissenden, spricht der Herr – doch Beat glaubt, dass die Unwissenden der Erde nicht zum Vorteil gereichen. Vielmehr eine Gefahr sind. Ihrer verschlossenen Köpfe und Herzen wegen.

Sein Freund Yz hatte sich verdrückt, und kaum hat er davon erfahren, hätte er dringend seine Hilfe nötig. Was Beat hier zu erledigen hat, ist ein typischer Yz-Job. Der konnte das, war nur einmal in all den Jahren ausgerastet und hatte jemanden nicht abgewehrt, sondern niedergeschlagen – und was macht dieser feige Patriarchenkuscher, wenn er ihm zur Seite stehen soll? Kippt alten

Männern in einem Dorf am Ende der Welt lauwarmen Tee ins Glas … Diejenigen, die eine Frage, einen Wunsch, eine Beschwerde oder sogar einen guten Rat bei der Musikdame loswerden möchten, sie lassen nicht ab von ihm. Songs ziehen ungehört an ihm vorbei, weil er Rede und Antwort stehen muss; mit einem einfachen Nein ist selten durchzukommen, und der Hinweis, dass sich die Masse inzwischen arrangiert, wenn nicht amüsiert, bewirkt selten Gutes.

Frauen, die er nicht zu ihr durchlässt, reagieren meistens aggressiver als Männer. Hatte er nicht damit gerechnet, was glauben die, dass er so was wie ihr Zuhälter ist? Dass eine Frau in jeder Situation das Recht hat, eine andere Frau sprechen zu dürfen? Während sich die Frau, an die sie unbedingt näher rankommen möchten, über seine Lage lustig macht. Nicht ich, sondern die ist ein arrogantes Arschloch, sagt Beat zu einer Frau; zu einer anderen: die bezahlt mich dafür, dass ich dich hier stoppe, also was kann ich dafür? Und zu einem Mädchen, das nahe dran ist, ihn zu schlagen, schließlich: verpiss dich! Es geht ihr offensichtlich um die letzten Dinge und nicht um irgendeine verdammte Musik. Als sie ihn weiter anbrüllt, kommt ihm Monika zu Hilfe und brüllt sie mit denselben Worten an: verpiss dich, lass mich in Ruhe, lass meinen Freund in Ruhe, wenn's dir nicht passt, geh nach Hause, und wenn nicht, dann beschwer dich beim Chef hier, aber verschwinde endlich!

Und sie erklärt ihm, auf Hundertachtzig, dass genau diese Tussen eines schönen Tages eine Panikattacke bekommen und dann doch noch im letzten Moment den ordentlichen Beruf der Bankkauffrau ergreifen möchten und vergessen, dass sie einst eine Tonne Metall im Gesicht hatten und sich stark dabei fühlten – huch, meine Laune wird langsam besser! Und er hatte schon gedacht, diese Frau ein wenig besser zu kennen. Sie öffnet zwei Knöpfe an ihrem Kleid, denen wird sie es zeigen, wofür halten die sie eigentlich, für eine, die ihren Discjockeyarsch für eine Afterhourparty hinhält?

Tut mir leid, flüstert Beat ihr ins Ohr, ich glaube, du bist eine Nummer zu heftig für mich, das kann nichts werden, aber es war schön.

Glaube ich nicht, sagt Monika, verdeckt ihn mit ihrem Körper vor den Gästen, greift ihm zwischen die Beine – wusst ich doch! – beißt ihn in den Hals, springt zu einem der Plattenspieler, und startet Sexual Healing. Spürbare Verachtung bei allen Kontrolleuren und Mitdenkenden, Beat weiß, was sie denken. Dieses abgenudelte Fickding lief doch nur noch in billigen Großstadtdiscos! Die das perfekte Reservoir für jene Fernsehshows sind, deren eine Beat zu besuchen gedenkt: hallo, schönen guten Abend, sag ich mal, sei dessen gewiss, wird er zu diesem Juryclown sagen, wenn ich meinen Zeigefinger nur einen Millimeter bewege, kannst du die himmlischen Charts zu stürmen versuchen. Eine Idee, was er damit fordern oder zeigen könnte, hat er allerdings immer noch nicht. Er muss aufhören, über diesen Dreck nachzudenken. Und sie könnten ihn zu leicht als Irren abstempeln, ein krankhafter Moralapostel, der die Dummkultur vernichten und die anständig hochwertige Kultur retten möchte. Ausgerechnet er, großartige Idee. Und deshalb geht es nicht ohne einen speziellen Dreh, den jeder versteht. Der Vater eines Mädchens, das vom Scheißgerede der Jury und ihrem frühen Rausschmiss aus dem Wettbewerb in den Selbstmord getrieben wurde – das könnte gehen: du hast gesagt, meine Tochter kann nicht singen, jetzt sing du, Mörder, sing die zweite Stimme von No Tears in Heaven oder ich werde dich, bei Gott!

Nicht ausgeschlossen, dass der Job ihn auf die besseren Ideen bringt. Schon wieder steht Arbeit vor ihm, ein Mann mit schwarzem runden Hut und ärmellosem weißen Unterhemd, tätowierte Gesichter auf den Oberarmen, der eine könnte Clint Eastwood sein, ein schicker Mittdreißiger. Tut mir leid, sagt Beat zu ihm, ich hab sie selber schon gefragt, sie hat Sex Machine nicht dabei, ich würd's auch gerne hören. Dann sag ihr, sie soll Elvis spielen! Er verspricht, den Wunsch an die Chefin weiterzuleiten.

144

Er wollte Sex Machine, jetzt Elvis, sagt er zu ihr, ist mir noch nie passiert, dass dermaßen viele Leute irgendwas wollen. Ich will dich nur wachhalten, sagt die Chefin, der Elvismann wird sich freuen, ich habe mich grade entschlossen, nur noch so was zu spielen, Rockabilly, falls du das kennst. Du mit deiner großen Klappe. Du mit deinen tausend Falten im Gesicht, du kleines Rock-and-Roll-Flittchen. Wollte ich grade zu dir sagen. Ich war eben schneller. Und außerdem muss er mit einem Wodka mit ihr anstoßen.

Die Superbar kippt langsam in die Wochenendstimmung, das Projekt, sich und alles schön zu trinken, steht kurz vor der Vollendung. Beat entdeckt seine Nachbarin Sabine und erkennt, dass sie ihn nicht erst seit einer Minute observiert. Keine Freude ist in ihrem Gesicht, dagegen deutlich eine Warnung, und er fragt sich, wozu ist sie fähig?

Man täuscht sich leicht, wozu jemand fähig ist.

Mehr Zorn kann mehr Kraft besiegen. Die endgültige Bestätigung, dass es von Anfang an ein Fehler war, ihr sexuell behilflich zu sein; sich hinreißen zu lassen; nicht zu bedenken, dass sie aus dem einfachen Vorgang einen großen Rechte- und Beziehungsregelungskatalog ableiten könnte. Den sie nach ihrem Treffen im Wohnungsflur zerrissen hat. Und dessen Fetzen sie ihm nun an die Brust heften will – warum nicht mit einem Messer? Angesichts dessen, was sie beobachtet und was ihre Träume zerstört hat. Noch eine Person, die ihn verfolgt, und sie könnte gefährlicher sein als die anderen. Der Gegner, den du unterschätzt, ist am gefährlichsten, hatte Yz ihm erklärt. Und seine Waffe ist gefährlich, weil er sie im Kopf hat und sie ihm einflüstert, da sind Feinde, die nicht offen auf dich zugehen, und vielleicht welche, die sich nicht zu erkennen geben. Das ist der Punkt, an dem du dich im Kreis drehen kannst: du bist umzingelt.

Monika steht neben ihm und will wissen, warum er plötzlich so ernst ist. Ihre Hand berührt die Jackentasche mit der Pistole. Beat fasst sich kurz: da steht eine Frau, die mich hasst, wohnt in der Wohnung neben mir und will viel mehr von mir als ich von

ihr, ich hätte nie mit ihr schlafen dürfen, ich glaube, sie hatte noch
nie einen Freund und dachte … ich geb's zu, ich habe mich mies
benommen. Zum Glück bin ich nicht blöd, sagt Monika, sonst
würde mir der Satz nicht viel sagen. Er muss sie ihr zeigen. Die
sieht wie 'ne Nette aus, dass die nicht glücklich ist, wenn sie uns
hier so sieht, kann ich verstehn, sie weiß, dass das nichts mehr
wird mit dir, dass sie allein ist, nicht mal jemanden hat, mit dem
sie mal schlafen kann, es sei denn, du willst gelegentlich Ab-
wechslung von mir, was ich dir nicht raten würde, und sie weiß
nicht, wie lange das so weitergehn wird, und nicht, was sie hier
soll, und nicht, was an ihr falsch ist, dass keiner sie haben will –
und ich will nicht wissen, dass ich dich überhaupt nicht kenne,
und dass du vielleicht schon morgen erkannt hast, dass du mich
nicht länger kennen willst.

Das mit dir ist was ganz anderes, sagt Beat.

Das weiß ich, sonst würdest du hier nicht stehen.

Das weiß ich auch.

Was wir alles wissen! Dann weißt du auch, dass der nächste
Song etwas für uns beide ist, wir nähern uns der romantischen
Phase. Sie küsst ihn mit einem Stöhnen, das nur er hören kann,
und dann singt sie mit, Nightlife ain't no good Life, but it's my
Life. Aber sie will sich nicht im Blues wiegen mit ihm, sondern etwas erklären, bevor sie sich näher kennenlernen werden, dass sie
eine furchtbar kitschige Ratte ist, für allen altmodischen Strip-
barmusik- und -verkleidungskitsch empfänglich, also nicht mit
beiden Beinen auf dieser Welt. Auf die Idee wäre ich nie gekommen, sagt er. Und muss ebenfalls vorher etwas erklären: warum er
den wunderbaren Song eigentlich nicht mehr hören kann. Weil er
einmal das Skript für ein Pornofilmchen geschrieben hat, jede
Szene basierte auf einem mehr oder weniger bekannten Song, der
im Hintergrund lief, und der geklaute Schwarzweißstil war sozusagen das einzig Aufregende, und bei Nightlife war es die
dämliche Taxifahrer-und-weiblicher-Gast-Nummer, nichts Aufre-
gendes für eine Frau wie sie übrigens, nur, dummerweise hatte er

nicht auf der Rechnung gehabt, dass er für alle Zeit bei dem Song an diesen Scheiß denken würde, und das war eine viel zu hohe Strafe dafür. Sie schnippt ihm mit dem Finger ans Kinn: das ist es also, was du mit diesen Typen zu tun hast, dachte ich mir doch, dass du ein Künstlertyp bist. Aber um so ein Filmchen geht's im Moment nicht, oder? Er kann nicht länger ausweichen: Nein, ich habe nichts mehr mit denen zu tun, die verkaufen jetzt echten Dreck, die Art Dreck, den die Polizei von mir aus gerne samt Herstellern wegräumen kann; habe ich ihnen auch gesagt; aber jetzt hat den Bullen jemand gesteckt, dass sie dieses Zeug bringen, und sie denken, dass ich das war, also der Verräter; ich glaube, sie haben wirklich ein Problem; der Dieter und ich waren befreundet, und es fing mit der Idee an, also Porno-Rock'n'Roll, wenn du so willst, dann war es ziemlich schnell nur noch blödester Schrott, und heute ist er nur noch ein krankes Geldschwein; und ich war draußen aus der Scheiße, und plötzlich bin ich wieder drin – jetzt weißt du alles darüber.

Vielleicht, sagt sie.

Nightlife ist am Ende angekommen, sie kümmert sich um den nächsten Song. Er hat es vermasselt, er gefällt ihr nicht mehr, der Nebel ist zu dicht geworden, was wird er denn noch erzählen? Sie winkt mit einem Bier zur Theke.

Wir brauchen was Kühles, sagt sie. Weißt du, was dein Glück ist? Dass ich mir gerne Pornos ansehe.

Das dachte ich mir.

Dachte ich mir, dass du darauf reinfällst.

Das bin ich aber nicht, ich bin nicht blind.

Das wird man herausfinden müssen, meint sie, und vielleicht könnten sie das besser tun, wenn sie für ein paar Tage verschwinden würden, sie könnten sofort zu einer Freundin flüchten, die auf dem Land wohnt. Beat nickt, das wäre schön – wenn sein Dieter das nicht als eindeutige Antwort nehmen würde; deshalb muss er endlich Auge in Auge mit ihm reden, ihm mit der alten Freundschaft kommen, dass er ihn nie hinhängen würde, auch wenn er

nichts mehr mit seinem Unternehmergeist zu tun haben will – sie
kreischt und springt davon. Hat ihre Arbeit vergessen, plötzlich ist
die Musik weg, ersetzt von Stimmen, die schreien, um sich verständlich zu machen, wie peinlich. Alles schaut auf diese Frau.
Und auch Beat hatte vergessen, mit ihr auf die Musik zu achten –
wie der Volksmund sagt: Liebe macht blind, und der Blinde ist
kein guter Aufpasser.

Sekunden ohne Musikschutz – ein schwarzes Loch wird über
der Superbargesellschaft abgeworfen, die nächste Terrorsekunde
folgt sofort, Gespräche werden gekappt, Betrunkene schrecken
hoch, der gelaberte Teppich wird in seinem ganzen Ausmaß deutlich und von ausbrechender Panik zerfetzt, Geheul, Gebrüll und
das Gelächter, das angerissene Nerven grundlos ausstoßen, Beat
schießt in die Luft, wozu hat er das Gerät dabei, er fordert Aufmerksamkeit und Kommandobefugnis, der Retter im Tumult, in
der Tür verkeilte Körper, Fleisch verknotet, Arme, die sich freizu-
schlagen versuchen, sie wälzen sich auf dem Boden, nackte Beine
treten in die Luft, Instinkte verwandeln sich in Reißzähne. Stiefel
in Bäuche, High Heels in Eier, Finger in Augen, Fäuste in Fressen, Köpfe in Ärsche, man will raus, man will leben, man will keinen Mitmensch, jeder für sich, jeder zu Gott – Kommando
kannste vielleicht am Kongo kriegen mit deinem lächerlichen Bal-
lermann, aber nicht hier, kümmert doch niemanden, ein Betrun-
kener gießt sich in Ruhe ein Glas ein, auch das Ende will stilvoll
begangen sein, so 'ne Art studierter Faschistenleutnant: Champagner bleibt Champagner, da kann die Tucke dort drüben unterm Tisch sich ihre Ernährungshilfsinstrumente mit Eingewei-
den einbalsamieren wie sie will, der Geschmack ändert sich nicht,
er kann sich nicht ändern! Beat schießt in die Decke, sehr zum
Wohle, Kossinsky, er versteht ihn kaum, klingt wie das, was er
schon immer gesagt hat, mit allem rechnen bei den Menschen jederzeit, im Notfall sind sie zu allem bereit, treten alles nieder, um
zum Ausgang zu kommen, um das Abzeichen zu bekommen, ein
Lob vom Führer, die Übertragung in alle Haushalte, glauben Sie

mir jetzt, Faller, es hat sich nichts geändert! Wieso ist denn Kossinsky hier? denkt Beat, ich spinne, und diese Schlampe, der ich endlich den Arsch küssen will, was macht die denn, sie lässt sich Zeit, zehn Sekunden im Tumult, steht auf einer Barrikade, sie ist großartig, und als sie endlich wieder alles mit Musik überflutet, brüllt jemand in sein Ohr, Beatomatic, du alter Hund, wo warst du denn? Was ist'n los mit dieser komischen Komikerbraut, bei der koch's aber schon gewaltig, erzähl mir nichts, brüllt der Tschortsch, fasst ihn an den Schultern und lacht ihn von unten herauf an, lacht wie tausend schlecht behandelte Kinder, die in einer Sommerfreizeit zum ersten Mal in ihrem Leben froh sind.

Mensch, Tschortsch, brüllt Beat, wo bist du denn die ganze Zeit gewesen? Ich dachte schon, du hast im Lotto gewonnen und wohnst in Neuschwanstein!

Aber sauber genau, lacht der Tschortsch überglücklich – denn das größte Glück ist es, noch einen Freund zu haben, wenn man nichts mehr hat. So einfach ist das.

Er lässt nicht von ihm ab: der Wahnsinn, Beatomatic, ich glaub's nicht, wie geht's denn, der Wahnsinn, es wird schon wieder, sag ich immer: one Bourbon, one Scotch, one Bier – dann bleiben wir hier! Kennst du doch, oder, Beatomatic, du weißt doch, was ich meine?

Beat drückt ihn und riecht seine stinkenden Haare: das ist mal sicher, alter Freund! Und das ist es auch. Und er würde ohne ihn den Raum niemals verlassen, wenn eine Panik ausbrechen würde. Die Plattenspielerin betrachtet das Wiedersehen mit Wohlgefallen, und Beat denkt, sie möge denken, dass er kein ganz schlechter Mensch ist. Er zieht den Freund hinüber zu ihr, damit ihre Hände sich berühren. Der Tschortsch packt ihre Hand, als würde er aus dem Fenster hängen, und so wie manche aus Verlegenheit nichts sagen können, redet er wie ein Wasserfall und schwenkt den Oberkörper dabei wie eine Pumpe, die sich ihr nähert und wieder von ihr entfernt – bester Freund vom Beater seit no Future, Tschortschie, wir haben einmal eine Band gehabt, kennst vielleicht nicht, Rolling Stones, war 'n Witz, Dirty Dogs, eine Single halt. Sein weit ausholender Arm erzählt von allem, was allen Bands der Erde jemals ein schnelles Ende bereitet hat. Ich mach jetzt eine neue Band, sauhart, das sag ich dir, mal sehn, man darf nichts wollen, dann holt man sich alles, sag ich immer, Monika, du bist ja seine Braut, also der Beater, was der immer für Geschichten macht, das sag ich dir, kennst denn die Bücher vom Beater, da tut er herum, ich weiß auch nicht, ich hab alle zwei, mit Autogramm, für meinen ältesten Freund bis ewig und drei Tage oder der Teufel uns zu sich holen mag als seine linke und rechte Hand, hast du vielleicht Hendrix dabei, aber muss nicht, oder Clash, du machst das schon.

Beat hat sie beobachtet, wie sie wohl mit seinem ältesten Freund Tschortsch zurechtkommt, ohne etwas über ihn zu wissen – sie ist ihm nicht ausgewichen. Das ist gut.

Beat zieht den Tschortsch wieder weg von Monika und fragt ihn, ob er für eine Weile eine Aufgabe übernehmen könnte. Vollkommen logisch, sagt der Tschortsch und hört sich die Instruktionen hoch konzentriert an. Monika reicht ihm ein Bier vom Personalversorgungstablett, er strahlt und nennt sie einen Engel. Obwohl das Bier lauwarm ist – aber du weißt ja: nichts ist besser als gar nichts!

Manchmal kann ein einfacher Job für einen Mann das Höchste sein. Im schmalen Gang zur Anlage stehen und aufpassen, dass niemand die Plattenbraut vollquatscht: was Besseres wird der Tschortsch nicht mehr bekommen. Und wie geht es ihm sonst? Keine Probleme, sagt Tschortsch, absolut null. Seine eigene Lage kann Beat dem alten Freund nicht schildern, er würde in den unvermeidlichen Reaktionen auf Tschortschs Reaktionen und Fragen geradezu versinken. Tschortsch beobachtet die Umgebung, spielt Gitarre auf der Flasche und sieht Beat vorsichtig an, was sagt man, wenn man seit dreißig Jahren seine Gehirnzellen mit allen Drogen, die am Marktplatz zu haben waren, attackiert hat? Beatmeier, neue Band, Mann, kannst sofort einsteigen, ist doch klar, die Marion singt, hab sie noch nicht angerufen, geht aber klar, die

Frau bringt's voll, kannst dich erinnern? Kann Beat genau – und auch daran, dass sie seit zwanzig Jahren mit ihrer gegründeten Familie am anderen Ende der Republik wohnt, nachdem sie ihr langjähriger Freund, der angekratzte Tschortsch, fast ganz in den Graben geschoben hatte, woran der sich jedoch partout nicht erinnern mag. Beat hat es längst aufgegeben, etwas zu Tschortschs ewig neuer Band und seiner Marion zu sagen, er verdreht nur die Augen und packt ihn am Kinn – weil er glaubt, der Tschortsch weiß, dass er nur noch in einer bestimmten Band singen wird, die Christen nennen sie den himmlischen Chor, aber er muss es wie unter Zwang immer wieder sagen, diesen Traum von seiner Scheißband, der ihn seit Teenagerzeiten unrettbar in der Kralle hält. Wahrscheinlich gilt beides für den Tschortsch: er weiß es und auch wieder nicht. So wie er zwischen dem Reihenhaus seiner Mutter und der Psychiatrischen pendelt oder sonst einem Loch. Und wenn ihn das gewisse Etwas wieder besetzt, verschwindet er in andere Städte und schafft es irgendwie. In seiner ihn immer noch schützenden Dämmerung. Erstaunlich, dass er noch lebt.

In einer unschönen Nacht hat Beat aufgehört, ihn zu beweinen, und akzeptiert, dass er ist wie er ist. Und nie mehr alle Tassen im Schrank haben wird – er konnte eben den von ihm selbst präzise durchgeführten Angriffen gegen sich nicht entkommen, und zu machen, helfen und schützen gab es nichts … Zur Zeit lebt er wieder in einer Mutterphase, deshalb fragt Beat, wie es der Mutter und wie es mit ihr geht.

Muhuuu, singt Tschortsch, Moonman makes muhuuu to Mother Mama Mousemiss, muhuuu, Moonman makes Mama Money, muhuuu, Mamas Money makes Moonman moochycoochie!

Vielleicht liegt sie aufgeschnitten in ihrem Bett, den Rock bis über den Kopf hochgezogen, die dicken Schlüpfer befleckt. Und atmet noch. Und hält ein Löckchen von Bubi Moonman in der mit aller Gewalt verkrampften Faust.

Tschortsch streckt beide Arme zum Mond, Beat zieht einen runter und seinen Kopf zu sich: Weißt du, was Alienation ist?

Moon the Moonman makes moohoo! singt Tschortsch. Er ist nicht aufzuhalten. Dann singen sie es gemeinsam, dann noch mal, und dann singen ein paar, die vor dem Pult stehen, mit.

Beat zuckt zusammen, als ihn ihre Hand berührt. Langsam kommt aber Stimmung auf, sagt sie, ich dachte schon, wir sind bald am Ende. Unser Genosse wird gleich kippen, ich nicht, falls du das befürchtest, ich habe noch zu viele Pläne in meinem Leben heute Nacht, um mich zu betrinken. Und welche sind das? Nur solche, die zu deinen passen. Tschortsch ist eine Stufe runterge-sprungen und spritzt nun Bier in die Luft. Und hat einen neuen Schlachtruf in seinem Gehirn entdeckt: Aloha from Hell!

Dort ist er allein.

Das sind dort alle.

Nichts in Sichtweite.

Und nichts zu hören.

Am Ende aller Tage, wenn die Erde wüst und leer, steht im ver-brannten Park ein Kofferradio. Es überträgt ein Lied aus alter Zeit. Von einer zerkratzten Schallplatte. Die Nadel hängt. Und niemand mehr da, der irgendwas umdreht.

Einige Leute gaffen den Tschortsch an. Sie haben in ihrem Leben noch keinen bissigen Hunger gehabt, kennen die Öde des Her-zens nicht, wenn man einen Monat ohne Fernseher überleben muss, wissen nicht, wie schnell Mordlust im Körper wächst, wenn der Stoff seit Stunden ausgeblieben und nicht in Sicht ist, hörten nie das Geheul, das einer im Hinterzimmer rauspresst, nachdem sie ihn von der Bühne geprügelt und gepfiffen haben – und hal-ten sich für berechtigt, über den Tschortsch zu lachen, den Pen-ner, die Null, mit den langen Köterhaaren und den Klamotten, die sie nicht zum Schuhputzen verwenden möchten. Würde gut-tun, ihnen mal seine Pistole zu zeigen. Ohne ernste Absichten. Amok bei Popkonzert, noch nie gehört, gibt es einen Zusam-menhang? Der Tschortsch schleudert die Arme hoch und nieder und den Kopf unablässig schnell hin und her. Beat steigt runter und zieht ihn zurück in ihren Arbeitsbereich, drückt ihn auf den kleinen Hocker und hält ihn fest. Er gibt Monika ein Zeichen, ein neues Bier rüberzureichen. Du bleibst hier friedlich sitzen, ist das klar? Logisch, Beatles, der Tschortsch und der Beatles, ist doch ganz klar, sagt er ängstlich, und ängstlich schaut er ihn an, verschwitzt, erschöpft. Beatles, alles okay, Beater? Alles gut, keine Sorge, es ist nichts passiert – den Tschortsch und den Beater schlägt keiner, das weißt du doch.

Er ist sich ziemlich sicher, dass sie das schon im Sandkasten zueinander gesagt haben.

Es ist nach drei Uhr, und die Superbar ist einerseits weniger, andererseits mehr dicht, und die, die mehr dicht sind, wollen mehr von allem, was es gibt. Wer kann garantieren, dass es nicht die letzte Nacht ist – eine tapfere Gruppe applaudiert ihrer Auswahl. Die Dirigentin sagt, sie habe nicht gerechnet damit, nach dem hoffnungslosen Anfang, und spürt doch Müdigkeit kommen. Möchte sich in die Arme ihres werten Verehrers kuscheln, von Wolkenfeldern träumen, von einer Veranda am Meer und drei süßen Kindern, ob das noch was werden wird? Der von bösen Mächten Verfolgte möge sie nach dem nächsten Lied ersetzen – ich muss mal.

Beat ist verblüfft, als er die ersten Töne hört. Er schlägt ihr kopfschüttelnd auf den Hintern. Ich hätte alles gewettet, dass das in dieser dummen großen Stadt kein Mensch kennt, There's a Devil on my Shoulder and an Angel in my Arms, du bist eine schlimme Braut. Du glaubst, du hast eine bessere Braut verdient? Nein, aber, es fällt mir schwer, dir das zu gestehen, I'm a Countryboy and you are too hot to handle for me. Sie schiebt ihn von sich, ah, ich kann mich erinnern, war das nicht die Tour, mit der du mich beeindrucken wolltest, als wir uns damals kennenlernten? Erstens bist du ungefähr so ein Countryboy wie ich, und zweitens glaube ich nicht, dass du eine schwache Hand hast, wenn's mal etwas heiß wird, und falls doch, werde ich deiner

Hand zeigen, was sie zu tun hat – nein, du hältst mir jetzt keinen Vortrag über Gene O'Quin, ich weiß selbst, dass er ein fauler Sonnenschein war, der lieber auf der Pferderennbahn rumhing als im Studio, und dass ausgerechnet er, der ihnen die Richtung vorgegeben hat, im Schatten von Elvis, Feathers und Konsorten verkümmerte und im zarten Alter von 45 Jahren über den Jordan ging, und jetzt lass mich endlich in Ruhe auf die langweilige Art die Beine breit machen, Hound Dog Beater, diesen Mist wolltest du doch hören, das war das erste und letzte Mal, dass ich dich Beater nenne, versprochen, Beatles – was ist denn?

Das wusste ich nicht, stimmt das, mit 45?

Ich lüg dich nicht an, Gene reichten 45 Jahre – entschuldige, das hatte ich vergessen, aber es stimmt, denk nicht über diesen Unsinn nach. Sie stolziert davon mit ihren roten Stiefeln, und einige Männer drehen sich nach ihr um, wer ist denn die, mit ihrem glorreichen alten Krempel, und wie die dahinschwingt, gut, dass man eine Weile abgewartet hat. Beat kann sich für keine Fortsetzung entscheiden und nutzt die einzige Chance, die er hat, und lässt den Song noch mal laufen.

Und sagt: aufpassen, du fühlst dich zu sicher, aufpassen, auf die anderen und auf sie und auf dich.

Dann ist der Tschortsch eingeschlafen, und sie steht an der Theke und winkt ihm zu, er soll sie eine Weile länger ersetzen, er lehnt ab, sie wirft mit einer Kusshand. Fühlt sich wohl, entspannt sich, ein Plausch unter Frauen, Fachfrauen vielleicht, die fast ihre Töchter sein könnten, genießt fröhlich ihre Position und muss sicher dem aufmerksamen Nachwuchs erklären, warum es angenehm ist, seiner Arbeit in Ruhe nachzugehen und dafür einen Sicherheitsmann eingestellt zu haben. Ihm ist aufgefallen, dass sie gern was erzählt, das nicht stimmt, um zu sehen, was folgt. Sie nickt mit dem Kopf zu ihm hin und erzählt etwas über ihn – mein möge er sein, obwohl noch ungeprüft seine Männlichkeit, doch seine Bartstoppeln knistern wie Weizen im Wind und sein Jackett ist gefüllt mit Kostbarkeiten. Eine Aufführung bietet sie ihnen, nimmt ihre Brüste fest in die Hände, um sie neu im Oberteil zu positionieren, und die jungen Frauen bewundern sie, an dieser süßen Schlampe kann man sich doch orientieren auf dem unsicheren Weg zur Rente, wie sie mit ihren Hüften leicht nach vorn und zurück schaukelt. Man gibt irgendwann auf, aber es muss nicht so schnell sein, wie sie's gern hätten. Und dann zeigt sie, wie man – Beats Herz bleibt stehen. Vor ihm ein Abgrund, er kippt, hat sich einlullen lassen, nicht aufgepasst – vor ihm das Gesicht von Dieter.

Im Schutz der Leute ist er angekrochen, und neben ihm, Kopf größer, der starke Filmliebhaber Thommsen, in dessen Hand ein Mädchenhals zermantscht werden kann. Nimm's bloß nicht persönlich, sagt sein Lächeln. Dieters Lippen gegeneinander gepresst, haste gedacht, wir fallen drauf rein, ich hab da was zu erledigen, dein Ich-bin-nicht-in-der-Stadt-Scheiß. So früh kannst du nicht aufstehn, dass wir dir nicht eine Stange in den Arsch schieben könnten, das haben schon andere probiert, und komm mir nicht damit, dass du mit meinen Kindern mal 'ne verkackte Sandburg gebaut hast – wer gegen mich arbeitet, versucht meinen Kindern den Vater kaputt zu machen, und was das heißt, das haben dir doch deine beknackten Kanakenkumpels sicher erzählt, Alter, halt die Fresse und hör zu, oder soll dir unser Thommsen mal die Gehörgänge freier machen? Lass uns mal nach draußen gehen und die Sache klären, in diesem Scheißlärm geht das nicht, du sagst, was du zu sagen hast, wir sagen, was wir zu sagen haben, Abmarsch.

Wo sind sie? Er kann sie nirgendwo entdecken.

Vor ihm Leute, die ihm was zurufen, er hat die Musik vergessen und sieht jetzt einen da stehen, der Dieter ähnlich sieht. Hat ausgereicht, ihn seine Stimme hören zu lassen … Noch so eine Täuschung und sie können ihn auf dem Friedhof in der Ecke für paranoide Plattenleger entsorgen.

Passiert das jeden Tag, dass du aus dem Hemd kuckst, als würde ein Nashorn vorbeifliegen? Was ist los, Süßer, ich mache mir etwas Sorgen. Beat geht einen Schritt zur Seite, um ihr wieder das Unterhaltungsprogramm zu überlassen. Ich dachte, ich hätte meine Freunde hier gesehen, meine Nerven, zu wenig geschlafen, zu viele Aufregungen, du hättest mich vorgestern kennenlernen sollen.

Verstehe, sagt sie, bist du nicht der Ansicht, wir könnten endlich von hier fliehen? In eine ruhigere Zukunft in einem frisch bezogenen breiten Bett, um dann mit Vogelgesang aufzuwachen und sofort in der Natur zu sitzen mit einem Kaffee, ich meine, nur ein Tag Ruhe auf dem Land würde dir guttun, und dann bringst du deinen Scheiß in Ordnung. Beat legt seine Nase in ihre Mulde zwischen Hals und Schulter und murmelt schöne Worte, es riechen deine Salben köstlich, dein Name ist eine betörende Salbe, darum lieben dich die Jungfrauen – aber ich muss das zuerst regeln, dann fahren wir aufs Land, nichts lieber als das. Sie sieht ihn zweifelnd an und gesteht dann, nicht zu wissen, was sie von ihm halten solle. Ich bin gebrannt, musst du wissen, von diesem Typ, wegen dem ich hier gelandet bin, da dachte ich auch, das gibt's nicht, wie hingezogen ich bin und wie toll der ist, aber vielleicht habe ich da nur einen Defekt, der mich für bestimmte Sachen blind macht, kann das sein? Kann es nicht, nein, nein, nein.

Sie atmet tief durch und sieht nach, wie die Welt unten bei ihren Stiefeln beschaffen ist, und sagt, na gut. Ein trauriges Na gut, ein Na gut, das nicht gut klingt und nicht so gut heißt. Er sagt, er kann verstehen, dass ihr das alles komisch vorkommt, und sie sagt, dass das nett von ihm ist, unglaublich nett. Ich weiß nicht warum, aber ich schenke dir mehr Vertrauen, als meine Exmänner jemals bekommen haben.

Ich werde dich nicht enttäuschen! Was hatte er erwartet, einen goldenen Ring über seinem Haupt?

Sie streckt sich militärisch und schlägt die Hacken zusammen. Ich will raus aus diesem dummen Film, lass uns in einen anderen gehen, ich glaube, Out of Sight würde passen.

Großartig, sagt Beat. Und springt zurück: nein! Scheiße, du bist 'n Cop! Ich fasse es nicht, ich hatte schon heute Nachmittag so ein merkwürdiges Gefühl! Er schlägt sich an die Stirn. Dermaßen bescheuert kann doch niemand sein. Ich habe Angst, dass ich paranoid bin, aber ich bin's nicht.

Mal ganz langsam, ich habe mich ernsthaft in dich – warte, Liebling, gib mir eine Sekunde. Sie macht eine beruhigende Geste, er soll stehen bleiben. Ich habe dich nicht belogen, und ich kann dir helfen, ich weiß doch, dass du mit diesen Typen nichts zu tun hast, die wir dranzukriegen versuchen.

Ich bin so ein Vollidiot, so blind, sie haben dich auf mich angesetzt, um sie am Sack zu kriegen – wieso hast du mir die Kanone nicht abgenommen?

Hör doch auf mit deiner dämlichen Spielzeugkanone, hör mir nur zu, ich kann dich sicher aus der Sache rausbringen.

Ich lach mich tot, wenn du glaubst, ich würde auf den Scheiß reinfallen, wahrscheinlich sind unter diesen Pennern hier fünf Kollegen von dir, du bist 'ne miese Verräterin.

Im Gegenteil, Süßer, ich werde dafür sorgen, dass deine kleine Kanone unter den Tisch fällt, und bezeugen, dass du mit diesem Dreck, hinter dem wir her sind, nichts zu tun hast, vertrau mir, und was den Rest zwischen uns betrifft, ich habe dir nichts vorgemacht, das weißt du.

Ich weiß nicht mehr, was ich von dir wissen will. Eine Copschnalle als Discjockey in diesem Club. Wenn die wüssten.

Du hast zwei Möglichkeiten: du rennst jetzt a) in den ganz großen Ärger, oder b) du vertraust mir, dass ich dich beschütze, a) vor deinen Freunden, die inzwischen vollkommen ausgetickt sind, das kann ich dir verraten, und b) vor den Typen bei uns im Verein, die sauer sind und dich genauso einbuchten werden, und c) vor dir selbst, weil ich mich verliebt habe, hätte ich nicht gedacht, dass mir das noch mal passiert.

Hast mich überzeugt, sagt Beat, mir fällt jetzt bloß kein guter Schlusssatz ein – kann passieren, könnte ich sagen.

Ich möchte ein Kind von dir.

Das ist nicht dein Ernst.

Wäre ein guter Schlusssatz, meine ich.

Sie findet es schön, dass er ein so furchtbar albernes Stück ist. Von den ernsten Männer hat sie schon lange genug. Sie wickeln einen in ihr ernsthaftes Leben ein, bis man keine Luft mehr bekommt. Beat kennt auch andere Meinungen dazu. Ich hole mein Geld, sagt sie, und dann hauen wir ab.

Der Tschortsch ist verschwunden. Im Raum sind nur noch ein paar Männergestalten, die auf den Rauswurf warten oder auf eine der Bedienungen. Eine Menge Müll auf dem Boden, im Heaven bleibt wenig Müll zurück, wenn es vorbei ist. Auch auf der Toilette ist er nicht – wird schon in Ordnung sein, er ist da, wo er immer ist, wo auch immer das ist.

Und was wäre, wenn sie die Polizeinummer nicht nur gespielt hat? Das wäre was. Das würde er sich wünschen.

fünf

AM TELEFON die Stunden alte Frage von Jorgos nach dem Befinden, Beat antwortet nicht, es ist zu spät; er würde sofort antworten, wenn er eine Nachricht von Yz hätte. Warum geht Yz nicht an das Gerät, das ihm früher in der Hand festgewachsen war?

Sie gehen langsam die Straße runter.

All die schönen Platten hatten sie in ihren Mercedes gelegt, es ist bald sechs Uhr, still gehen sie langsam die Straße runter, Hand in Hand. Eine menschenlose Ebene im Kopf. In den echten Straßen sind ein paar Leute, denn es geht wieder los. Diese ruhige Art, aus allem, was war in den letzten Stunden, rauszuschlendern, ist besser als das, was sie schnell tun wollten; nur der Wunsch, müde in einem Café zu sitzen und etwas zu essen.

Die Ruhe vor dem Sturm, das Glück vor dem Chaos könnte das sein, denkt Beat, ich könnte ewig so weitergehen, nur auf das merkwürdige Ziehen im Rücken kann ich verzichten.

Wie die Ruhe vor dem Sturm, sagt sie leise, ich könnte ewig so weitergehen, das ist alles, ich fühle mich wie eine Frau, die ihre Schuhe ausgezogen hat und in der Hand trägt, und es stört mich nicht, dass ich eigentlich nichts von dir weiß. Der Mensch sollte sich nicht immer mit riesigen Wünschen herumschlagen, hatte er von Jorgos gelernt, Wünsche sind oft ein großer Rucksack, der mit Steinen gefüllt ist, Alter, denk da mal drüber nach. Er hatte recht, langsam und unbehelligt eine Straße runtergehen, gibt kaum was Besseres. Er will sich mit ihr hinsetzen und sich unterhalten, wie ganz normale Leute. Denn sie waren doch ganz normale Leute. Vielleicht etwas mehr erledigt und betrunken zu dieser Tageszeit.

Wir trinken kurz Kaffee und gehen zu mir, wenn du willst, sagt Beat, und wir schlafen eng umschlungen und warten mit dem Kennenlernen, bis wir ausgeschlafen sind.

Klingt gut, aber garantieren kann ich das nicht, du hast vielleicht Ideen.

Arbeiter gehen zur Arbeit, sehen sie an, dieses saubere Pärchen, sagen manche Blicke, aus einem anderen Raum in den normalen Raum spazierend, das keine Stechuhr stoppt und dem niemand den Gang zur Geschäftsleitung befiehlt, wie machen die denn ihr Geld, die haben vielleicht ein Leben.

Ich möchte von der Straße weg, sagt Monika.

Sind wir in drei Minuten.

Die können sehr lang sein, sagt sie, es gibt eine Zeit für die Straße, und dann muss man schnell runter von der Straße und wieder in sein Flüchtlingsheim, man will nicht angeglotzt werden, wenn einem das Haar ins Gesicht hängt, oder wenn man sich am Po kratzt, entschuldige, sie kratzt sich und kichert, aber mit dir kann man gut durch die Straßen gehen, du Scheißkerl, wenn sie dir jetzt nicht ins Knie schießen, gehen wir später schwimmen, ein bisschen schlafen, ein bisschen schwimmen, ein bisschen schaukeln – trotzdem, falls es dich interessiert, ich freue mich schon auf den Winter, was hältst du vom Winter, haben wir noch nicht diskutiert, ich wünsche mir schon ewig einen offenen Kamin, man sitzt vor dem knisternden Holz und liest sich Gedichte vor, findest du das bescheuert? Wir wissen beide, jene Worte, die jeder oft zu anderen sprach und trug, sind zwischen uns wie nichts, und dann kommt irgendwas mit dem letzten Zug. Machen wir, sagt Beat. Aber ich weiß, das wird nichts mit diesem blöden Kamin, das ist doch schlimm, wenn man weiß, bestimmte Dinge, die du dir erträumst, wirst du in deinem Leben nicht mehr erleben – Scheiße, ich bin müde, ich glaube, es ist besser, ich lege mich in mein Bett, und wir telefonieren morgen, am besten, wenn du dein wichtiges Treffen hinter dir hast. Er bleibt stehen, was ist los, hat er was Falsches gesagt? Ich merke, ich werde traurig, und mit dir möchte ich noch nicht traurig sein, ich bin mein ganzes Leben lang immer an den Falschen geraten, kannste dir das vorstellen? Sie lehnt sich an die Hauswand und beginnt zu weinen.

Wie soll er reagieren – der Wechsel kam zu schnell, er ist ratlos, sie hält ihre Hände vors Gesicht, er sieht die Straße rauf und runter, dann nimmt er sie in den Arm und sagt, das macht nichts, wenn du nach Hause willst, bring ich dich nach Hause, ich pass auf dich auf, keine Sorge.

Du kannst doch nicht mal auf dich selbst aufpassen!

Doch, das kann ich, und auf dich auch, glaub mir.

Weil ich eine leichtgläubige dumme Kuh bin, das hast du erkannt, du Miststück. Sie schlägt auf seine Oberarme, aber er lässt sie nicht aus seiner Umarmung. Es gibt so viel, was wir gemeinsam haben, sagt er, ich staune immer wieder. Sie muss lachen und hört auf, ihn zu schlagen, zieht Rotz hoch, und er kann sie endlich küssen. Ihr ist kalt, man spürt den Herbst, sie wärmt sich an seinem Körper, und als er ihr sein Jackett geben will, fällt ihm die Pistole ein, hat er vergessen, wird er vergessen haben, wenn er sie brauchen sollte – die Frau ist eine große Hilfe, sie verdrängt alle Probleme aus seinem Kopf.

Meine Nerven, flüstert sie, kaum geschlafen wegen diesem Arschloch in der Wohnung über mir, dann springst du in mein Leben, dann dieser Laden, erst ist es blöd, dann schön, dann dein komischer Freund – es tut mir leid, lass uns Kaffee trinken, und dann werfen wir uns ins nächstbeste Bett.

Alienation ist ein kaum erforschtes Land, seine Bewohner neigen zu extremer Sprunghaftigkeit, so viel steht fest, und diese Fremde kämpft in dieser Disziplin in der Spitzengruppe. Beat findet die Eigenschaft nicht abstoßend, sondern reizend. Die Bewohner von Alienation ziehen ihn an.

Sie setzen Sonnenbrillen auf, gehen weiter zum schönen Café am Fluss, das sie nicht kennt, Beat wählt Umwege, möglichst kleine Straßen, in denen kaum Bewegung ist, weil sich der Schlaf hier länger hält. Sie begegnen einer kleinen alten Frau mit einer Einkaufstasche, so groß, als würde sie sich im Notfall darin verkriechen können, und sie bemühen sich, nicht zu kichern deswegen, klammern sich aneinander und kichern immer mehr. Ein Kind, das viel zu früh auf dem Schulweg ist, lässt seine Fingerkuppen an der Wand schleifen. Monika summt was, er soll es erkennen – I forgot to remember to forget rückwärts, er ist ein blöder Angeber. Mit Gemüse gefüllte Kisten krachen vor einem Laden nieder. Eine weiße Katze sitzt auf einem Sockel und mustert sie kritisch, wir haben nichts zu verzollen, kein Gepäck, in der kleinen Handtasche sind nur Zigaretten und Lippenstift, die Katze verzieht sich, Stimmen von Menschen. Monika klopft mit dem Fingernagel an eine Schaufensterscheibe, dahinter ein oranges Sommerkleid mit kleinen weißen Punkten, Beat sagt hm und streichelt ihren Po, lässt die Hand liegen, fühlt, dass da nichts ist unter dem Stoff, sie spürt, dass er nichts spürt, und sagt mhhhm, guter Tastsinn, und er streichelt sie durch den Stoff etwas tiefer und hält sie mit der anderen Hand an der Hüfte fest, und sie sagt, er soll nicht schlecht von ihr denken, und sie müsste ihm bei der Gelegenheit eigentlich ein großes Geheimnis verraten, aber sie traut sich noch nicht. Er hasst Geheimnisse – hat sie sich gedacht; stimmt aber nicht – ist ihr auch egal. Aus einem Fenster das Radiopiepen vor den Nachrichten. Sie muss zum Frühstück Zeitung lesen und zugleich Radio hören, damit muss er sich abfinden. Ein Fahrrad lehnt an der Wand. Noch eine Gemeinsamkeit, sagt Beat.

Und dann ein hässlich lautes kreischendes Geräusch hinter ihnen. Beat fliegt zur Seite, liegt an der Hauswand, in der Hand die Pistole.

Monika starrt ihn entsetzt an, plötzlich liegt er da, das Scheißding in der Hand, sie hat nichts mitbekommen und will zu schreien anfangen – keine Aufregung, sagt er, das war nur das Fahrrad. Er rappelt sich fluchend auf und sieht sich um. Es hat sie niemand beobachtet.

Er zieht sie weiter, sagt, dass seine Nerven auch nicht besser als ihre sind, und flucht wütend vor sich hin. Er zündet sich eine Zigarette an, zitternd, sie nimmt sie ihm aus dem Mund, zitternd, zieht und steckt sie ihm wieder rein. Meine sind aber wieder besser, sagt sie. Dann nimm du das Ding, Mensch, ich hab's allmählich satt – nein, nicht dich. Sie zeigt mit dem Finger auf blaue und blutrote Blumen im vierten Stock, und Beat zeigt auf die Wäsche, die über der Gasse hängt, ist doch zu früh für lange Unterhosen. Sie bleibt stehen, fummelt an einem Stiefel herum und hält sich dabei an ihm fest, legt den Kopf an seine Schulter im Weitergehen. Er bleibt vor einer Schaufensterscheibe stehen, sie zerrt erfolglos an seinem Arm, sieht nicht hin, was ihn interessiert, bis er sie zurückzieht. Der Wahnsinn, sagt sie, eine Buchhandlung, müssen wir hier stehen bleiben und alle, alle Titel lesen? Du hast es erfasst. Dann lies sie mir vor und weck mich, wenn du gehst. Weites Land, im Westen nichts Neues, die Dreigroschenoper, Menschen im Hotel, Madame Bovary, die Tigerin, der dritte Mann, Amerika, die Schatzinsel, der Malteser Falke, Schuld und Söhne, die letzten Tage der Menschheit, die Gelehrtenrepublik, wer einmal aus dem Blechnapf frisst, das Schwalbenbuch, der Mann am Klavier, ich bin dann mal wild, wie man die Räume am besten eng macht, Jim Knopf und die wilde Dreizehn, die Elixiere des Teufels, letzte Ausfahrt Brooklyn, der Teufel und Sonny Liston, blind mit einer Pistole, kleine Geldwäscherei, Kanakerbraut, Lost Highway, Hochzeit im Haifischbecken, ich war eine willige Hiphop Bitch, du bist blöder als blöd, naked Lunch, Hitler in

München, Starschnitt, Schreckens Männer, Staub und Gold, Motel Chronicles, leaving Chucks Zimmer, Goethe und seine Girls, dünnes Hemd und keine Höschen, Küsse aus der Hölle der Musik, mein Mann, der Kommunist, tödliche Romanze, blue Bayou, Stille, komm süßer Tod, die kleine Schwester, wie man raucht und gesund bleibt, Methoden interkultureller Langzeitbeziehungen im Spätkapitalismus ohne Aufenthaltserlaubnis, Lernmaschinerie, Sexbomber über dem Hindukusch, endlich eine Arbeit, zweiundzwanzig Tage, die Bremer Stadtmusikanten, die blaue Stunde, Versuch über die Jukebox, der sechste Sinn, Rassismus und Demokratie, das Schlangenmaul, ich brauche den Rest meines ganzen Lebens, mein Bett stinkt, die Einsamkeit des Amokläufers, Deadlock, über die Dummheit in der deutschen Lyrik, Abfackeln im Sturm, Missverständnis oder Management, DJ Culture zwischen Arschgeweih und Armani, mein Ich-Gewicht, im nächsten Sack wird alles anders, der letzte Mann auf der Bierbank, German Angst, Romeo und Julia auf dem Dorfe, kannst du mich nicht wieder ein bisschen streicheln?, im Bett mit Pat Garrett und Billy The Kid, ich werde auf eure Gräber spucken, die Geschichte der bayerischen Ministerpräsidenten im Einsatz für den Skilift, die Nackten und die Toten, Menschen im Krieg, Tim und Struppi und das Geheimnis der Pornoprinzessin, guten Morgen, du Schöne, Ezra, der letzte Blues, Weihnachten ohne Führerschein, Harry Potter und die nigerianische Stripteasetänzerin, der gestohlene weiße Elefant, Hollywood, schnappt Shorty, Ruin, wer früher zieht ist später tot, ich bin nicht wie du, die Feinde meiner Feinde sind auch meine Feinde, verflucht schön, optimal X-cess, neue Hoffnung für die Toten, i need to sleep, vor den Vätern sterben die Söhne, der Viktualien-Araber, Flieder und Flagge, Sexualität und Wahrheit, Schaumbad im Führerbunker (küss mich, Satan), der Papst und die Nonne mit der Peitsche, die Verzauberung der Lilly Dahl, die Frau mit der 45er Magnum. Was ist eigentlich mit den Büchern, die dein Tschortsch erwähnt hat, du hast zwei Bücher geschrieben? Stimmt, vor zehn Jahren. Und dann? Nichts und dann, gingen den Bach runter, und ich wollte lieber Geld verdienen. Aber sie sind sicher genial. Aber volle Kanone, und ihrer Zeit weit voraus. Und wie heißen die? Andy Warhol geht mit Valerie Solanas ein Kleid kaufen und küsst ihr die Hand, not fade away, der Mann, der aus dem Fenster sprang, eine Kugel kommt selten allein, ich wollte mich selbst ficken, ich hab noch einen Toten in Berlin, die Braut trug Schwarz, Kafkas Affe stampft den Blues, Blumen am Arsch der Hölle, der Herr Karl an schlechten und besseren Tagen, american road trip, der glückliche Flieger, Mitternacht der kessen Go-Go-Miezen, das Mädchen aus der Zündholzfabrik, die billigsten Fantasien für Freizeit und Beruf, die schönsten Hexenverbrennungen im Pfaffenwinkel, die Legende vom heiligen Trinker, verraten und verkauft, als ich noch ein Waldbauernbub war, Gangs of New York, das Leben meiner Mutter, Rosy Rosy, Happy oder der Tag wird kommen, wer Gewalt sät, Bronco Billy kehrt zurück, der Killer kam mit dem letzten Zug, weiße Nigger, ausbluten, Bomben Bullen Bars, das MG im Dekolleté, Tote brauchen keine Wohnung, Rosen für den Killer, küss mich Killer, you can't kill me – sie zieht an seiner Hand: Gnade, Mayday, Mutti, Kaffee, Hunger, Mayday! Sonst fange ich wieder zu weinen an, und diesmal ohne Spaß.

Kannst du eigentlich auch mal ernst sein?

Ich habe alle diese Bücher gelesen und mir deshalb ordentliche Ernährung verdient, nur hungriges Weibchen ohne Höschen kenne ich nicht, das ist von dir, stimmt's? Aber ich habe es erst sehr spät ausgezogen, das verstehst du jetzt nicht, du liegst ganz falsch, weißte, aufm Land da im Liegestuhl kannste prima lesen, bis die Schwarte kracht, darf ich mal was fragen? Beat lehnt ab. Als würde eine erfahrene Frau das Verbot akzeptieren – wie sieht später deine Rente aus? Er verpasst ihr einen Tritt in den Hintern. Sie kreischt: Ja, endlich! Das wahre Gesicht! Also meines, meine ich. Sie landen an der Sechsspurigen, die noch nicht mit Blech bedeckt ist, und er zeigt mit dem Finger auf das Café auf der anderen Straßenseite. Das ist ja richtig groß, sagt sie, ich dachte schon, du präsentierst mir wieder eine Kaschemme, wo der Letzte mit dem Ersten ein Bier trinkt. Bin ich aus Stein? Die haben sogar eine Terrasse, auf der du ab jetzt dein dickes Fell aufwärmen kannst.

Ein Mann denkt mit, heilige Jungfrau, die kleine Sünderin dankt.

Du hast im Leben mit deiner Klappe viel Ärger bekommen, liege ich da richtig?

Du wirst richtig liegen, wenn ich mit dir ausgeschlafen habe.

Ich gebe auf, ich gebe mich geschlagen.

Sie bleibt stehen, Fäuste in den Hüften, stampft mit dem Fuß, fordert Aufmerksamkeit, sehr gut, da sind Leute in Hörweite, und wird laut – ich spar mir nur dann den Schlüpfer, wenn der Rock lang genug ist, damit das ein für alle Mal klar ist, aber die einzige Sache, die ich niemals ertragen kann: lüg mich nie wieder an! Sie prüft, ob sie bei den Passanten gut angekommen ist, und strahlt ihn an, und er würde jeden erschießen, der ihr eine Zwangsjacke anlegen wollte.

Wohin ist die soeben noch Verzweifelte verschwunden? Würde sie mit einem Fingerschnippen oder bei Artikulation des Worts Torschlusspanik sofort wieder in Erscheinung treten? Würde sie von einem Kaminfeuer zur Schweigsamkeit verleitet werden? Müsste eine verdammte Katze dabei gekrault werden? Würde sie mit einundachtzig diesen Tag vergessen haben? Oder alles davon vergessen, nur die blauen und blutroten Blumen neben den langen Unterhosen nicht … da war ein Mann, Kindchen, den wir mit einem Messer im Bauch im Krankenhaus ablieferten, niemand wusste, was geschehen war, niemand kannte ihn, er hatte an diesem Abend, als ich in einem Club meine Schallplatten spielte, neben mir gestanden, aber ich habe vergessen, was er von mir wollte, ach je, Kindchen, man wird so vergesslich, es waren keine einfachen Zeiten, das kann ich dir sagen, aber man muss immer versuchen, das Beste draus zu machen, absolutely … Ist doch möglich. Er hatte Freunde vergessen, von denen er es niemals für möglich gehalten hätte.

Wo die ersten starken Sonnenstrahlen landen, am Tisch in der hintersten Ecke der Terrasse, werden sie endlich ein Frühstück bekommen. Sie stellen sich ans Geländer, zehn Meter unter ihnen die Einfahrt zur Tiefgarage, aber vor ihnen auf der Uferpromenade die ersten Fußgänger und Radfahrer und ein scheißender Hund, und im frühen Licht glänzende Sträucher und Blumen in allen Farben vor leuchtendem Fluss. Die Lage gefällt ihr, wie vermutet. Sie schnappt sich den Platz mit Blick auf den Fluss, und Beat hat die ganze Terrasse vor sich und im Hintergrund ein Stück Verkehrsader.

Seit ich hier bin, hat mir dieses Café nie jemand gezeigt, aber ich habe dir ja erzählt, dass ich bisher die richtigen Leute nicht gefunden habe, das ist doch der Beweis. Beat verspricht, ihr alles zu zeigen, sogar Orte, die er selbst noch nie aufgesucht hat, man ist faul, wenn man niemand herumführen kann, das Museum für Jagd- und Fischereigerätschaften werden sie sich zuerst vorknöpfen. Das Vorhaben erhält keinen Beifall, das Museum der brennbaren Instrumente jedoch großen, und das Museum der nächtlichen Gegenstände größeren – sie ist so berechenbar, zum Verzweifeln. Willst du auch noch in der Großstadt wohnen, wenn du alt bist? Er zuckt mit den Schultern. Aufgewachsen in einer kleinen Stadt, hatte er nie das Bedürfnis, sich noch einmal in einer Ansammlung unter einer Million Augen niederzulassen, dennoch, es ist nur eine mit Hass gemischte Liebe, und er findet, eine andere kann es nicht geben, nicht zum Dorf, zum Land, zur Stadt und zu keiner Nation – ich halte gern Vorträge, wenn ich etwas getrunken habe. Dann kann ich dich mit meinen tausend Fragen glücklich machen. Du kannst mich alles fragen.

Sei vorsichtig, mein Schatz.

Ich war in meinem Leben noch nie so vorsichtig.

Noch nie, nie, nie – und noch nie hat sie jemand, wenn sie todmüde war, so wach gehalten, was ist denn sein Dreh? Ich habe alle Männerratgeber gelesen, kapiert und gespeichert. Er ist ein armer Hund, und welches Buch zur Zeit? Eins über Amok, und die Bibel. Wer's glaubt, wird selig – sie klappt ihre Beine auf und wieder zu, auf und zu, zwingt ihn hinzusehen und fordert, ihr bei diesem Anblick, der nur eine Andeutung und keine Offenbarung ist, zu schwören, kein falsch Zeugnis wider seiner Nächsten zu sprechen, und er schwört ihr sofort. Und wozu Amok? Aus Gründen der inneren Sicherheit. Er schildert ihr seinen daraus entstandenen Plan, in diese Fernsehshow einzudringen, um ein Zeichen zu setzen, falls ihm der richtige Dreh eines Tages einfällt – ich bin mir sicher, dass dort draußen irgendein Spinner hart daran arbeitet.

Darf ich mitmachen? Ich will auch meine fünfzehn Minuten!

Nur wenn du dich exakt an den Plan hältst und keine Alleingänge unternimmst. Ich weiß nicht, ich kenne dich noch zu wenig.

Wollen wir lebend rauskommen?

Ich bin sechsundvierzig Jahre alt, und ich werde nie mehr einsitzen, das steht fest.

Du bist 45 und warst zu oft im Kino.

Im Gegenteil.

Ich bin fast geneigt, dir fast alles zuzutrauen.

Danke, das ist ein großartiges Gefühl.

War gelogen.

Und sie hat ihn eben massiv an dieses Gebot erinnert! Du bist'n Spielverderber, was ist mit Fußball? Dafür interessiert er sich weniger als für die Geschichte der Büroklammer in Nazideutschland. Das überrascht sie. Ihn nicht, weil es alle überrascht, nieder mit Fußball, Motorsport und Fallschirmspringen. Der Kellner in klassischer Kellneruniform stellt alles auf den Tisch und sagt: man kann doch nicht alles verbieten. Beat bestellt ein kleines Bier. Das auch noch, sagt der Kellner. Ihre Finger stürzen sich auf die Essplatte, er dreht sich um und schaut auf den Fluss, Scheißmüdigkeit, und er hat den Schlafpunkt wieder verpasst. Ich habe auch gute Eigenschaften, sagt sie, ich merke, wann's genug ist, haste mir das vielleicht zugetraut? Er sagt, dass es nicht genug ist. Ihr fällt nichts ein, wenn sie isst, er soll sich die Fragen selbst stellen und antworten. Er klatscht mit beiden Händen auf die Tischplatte: Elvis und Vampira in Las Vegas beim Flirten belauschen. Meine Exfrau ist jünger als du, wiegt 'n gutes Kilo weniger, würde dich nach zehn Minuten hassen, ich bin an einem Fluss aufgewachsen, in einer Blockwohnung, Mutter alleinstehend, hat mir nie verziehen, dass ich die Stadt verlassen habe, vor vielen Jahren gestorben, Vater damals schnell abgehauen in seine Heimat, daher mein Name. Alles Antworten, die du nicht bekommen wolltest, ich bin schlecht – ich habe eine: mit fünfzehn, und ich hatte so gut wie keine Ahnung. Beat schiebt sich ein Stück trockenes Brot in den Mund und sagt, er würde lieber reinhauen wie sie. Du kannst Bier trinken, ich bringe dich sicher ins Bett, fühl dich beschützt. Er kennt den Spruch von Jorgos, fühl dich beschützt, und allein die Worte reichten aus. Sagt selten jemand.

Du machst das gut, sagt sie, mach weiter.

An vier Tischen sitzen inzwischen Gäste, sie sind ausgeschlafen und halten genug Abstand zu ihnen, und die Kreuzung im Hintergrund ist voller Autos.

In diesem Film werden Frauen gefoltert, sie sind mit den Füßen an ein Seil gebunden, die Hände auf dem Rücken, nackt, sie werden in Wassertonnen versenkt, Kopf nach unten, bis zum Bauch, wichsende Typen stehen drumrum, die Frauen versuchen dagegen anzukämpfen, verzweifelt zuckende Körper, immer heftiger, sie lassen sie drin bis zum letzten Moment, sie schreien, wenn sie aus dem Wasser kommen, bei manchen siehst du nicht, ob sie wieder rauskommen, die Typen drumherum, manchmal einer, manchmal mehrere, keine Gesichter zu erkennen.

Die Bilder haben sich mit Verzögerung in ihr Gehirn gerammt, sie spuckt Essen zurück auf den Teller. Die Bilder arbeiten weiter.

Du wolltest es wissen, sagt Beat, ich hab's dir so knapp wie möglich geschildert, ich wollte es dir eigentlich nicht erzählen, tut mir leid, aber darum geht's, und wer behauptet, ich hätte damit was zu tun, der kann sich … heilige Scheiße.

Ich weiß, dass es extremen Dreck gibt, aber bist du sicher, dass das echt ist, du weißt, was ich meine, du nennst es Folter. Er wird ihr keine Details nennen – ich habe Szenen gesehen, von denen ich mir sicher bin, dass es das ist; dass sie auch Frauen dafür eingekauft haben, ist klar, Kranke gibt's auch, es gibt alles, Junkies sind wahrscheinlich dabei, aber ich will nicht wissen, was da sonst noch gelaufen ist ... und selbst wenn es das war, was ein Arschloch wie Dieter freiwillig nennen würde, und du wirst nicht getötet, ermordet dabei, das macht doch keinen Unterschied, Folter ist Folter, stell's dir vor, nein, tu's nicht, natürlich könnten die theoretisch mit Tricks gearbeitet haben, aber das Ding sieht so scheißbillig aus, allein das ist zum Kotzen – er sieht sie nicht mehr an, seine Hände sind in Bewegung –, es hilft dir nichts, wenn sie dich foltern, und du weißt, sie werden dich nicht töten; und sie haben eine Art Making-Of dabei, eine Frau erzählt locker eine Sex-wie-Extremsport-Geschichte, und genau das kaufe ich denen nicht ab, du müsstest es sehen, ein unglaublich stinkendes Ablenkungsmanöver, egal, wundert mich nicht, dass sich die Polizei dafür interessiert, von mir aus sollen sie diese Typen ... ich habe damit nichts zu tun, aber ich habe für Typen gearbeitet, die das zwar nicht hergestellt, aber es jetzt genommen haben, um Geld damit zu machen, und die inzwischen so weit sind, dass sie dich in Stücke reißen, wenn sie Geld brauchen. Scheiße, ist vielleicht übertrieben, aber von mir aus können sie im Gefängnis verrotten – ich beruhige mich wieder. Wo sind wir stehen geblieben? Bei unseren Schallplatten natürlich. Die Nightlife-Episode kennst du inzwischen. Ich habe ihnen einige Tipps für Soundtracks gegeben, irgendwo ist John Lee Hooker drauf, Tatsache. Und der einzige Freund, mit dem ich über den Film reden wollte, und die Filme, wo ich die Finger drin hatte, dem kann ich's nicht sagen, ich habe Angst, er würde mich verachten. Kossinsky, er ist vierundsiebzig, liegt in seinem Zimmer und stirbt vor sich hin. Die meisten aus seiner Familie wurden von den Nazis ermordet, sagt bis heute, dass du bei den Deutschen immer mit allem rechnen musst, und hat ein paar steinharte Bücher darüber geschrieben. Über die er nicht sprechen will. Ich dachte, ich hätte von ihm ein paar wichtige Dinge fürs Leben mitbekommen, sieht aber nicht so aus – ich kann ihm das nicht erzählen. Er hat immer seine Pistole in Reichweite, er will abtreten, wenn es für ihn so weit ist. Er lacht – ich wollte, dass er sie mir ein paar Tage leiht, aber keine Chance.

Er überlegt – und schnippt mit den Fingern: Hooker war die Verbindung, er ist 'n großer Musikfan, und was ist mit deiner Familie?

Sie wirkt entspannt, spielt mit dem roten Plastikfeuerzeug und sieht zu, wie sie damit spielt. Beat winkt dem Kellner mit seinem leeren Glas. Er will hier sitzen, bis sein Kopf auf dem Tisch liegt. Bis alle Bilder gelöscht sind.

Und du, sagt sie, kannst du mit deiner Pistole umgehen?

Will ich nicht – kann ich. Hat mir ein Freund beigebracht, ich bräuchte dringend seine Hilfe, und plötzlich sitzt er im hinterletzten anatolischen Dorf, ein echter Großstadtthai spielt mit den Hühnern!

Sie kommt auch aus einem Dorf, erzählt sie. Und Beat atmet auf: sie lässt ihn nicht hängen. Nur ein paar hingeworfene kleine Häuser. Der Vater im Himmel, die Mutter im kleinen Haus, Villa weißer Trash, und die Mutter hat schon immer gesagt, solche wie sie müssen zusammenhalten, weil es sonst nichts zu tun gibt, und an Weihnachten kommen die vier Kinder und dann halten sie ordentlich zusammen. Zu was gebracht hat es keiner – allein der Ausdruck macht mich wahnsinnig. Wer von diesen Leuten bringt's denn zu was, scheiß drauf, stimmt nicht, ihre alte Freundin hat's geschafft, hat hier runter geheiratet, ihr Mann baut aus Holz großes Zeug, das viel Geld kostet – und dann bin ich zu Besuch, und sein charmanter Freund: oh-la-la! Und schon bin ich hier, du weißt doch, wie es ist, die moderne deutsche Frau geht zum Standort des Mannes, Pech in meinem Fall, dass ich alle Zelte abbrechen und in ein anderes Land musste – Mensch, du bringst mich ganz durcheinander: und die haben neben dem Haus ein Gartenhaus für den Besuch, das wird dir gefallen, wenn man erschöpft ist, sammelt man Energie, wenn man traurig ist, wird man fröhlich, wenn man verfolgt wird, ist man aus der Welt, und wenn man verliebt ist, wird's schlimmer.

Gut, ich will auf dich hören, sagt Beat, wir schlafen uns aus und dann hauen wir ab, und ich versuche von dort aus, das mit den Filmern zu regeln – und dort erzählst du mir dann dein Geheimnis, das nicht mal deine beste und älteste Freundin kennt, sie würde dich verstoßen, würde sie auch nur eine Andeutung davon hören, ich glaube, jeder hat ein Geheimnis, das niemand kennt, was meinst du, obwohl, ich habe eigentlich nichts mehr zu bieten. Aber nur für dich erfinde ich etwas so perfekt, dass du nicht merkst, dass es erfunden ist.

Pech gehabt, ich muss dir leider sagen, meine Freundin weiß Bescheid, aber du hast recht, sie ist die Einzige. Und hat es nicht mal ihrem Liebsten erzählt!

Beat legt den Kopf zurück und lacht und katapultiert seine Hände zum Himmel und ruft: ein Wundahhh, Frau Kellhaus, ein Wundahhh, der Herr hat geheilt den Geringsten seiner Sündahhh, ein Wundahhh, ich bin geheilt!

Und Monika Kellhaus wendet sich zu dem Dutzend anderer Gäste und ruft ihnen zu: Keine Angst, das ist ein Kabarettist, Zirkus und so, und die müssen das vorher ausprobieren, danke für Ihre Geduld!

Was das sollte, will sie wissen, und er erklärt, dass ihm das Kossinsky gestern vorgeführt hat. Aber doch nicht auf einer Terrasse, und in diesem Zustand, du bist vielleicht ein peinlicher Arsch, aber weißt du, was da auf dem Land noch toll ist, in der Nähe ist eine Autobahn mit einer riesigen Wand, und auf diesen Lärmschutzwall kannst du raufklettern und dich draufsetzen und den Autos zusehen, ich liebe die Lastwagen, ich kann da eine Stunde drauf sitzen, Lastwagen sind eine mobile Designausstellung, kein Witz, ich bin überhaupt eine fantastische Draufsetzerin, ich möchte jetzt im Bett liegen und wissen, du bewachst meine Träume.

Sie soll ihm nicht mit Träumen kommen.

Sie fängt wieder zu essen an. Er dachte, sie würden zahlen und sofort ins nächstbeste Bett fallen. Sie hat wieder Hunger, so viel Zeit muss sein.

Lass dir ruhig Zeit, sagt Beat, wir bekommen Besuch.

Er hat sie erkannt, bevor ihre Körper vollständig die Treppe überwunden haben und sie ihn entdecken. Hab keine Angst, der Platz hier ist nicht schlecht.

Soll ich nicht reingehen und anrufen?

Nein, wir bleiben ruhig, pass bisschen auf meine Augen und Hände auf, und wenn irgendwas losgeht, bring dich in Sicherheit, und sei vorsichtig mit Witzen, die sind nicht die hellsten, und wenn sie Scheiße reden, lass sie.

Kein gutes Zeichen: Monika starr, ernst. Sieht nicht hin, weiß nicht, dass Meisterleistungen des Schneiderhandwerks sich nähern, gefüllt mit den honorigen Vorstandsvorsitzenden einer Spezialbank.

Das ist doch fein, dass wir unseren Beat mit seiner neuen Braut in seinem Lieblingscafé treffen, sagt Dieter, und der starke Thommsen setzt sich sofort viel zu nahe neben sie. Wenn, dann schnell auf die Pelle rücken.

Guten Morgen, die Herren, wir sind gerade nach einem ausgiebigen Nachtspaziergang bei der Pause angekommen, die Dame ist neu in der Stadt und ich habe die schöne Aufgabe, sie ihr zu zeigen, darf ich bekannt machen, Bettina, Dieter, der starke Thommsen, wie geht's zu Hause, Dieter, alles okay?

Unser Denker Beat, sagt Dieter ohne Freude im Gesicht, immer frohen Mutes.

Wenn's geht, warum nicht, Mann, würdest du in Tränen ausbrechen, wenn du nach Jahren der Isolation endlich die Frau deines Lebens gefunden hast?

Eine Maus in den allerbesten Jahren. Dieter gibt ihr keinen Blick, Thommsen mustert sie grinsend. So sind die beiden, wenn es ernst ist. Thommsen legt ihr einen Arm um die Schultern: Mädchen, unser Freund hier hat ein paar seltsame Hobbys, hat er dir das schon gesteckt, findet nicht jede Frau lustig, unter uns gesagt.

Sie gibt dem Arm zaghafte Zeichen. Nimm doch bitte deinen Arm weg, Thommsen, sagt Beat.

Sag das mal meinem Arm.

Hallo, Arm, bleib bei deinem Thommsen. Das sind die Witze, die dem Thommsen gefallen. Der Arm zieht sich wieder zu seinem Wirt zurück.

Sind nicht Sie der mit den seltsamen Hobbys? sagt Monika, ich hab eine Schwäche für seltsame Hobbys, erzählen Sie doch mal.

Halt die Klappe, sagt Dieter, wir haben was zu besprechen.

Dann besprich mal was, sagt Beat.

Dann geh ich Pipi, sagt Monika, dann haben die Männer ihre Ruhe, Liebling, ich bin ungern out of sight, aber du weißt ja, wie es ist.

Du bleibst sitzen, sagt Dieter.

Sprich mal was, Dieter, und hör auf, hier den Hausmeister zu spielen, wenn sie Pipi muss, dann geht sie –

Halt die Klappe, sonst –

Der Kellner kommt, Dieter ist nervös, etwas hat sich angestaut und jetzt eine Bahn, er registriert kaum, dass sie nicht in Privatsphären sind, wirkt, als würde er gleich den Kellner anbrüllen, sie nicht zu stören. Thommsen übernimmt das Kommando: Was für ein Herbst, Leute, zwei Espressi, Chef.

Wenn Sie was essen möchten, greifen Sie ruhig zu, wäre doch schade drum, sagt Monika.

Spricht der Herr, verstummt die Mieze: Dieter will sie zu Tode starren – sie hält ihm stand. Die Taktik, ihn hier zum Auffallen und Ausrasten zu provozieren, könnte passen. Könnte auch nach hinten losgehen. Beat versucht sich zu orientieren: der Dietomat ist nicht ausreichend kontrolliert. Er zielt mit Zeige- und Mittelfinger auf Beats Augen: Regel das mit den Bullen, und zwar heute noch. Thommsen schiebt Beat eine Visitenkarte rüber: und nicht später, sondern fix.

Wenn ich was regeln könnte, würde ich es tun, und zwar sofort, kapier das doch endlich, ich habe mit der Sache nichts zu tun, was stellste dir denn vor, ich hab die angerufen und gesagt, die müsst ihr mal durchchecken, da liegen interessante Teile rum?

Erzähl mir kein Scheiß.

Schatz, warum erzählst du denn deinem –

Halt's Maul, brüllt Dieter.

Sehr gut, da kucken die Leute. Wenn das Kabarett ist, dann geht's schon wieder nicht.

Mach doch deins lieber mal auf und sag genau, was Sache ist, sagt Beat, diese Scheiße habe ich inzwischen schon oft genug gehört.

Gefällt Thommsen nicht, die Art. Gefällt Thommsen nicht, der Ort. Gefällt Thommsen nicht, dass Beat sich eine Zigarette nimmt. Gefällt Thommsen nicht, dass er Monika ansieht und dass er, Thommsen, nicht versteht, was er ihr sagen will.

Beat zündet sich die Zigarette an und steckt die Packung ins Jackett zur Pistole und will so schnell wie möglich die Packung wieder rausholen und wieder eine Zigarette rauchen und die Packung wieder zur Pistole stecken.

Die meisten machen einen von zwei Fehlern, hatte ihm Yz einmal erklärt, spielt keine Rolle, ob Fäuste oder Waffen, sie sind entweder a) zu früh oder b) zu spät dran. Den richtigen Zeitpunkt erkennen ist wichtig. Man neigt dazu, sofort einzusteigen, das heißt, du musst den oder die anderen genau beobachten, wenn sie schnell loslegen, musst du bereit sein. Weil jeder instinktiv sofort loslegen will, musst du damit rechnen, dein Gegner ist erst mal hoch angespannt. Ich rede nicht von Betrunkenen, die gehen sowieso sofort los. Es ist also besser, den Moment abzuwarten, wenn es sich etwas gelockert hat, und am besten ist, wenn du es schaffst, das selbst vorzubereiten, das kann einfach erst mal ein Schritt zurück sein oder 'ne Zigarette oder ein Satz, kann auch 'ne Geste sein, die den anderen kurz beschäftigt, du redest was mit ihm, du hältst ihn hin, und der denkt 'ne Sekunde drüber nach – in dem

Moment hast du ihn vielleicht. Kann auch sein, das Abtasten zieht sich länger hin, die Situation scheint sich zu entspannen, man hat es scheinbar geschafft, das Schlimmste zu vermeiden – viele fallen darauf herein, du musst aufmerksam bleiben. Schwer zu sagen, was bei so was abläuft, das musste einfach spüren, und auch den Ort beachten, vielleicht ist der entscheidende Moment, da hupt ein Scheißauto, was ist da los – und genau jetzt kannst du abhaun.

Gefällt Thommsen nicht, das alles, und besonders, dass der Dietomat so blind und blöd ist wie ein blöder Blinder und nur sein eigenes Ausrasten hören will.

Du hast damals gesagt, sagt Thommsen, wenn ihr mit diesem Dreck was zu tun habt, dann will ich mit euch nichts mehr zu tun haben.

Genau so ist es, Mann, aber deshalb würde ich noch lange nicht auf die Idee kommen, euch hinzuhängen, was hätte ich denn davon, außer dass sie mich logischerweise als Mitarbeiter ebenfalls auf der Linse hätten, wie bescheuert wäre das denn?

Dieter ist sauer, weil man glaubt, ohne ihn etwas regeln zu können: dein Papierkram interessiert die nicht, glaub nicht, dass ich auf dein Getue reinfalle.

Und was hätte ich denn davon, kannste mir das mal sagen?

Was hat jemand davon, wenn er sieht, da wird ein Weib überfallen, und ruft die Bullen?

Dumme Geschichte, der Dietomat ist wieder im Rennen.

Das ist doch was anderes, Mann, auf so einen behämmerten Vergleich musste erst mal kommen.

Du hast zu uns gesagt, sagt Thommsen, die starke Gedächtnismaschine, du bedankst dich bei jedem, der diese Killer von der Straße schafft.

Dazu steh ich auch, aber ihr habt ja wohl diesen Scheißfilm nicht gedreht, du holst dir wahrscheinlich jeden Tag einen drauf runter, aber du steckst keine Alte ins Wasser, bis die sich vor Angst in die Hosen scheißt.

Die Terrasse füllt sich langsam, andere Menschen haben auch

etwas zu besprechen, und manche Stimme ist laut: Milchcafé, shit, Espresso, shitto, Latte Machete, shitte, Kännchen, shit, was soll denn – Beat zuckt zusammen, die Gespenster sind da und es werden mehr, am Nebentisch hat sich der Tschortsch niedergelassen, anscheinend inzwischen derart abgetreten, dass er sie nicht erkennt – der ganze Scheiß, ein Bier issn verdammt korrektes Bier, Kellnermeister!

Zieh Leine, du scheißbeknackter Penner, ruft der Dietomat zu ihm hinüber.

Der Tschortsch dreht seinen Kopf, der unter einem lächerlichen Hut hängt: Herr Gardeoffizier, für Beschwerden ist meine Mutter zuständig, für Beerdigungen ich.

Aus welcher Anstalt ham sie den denn rausgelassen, sagt Thommsen.

Da wär dann jetzt ein Zimmer frei, falls ich das erwähnen dürfte, sagt Monika.

Herzchen, pass auf, dass ich dir nicht einen Hammer in deinen fetten Arsch stecke.

So ein seltsames Hobby ist das nun auch wieder nicht. Möchte ich doch erwähnt haben.

Schluss, ihr Clowns, zischt Beat sie an – Dieter, was ist denn genau los mit den Bullen, jetzt red doch mal Klartext, wir sind alte Kumpels, komm jetzt mal von deinem Film runter.

Die sagen, wir haben das produziert. Gefährliche Körperverletzung, versuchter Totschlag, Vergewaltigung. Die wollen uns einfach irgendwie ans Bein.

Aber du kannst doch beweisen, dass das keine Produktion von dir ist.

Wie denn!

Monika will was sagen – du hältst dich raus, sagt Beat scharf zu Monika, geh Pipi machen oder spielen, aber hier hältst du jetzt die Klappe, Ende und aus.

So redest du mit mir nicht, mein Lieber, das haben schon ganz andere versucht. Sehr gut, das lenkt sie ab.

Beat holt aus und lässt seine Hand knapp über ihren Kopf durchfliegen, und sie zuckt zurück.

Das finden der Dietomat und sein Thommsen nicht schlecht, hat der Ringo, wie sie ihren Beat gern nennen, also doch was gelernt bei ihnen, genau so spricht man mit einem nervenden Weib, wenn sie Freizeit hat. Leider kapiert sie den Hinweis nicht, dass sie endlich und wahrscheinlich unbehelligt das Gebäude verlassen könnte. Beat wäre sie lieber los. Er trommelt nachdenklich auf den Tisch, wieder eine Zigarette, macht Nachdenklaute, logisch, dass er versucht, eine Lösung zu finden für einen alten Kumpel, der ein Problem hat.

So sieht das aus, sagt Thommsen, was haste denn erwartet, dass die ein Gramm Hasch bei uns suchen? Die behaupten, da ist eine Minderjährige dabei, jetzt beweis mal das Gegenteil, wenn du das Ding nicht selber gedreht hast.

Währenddessen der Tschortsch von allen Geistern verraten und verkauft wurde, hat ein Glas Apfelschorle vor sich, hat ein Glas Bier vor sich, hat ein Glas Wasser vor sich, hat ein Glas Weißbier vor sich, hat eine Flasche Weißbier vor sich, welche unerforschten Schaltungen haben sich seine Gehirnzellen wieder einfallen lassen, und der Kellner muss auch einen Sprung in der Schüssel haben.

Ich hab einen Kumpel bei der Polizei, sagt Beat, den kann ich mal fragen, ob er rauskriegen kann, was das werden soll.

Du kannst mich mal, sagt Dieter. Hebt einen Teller hoch und lässt ihn runterfallen, mit einem klirrenden Messer drauf. Kleine Geste ohne Ankündigung, starke Wirkung. Monika reißt es und auch Thommsen fährt zusammen.

Und du mich langsam auch, sagt Beat aggressiv laut, kannst du mal zuhören! Soll später keiner sagen können, man hätte vom Streit nichts gehört – wenn Sie mich fragen, Herr Richter, mich hat das gewundert, dass die beiden Herren mit diesem Mann so viel Geduld hatten, der und diese Frau, die waren mir und meinem Mann schon vorher unangenehm aufgefallen, es war nicht möglich, dieses Gerede nicht mit anzuhören, das können Sie mir glauben.

Glaub nicht, dass ich auf deinen Scheißfake reinfalle, sagt Dieter. Glühender Hass kurz vor dem Ausbruch, gepresstes Worteausspucken, der Geschäftsmann an der Wand, die Geschäfte aufmarschiert wie eine meuternde Armee, seine heulenden Kinder zerren an den Hosenbeinen, die kreischende Frau hat Angst um das schöne Haus, sein Geschoss brennt schon und ihr Coupé auch. Im Hintergrund der Klassiker: seine Frau wollte lieber nur so ungefähr, aber nicht genau wissen, mit welchen Filmkunststücken andere sie reichgefickt hatten – Frau Staatsanwalt, ich schwöre, ich habe in meinem Leben noch keine Junkhure gesehen, und ich glaube nicht, dass mein Mann jemals damit was zu tun hatte, also nicht wissentlich, ich meine, manchen Frauen sieht man das doch nicht an, Sie wissen doch selbst, was mit Schminken heutzutage – wütendes Gehämmer bringt sie zum Schweigen.

Beats Telefon, dem Gott aus der Maschine sei Dank: Jorgos! – so ist es, die Besprechung – wir sind im Café Meier – ja, meine Freundin ist auch dabei, kommt vorbei, wir freuen uns, aber wir sind nicht mehr so lange hier – bis gleich. Das sind unvermutet gute Karten, und ein Blick zu Dieter zeigt, schlechte Karten für ihn. Der Dietomat hätte gern eine Handgranate, aber der Schwachmat Thommsen hat sie natürlich vergessen.

Der Scheiß, sagt Dieter, kommt von dir, und glaub mir, ich reiß dir dein beschissenes Herz raus, wenn du das nicht regelst, Ende der Diskussion.

Ja, sagt Beat, okay, Dieter, ich versuche das zu regeln, ich hau dich raus, keine Sorge.

Dieter, seine Fresse zerhagelt mit Nägeln und Splittern, merkt, es geht nichts: ich nagel dich an die Wand, Arschloch, ich lass mich von dir nicht verarschen.

Man kommt nicht drauf, was du willst, Kumpel, das ist echt ein Problem.

Also jetzt mal Klartext, sagt Thommsen ruhig, du gehst hin

und übernimmst das, Punkt und aus, du hast uns reingeritten, du ziehst uns raus.

Ich erinnere mich, das grade gesagt zu haben.

Der haut ab und spielt auf Zeit, das ist alles, sagt Dieter, schau den doch an und seine bescheuerte Schnalle. Und brüllt: nicht mit uns, Arschloch!

Zwei ältere Damen verlassen einen Tisch und gehen in die innere Sicherheitszone. Andere wollen nichts verpassen.

Reiß dich zusammen, Dieter, sagt der Thommsen, die rufen noch die Bullen.

Der Dietomat kocht aber, obwohl der Dietomat zu Hause nie kocht, weil er damals als kleiner Punk mit ziemlich beschränktem Interessensgebiet nach eigenen Angaben genug Scheiße gefressen hat. Weißte, was echt geil ist, hatte er einmal zu Beat gesagt, meine Alte steht am Herd und hat nur 'ne Schürze an, und ich schieb ihn ihr in den Arsch und sie rührt weiter im Topf rum, Mann, ich schaff's keine halbe Minute, keine Chance, und das war ihre Idee, Alter, ich bin in meinem Leben noch nie auf die Idee gekommen, da kannste dir jetzt mal einen drauf runterholen, Spezialgeschenk vom Dietomat für seinen Ringo. Gut, hatte Beat erwidert, ist gekauft, wir machen ein komplettes Ding nur mit so Küchen- und Essenssachen, das wird ein Hit, kennst du das große Fressen, wir machen die Punkversion und verarschen den Fernsehkoch. So war das in den guten Tagen und es wurde ein kleiner Hit.

Der Tschortsch singt laut einen neuen Song und will offenbar den Tisch wie eine Gitarre zerschlagen.

Auf jeden Fall braucht der erst mal einen Arzt, sagt Monika. Beat sieht, dass sie eine Gabel in der Hand hält. Sie hat recht: es ist Zeit, genau jetzt. Der Moment, von dem Yz sprach, war gekommen.

Aber Beat ist zu langsam.

Aber Monika ist zu langsam.

Aber Dieter ist zu langsam.

Denn Thommsen ist zu schnell.

Man sieht eigentlich nichts – er nimmt Monika in seine starken Arme, dreht sich mit ihr, verlagert sich mit ihr, sich weiter drehend, in die Vertikale, und schon stehen sie am Geländer. Von hinten gesehen eine beneidenswert liebevoll umschlungene Frau. Die der Mann schneller zehn Meter runter zur Tiefgarage fliegen lassen kann, ehe jemand Piep sagen kann. Die unten den Beton küsst, bevor Beat sich erinnert, in welcher Tasche seine Pistole versteckt sein könnte.

Beat rammt den Tisch in Dieters Bauch, steht dabei auf und zieht die Hand aus der Tasche, presst sich an Monika und drückt Thommsen den Lauf in die Seite.

Du hast es verpasst, sagt er zu Thommsen – und du bleibst sitzen, zu Dieter.

Die glücklichen Flanierer auf der Uferpromenade: können nichts erkennen. Die anderen Gäste: sehen nur ein Körperknäuel, das endlich ruhig die Aussicht genießt.

Der Penner weiß doch nicht mal, was 'ne Sicherung ist, sagt Dieter.

Alter Rat von Yz: sei eindeutig, überzeugend, sonst geht das schief. Er stößt den Lauf härter in den Thommsen, der vermutlich leichtgläubig ist.

Du rufst an und hältst eine schöne Rede, sagt Thommsen.

Thommsen, sagt Beat, sieh dir den Scheiß hier an, du kannst doch hier nichts gewinnen.

Eigentlich war ihm der Thommsen nie unsympathisch, war viel weniger der taffe Kerl als er zu sein glaubte, besuchte ihn manchmal solo bei der Arbeit im Heaven und markierte nie den Bösen, ließ sich gelassen von bescheuerten Kindern anmachen wegen seines konservativen Schnauzbarts, die er alle mit links hätte verpacken können, hatte instinktiv nichts gegen keine fremde Welt, konnte charmant sein, zurückhaltend, mit Beats biestiger Servicekollegin Sally flirten und ihm detaillierte Musikvorträge entlocken, Scheißpech, dass er an einen billigen Angeber wie Dieter geraten war und dachte, sich an ihm orientieren zu müssen.

Von unten, von dem kleinen, leeren Platz vor der Einfahrt zur Tiefgarage, der Lärm, den zerschlagenes Glas macht. Sie sehen runter, ungewollt stößt Beats Hand wieder zu, und während sie die Scherben ansehen, sehen sie das nächste Glas fliegen, kommt in hohem Bogen von irgendwo in ihrem Rücken, es blitzt auf, von Sonnenstrahlen getroffen, und zerspringt auf dem Asphalt.

Die Spaziergänger auf der Promenade haben endlich was zu gucken.

Jetzt fliegt das dritte Glas in nicht weniger elegantem hohen Bogen. Beat sieht mindestens zwei Passanten, die auf ihrem Telefon herumdrücken, während auf dem Parkplatz hinter den Büschen Reifen kreischen.

Der Tschortsch singt wieder, hört sich an wie six more Miles to the Graveyard, du Scheißpenner, singt der Backgrounddieter, während sein Leadsänger das nächste Glas auf die Reise schickt, ohne den Raum einsehen zu können, auf dem es landen wird, und als Dieter nun doch seinen Stuhl nach hinten presst und sich raushievt, schlägt der Tschortsch der Flasche am Tisch den Hals ab und behält sie in der Hand.

Menschen wie Dieter: haben Angst vor Irren. Und Tschortsch: wüsste nicht, wie er vorsichtig sein sollte, wenn er es nicht ist. Die glücklichen Sonnenanbeter auf der Terrasse: sind bereit, eine Hilfsaktion ins Leben zu rufen, und gehen ins Haus. Und Thommsen geht zwei Schritte zurück, er schaut Beat in die Augen und sagt, man sieht sich. Dann tritt er mit seinem Filmpartner, der normalerweise mehr zu sagen hat als er, den Rückzug an. Sie drehen sich um und gehen – gut gekleidet, schwer getroffen.

Jeden Tag möchte ich aber nicht in so einem Film mitspielen müssen, sagt Monika. Ihr ist schlecht, sagt sie, und sie wird jetzt ohnmächtig werden. Beat legt ihr den Arm um die Schultern.

Du zitterst aber auch nicht schlecht.

Wofür hältst du mich, für Mike Hammer?

Könnte ein Lachen sein, was sie da versucht. Es täte ihm leid und er wolle sie nie wieder in so etwas reinziehen. Sie ist sauer: wollen, wollen, es passiert nicht immer, was man will, hab ich gehört. Er soll sich nicht damit belasten, in ihrem Alter ist man doch froh um jedes Abenteuer. Der Kellner steht streng neben ihnen, wer zahlt für die Herren, die verschwunden sind? Beat findet den Preis in Ordnung, aber für den Mann, der die Gläser nach unten geworfen hat, kann er nicht bezahlen, weil er ihn nicht kennt – wir haben etwas von einer Maschine gehört, die plötzlich Starterlaubnis bekommen hat.

Die Maschine möchte ich sehen, sagt der Kellner, die den mitnimmt, also wenn der sich hier noch mal blicken lässt.

Der Kellner verwandelt sich in Jorgos und seinen Cousin, die meinen, dass die Germanos verdammt blass aussehen. Beat glaubt zu sprechen, kann sich aber nicht hören. Der Cousin könnte der Mann sein, der ihm gestern Abend an der Haustür das Paket übergeben hat. Wo ist das Paket? Er greift in seine Tasche. Stühle werden gerückt, das Geräusch schneidet in sein Hirn, die ganze Terrasse scheint langsam zu kippen und sich dabei zu drehen.

Wie haben wir das denn gemacht, sagt Jorgos, nur drei Minuten zu spät, sind wir vielleicht keine echten Profis und die besten Freunde, Scheiße, zum Glück ist es ja gut gegangen, wir haben die unten an der Treppe getroffen, erkennt man gleich, wir haben gesagt, wir löschen ihre Familien aus bis zum ersten Weltkrieg, wenn sie euch noch einmal zu nahe kommen, war das in Ordnung?

Zwischen den Worten sieht Beat wieder Gläser fliegen, und die Maschine, die keinen mitnimmt, zieht darüber einen weißen Strich durch den Himmel. Von irgendwo Stimmen. Der wollte mich runterwerfen. Bis zur grünen Ampel. Dann hat ihn die Pistole gedrückt. Zum Glück hat der Cousin kein Höschen? Wie vergrößert und in Zeitlupe legt sich auf dem Tisch eine Hand auf die andere und jemand sagt, manchmal kommt das Glück zur richtigen Zeit. Wieso hat er nicht abgedrückt, Thommsen und Dieter, man kann der Welt etwas Gutes tun und tut nichts, aber er wird es wiedergutmachen. Das Gesicht von Monika nah an seinem: wir müssen weg hier, kannst du gehen, wir gehen, wie geht's denn, kannst du gehen, ihm ging's sofort wieder gut, aber jetzt, wir müssen gehen, kannst du gehen, was ist denn?

Alles bestens, sagt Beat, ich glaube, ich bin eingeschlafen.

Du immer mit deinem alles bestens, glaub nicht, dass ich darauf reinfalle, sagt Monika.

Jorgos fasst ihn unterm Arm und hilft ihm hoch und sagt, Respekt, Bruder, du hast dich gut geschlagen. Sie dachte, ich kann nicht auf sie aufpassen, sagt Beat, aber wenn ich nicht auf mich aufpasse, dann kann ich auf jemand anderen aufpassen, weißt du, was ich meine? Ganz klar, sagt Jorgos, du hast alles richtig gemacht, aber du musst dich ausruhen. Dann sitzen sie hinten in seinem Auto und ruhen sich aus, und Beat kann ihre beiden Körper riechen, wir riechen etwas streng, sagt Monika, kein Wunder, das war viel ehrliche Arbeit. Wir stecken im Bau, sagt Beat, im Stau, sagt Jorgos, ihr könnt jetzt nicht draußen herumlaufen, ihr beiden. Ich glaube, der Cousin ist keiner, flüstert er in Monikas Ohr, und er ist sauer, weil er in so einen Germanenscheiß hineingezogen wird. Wurde, sagt sie, aber er ist nicht sauer, er ist nur still, schlaf einfach. Schlafen in stiller Sauer, alles bestens im Stau, den Tschortsch haben wir vergessen, wir müssen zurück. Was haben wir? sagt Jorgos. Nichts, er meint seinen Freund, aber wir haben ihn nicht vergessen, er war plötzlich verschwunden, ich glaube, der ist nicht ganz so abgemeldet, wie man denkt.

Denken ist Glücksache – kennst du den auch noch von früher?

Denken ist Denken, und Glück ist Glück, und wenn du Glück hast, dann denkst du auch im Glück, sagt sie, schließ einfach die Augen und lass dich von deinem Glück beruhigen. Kennst du die Vorstellung? Dein Leben ist nicht dein Leben, sondern du hast das alles nur geträumt, und dann wachst du auf und bist wieder in deinem eigenen Leben, und das ist völlig anders. Finde ich faszinierend. Stell dir vor, wir beide wachen gleich auf mitten in der Mojave-Wüste, neben einer Schrottkarre nach einem Unfall, ich wache auf, weil du dich an der Nase kratzt und die Handschellen meinen Arm hochreißen, ich bin aufgewacht, noch bevor deine Hand meine Kanone berühren kann, und ich werde dich im Bau wieder abliefern, und wenn wir vorher durch das Tor zur Hölle müssen. Kommt mir bekannt vor, deine Fantasie ist etwas eingeschränkt. Wollte dir nur einen Gefallen tun, weil ich weiß, dass dir so was gefällt. Stimmt, aber wir sind aufeinander angewiesen nach dem Unfall in der Wüste, und du hast dich in mich verliebt. Habe ich nicht. Hast du doch. Das ist ein blödes Klischee, dass sich Polizistinnen immer in den Kriminellen verlieben, den sie in einem Gefängnis abliefern müssen. Aber ich sitze zu Unrecht im Knast. Darauf falle ich nicht herein. Doch, weil du in mich verliebt bist. Nicht mehr, weil du den Unfall verschuldet hast, und ich werde mein linkes Bein nie wieder bewegen können, du hast mich den Job gekostet, du hast mein Leben zerstört.

Du bist dreiundvierzig und ein gutes Bein reicht aus für den Rest deines Lebens.

Aufwachen, Kindergarten, ruft Jorgos, dies ist eine Entführung! Und wenn die Germanos keine zehn Millionen rausrücken, könnt ihr bis ans Ende eurer staubigen Tage unser Geschirr spülen und die Kamele füttern.

Ich liebe Kamele!

Alle Germanengirls lieben Kamele. Dann gibt es heute Abend im Lokal das richtige Menü, acht Uhr Party bei uns, kleine Feier mit Überraschung, wir holen euch ab, Beat, du wirst staunen, bis dahin bist du ausgeschlafen und wirst dich freuen können.

Sie stehen an der Ampel und beobachten eine Bande von jungen Punks, Ketten, Stiefel, zerfetzte Jacken, durchlöcherte Nylons, bunte Speere ragen aus den Köpfen, der Rest eines Platoons nach der intergalaktischen Schlacht auf dem Rückzug, nicht geschlagen, nur verjagt, und auf den zweiten Blick ist klar, die Garderobe war nicht billig, eine Kindergruppe der Oberschicht auf dem Weg zum nächsten Volksfest.

Vorne lacht sich Jorgos krumm und drückt auf die Hupe, und sogar der Cousin scheint sich zu amüsieren.

Ihre Hände spielen miteinander. Und, sagt Monika, hättest du ihn wirklich töten können?

Absolutely, sagt Beat, und wenn wir jemals über diese Ampel kommen, dann ist noch nicht aller Tage Abend – Jorgos, welche Überraschung, weißt du, wie viele Überraschungen mich in den letzten Stunden erwischt haben, ich finde das langsam zu viel für einen einzelnen Mann.

Du bist kein einzelner Mann mehr, du stehst jetzt im Ernst des Lebens, mach dich vertraut.

Nicht das schon wieder, das kenne ich doch.

Sie stehen an der Ampel an erster Position und sehen zwei Frauen, deren Wege sich kreuzen, die sich austauschen und mit ihren Kinderwagen alles blockieren.

Die sind ja süß, sagt Monika.

Und morgen lassen sie ihre Kleinen verhungern.

Oh nein, du sollst nicht immer das Schlechteste von den Menschen denken.

Es wäre eindeutig Notwehr gewesen, sagt Beat.

Jorgos hält vor Beats Wohnung, und es ist nicht leicht, die Beschützer davon zu überzeugen, dass dort keine Gefahr ist und sie keine Begleitung brauchen. Außerdem, wenn die für heute nicht genug hätten, würde der Superjeep vom Dietomat kilometerweit auffallen durch mehrere Blocks hindurch. Sie sollen vorsichtig sein, sagen die Beschützer, und keinen Unsinn machen bis zum Abendessen um acht.

Freunde, es wäre sinnlos, von euch dasselbe zu erwarten, sagt Beat, tausend Dank.

Sie gehen durch die Einfahrt in den Hinterhof. Ihr gefällt die Gegend, sie wollte auch nah an den Fluss, hatte aber keine passende Wohnung finden können. Einige Kinder-Mütter-Augenpaare schauen sie an, als wären sie gekommen, um ihnen die Aufforderung zur unverzüglichen Ausreise zuzustellen. Sie merken, wie mitgenommen sie aussehen.

Aber nur die Sklavinnen der bürgerlichen Schicht, sagt Monika, denken jetzt an die Dusche, während wir das energiesparend verstehen. Was Beat nicht versteht. Nachher muss man schon wieder duschen, also lassen wir das vorher aus – kein Kommentar, bitte, ich kann das nicht ertragen, wenn alles von mir kommentiert wird, ich werde noch wahnsinnig!

An der Treppe bleibt sie stehen, pustet durch die Nase, stampft mit dem Fuß und schüttelt den Kopf und lässt sich auch mit dem Hinweis, nur zwei Treppen überwinden zu müssen, nicht bewegen. Endlich beugt sich Beat und lässt sie seinen Rücken besteigen. Ihre Bitte, er möge sich ausruhen, ist also vergessen, er schleppt sie hoch, und sie brummt ihm einen Singsang ins Ohr, was ist das, send me the Pillow that you dream on rückwärts?

Im gemeinsamen Wohnungsflur das Kreischen von gemarterten Gitarren, die aus der Müden ein Jammern pressen. Beat gebückt, schaut sich den Boden vor seiner Tür an: wie hell der ist. Er steht mit seiner erträumten Last auf einem sauber geschnittenen Rechteck im schönsten Sonnenlicht, das passt doch zur Stimmung. Ein Wunder – normalerweise ist es düster im Flur. Wenn er nicht so müde wäre, würde er die geliebte Göttin Megaira auf die wundersame Erscheinung aufmerksam machen. Und auf die Mühsal, die ihm erspart bleibt: mit dem Schlüssel an seiner Wohnungstür fummeln bis zur Verzweiflung.

Seine Wohnungstür wurde umgelegt.

Er richtet sich auf, steht in seiner Extür im strahlenden Licht und wirft den ersten Blick auf den Tatort.

Er hat immer Respekt vor Männern, die ihrer Arbeit mit Liebe nachgehen und ihre Aufgabe gründlich erledigen. Wer diese Arbeit nicht gründlich nennt, könnte sie nur mit einem Benzinkanister vollenden.

Bett Bett Bett, haucht es in sein Ohr.

Sehr wohl, Ma'm, sagt Beat. Es stünde ihm nicht zu, der Ma'm eine Augenöffnung vorzuschlagen, um sich besser keine großen Hoffnungen auf ein anständiges deutsches Durchschnittsbett zu machen. Er kurvt um ein gestürztes Regal, tritt auf Bücher, eine wackelige Angelegenheit, eine neue Erfahrung. Womit haben die denn ein Loch in den Bildschirm vom Computer geschlagen, nachdem ihnen der treue Gefährte offensichtlich nichts verraten wollte, mit Dieters Golfschläger? Hat Beat schon lange interessiert, wie sieht der moderne Zirkus von innen aus, erkennt man Datenbänke mit angeketteten Sträflingen am Horizont oder von Bikinimädchen angetriebene Suchmaschinen?

Ein paar Schallplatten wurden gefaltet und demonstrativ hindrapiert, altbewährter Trick, die Heiligtümer des Besiegten schänden, der große Rest nach rein praktischen Gesichtspunkten auf die Bretter geschickt. Doch die Faulheit ist der Feind des guten Schnüfflers: wie ein Beweisstück finden, das in einer Hülle versteckt ist, wenn sie nicht jede einzelne Platte aus dem Cover nehmen und hineinsehen?

Und einfach gestricktes Aufräumpersonal ist der Feind des guten Kunstraubs: die seltene Vinylpressung vom Soundcheck des Velvet Underground-Konzerts neunzehndreiundneunzig in Paris hatten sie nicht als solche identifiziert und sicher auch nicht die verschimmelt scheinende Schellackscheibe, eine Fälschung, angeblich mit einem Buddy Bolden in den Rillen, dem es egal gewesen war, dass seine besseren Tage für immer in den Zahnlücken von New Orleans verfaulten, während Louis Armstrong noch nicht den Unterschied zwischen einer Trompete und einer Pistole kannte – die macht weniger Krach, sagte der weiße Cop, als er ihm in die Eier trat. Nicht einschlafen im Stehen, flüstert die Stimme. Hätte er abgedrückt, wenn er es gewusst hätte? Dem Dietomat ins Knie unter Freunden? Nicht, wenn er gewusst hätte, dass sie auch ohne Blut gut herauskommen würden. Scheiß auf paar Schallplatten, von denen er sich nur wenige vom Mund abgespart hatte, damals in der schlechten Zeit, als der Ofen für die Vinylproduktion noch von schwitzenden Monstermännern mit nacktem Oberkörper angefeuert wurde und ein ehrlicher Mann erschossen für eine lausige Single im schmucklosen Jukeboxcover.

Er würde Dieter einen Molotowcocktail über die Mauer werfen, nur zum Zeichen, dass er sich nicht nach Rache sehnte.

Die Bücher, aus denen sie eine Handvoll Seiten herausgerissen hatten, hätte ein Krabbelgruppenkind zählen können. Zum Glück hatte er sich mit dem Thommsen, der wahrscheinlich einige Mafia- und Kriminalistikwerke mitgenommen hatte, immer ganz gut verstanden, sonst hätte hier eine gefesselte und aus dem Arsch blutende Nachbarin Sabine gelegen mit einem toten Vogel auf dem Rücken, weil der Thommsen seine gepflegte Halbbildung auf dem Gebiet der Mafiasitten gerne vorführte, ein toter Vogel singt nicht viel und ähnliche Scherze. Aber liegt Sabine womöglich in dieser Position in ihrem Zimmer, auf den Körpern ihrer Freunde? Hatte sie die Eindringlinge, nachdem sie ihnen die Tür geöffnet hatte, aufzuhalten versucht? Oder, als sie wieder abziehen wollten, weil ihr Ringo nicht da war, zu ihnen gesagt, sie sollten doch bitte mal die Scheißfallerwohnung gründlich renovieren? Auf einem kleinen Hügel entdeckt er das Foto von Brigitte. Auf zerfetzten Blättern aus seiner Kiste mit Briefen ein zerrissenes Exemplar von Kossinskys erstem Heft, das ihm Sarah mit Signatur geschenkt hatte, noch vor seinem ersten Besuch bei Kossinsky.

Für den Deutschen ist ein Buch die Rettung, wenn das Klopapier ausgegangen ist, Faller, wenn Sie sich da was vormachen, kann ich Ihnen auch nicht helfen, hatte Kossinsky gesagt.

Auf seinem Rücken verschlafenes Stöhnen, eine Last, die ihre Augen nicht mehr öffnen will und den Zustand der Wohnung vermutlich als Junggesellensitte interpretieren würde.

Das Schlafzimmer sieht weniger verwüstet aus, aber nur, weil mit den wenigen Gegenständen ein Bild der Verwüstung nicht einfach herzustellen war. Sie hatten es so gut zerlegt, wie es ohne eine Motorsäge möglich war, die Matratze aufgeschlitzt und auch in den Fernsehbildschirm ein Loch operiert.

Ich hoffe, mein Schlafzimmer ist dir nicht zu exzentrisch, Liebling.

Ich liebe exzentrische Schlafzimmer – ach, du verdammte Scheiße, oh nein!

Sie springt von seinem Rücken ab. Legt die Hände auf die Backen, Beat erinnert sich an die Geste, wann war das? Geht langsam ins andere Zimmer, wiederholt sich, müde wie sie ist, was soll man sich auch immer neue Mitleidsausdrücke einfallen lassen, nimmt eine halbe Platte in die Hand, die hat sie auch und will sie ihm schenken, sie umarmt den Ärmsten, aber der Ärmste lässt sich das Gefühl nicht nehmen, dass er reich ist.

Willkommen in der typischen Mittelalter-Mann-ohne-Hausmuschi-Wohnung, habe ich mal im Magazin schöner Wohnen gesehen. Hör auf, du Spinner. Stimmt, die haben das etwas anders ausgedrückt.

Sabine steht in der Tür, es tut ihr leid, dass sie den Besuch erst bemerkt hat, als sie mit einem Türknall weiterzogen. Zum Glück, sagt Beat. Die Frauen mustern sich, aber im Anblick der Gewalt haben sich persönliche Probleme zurückgezogen. Eine Erklärung gibt er nicht ab, er nennt die Ursache einfach Ärger, der viel zu kompliziert ist. Halb so wild, sagt er, ich will sowieso ausziehen. Ich auch, sagt Sabine und ist verschwunden.

Beat denkt es, Monika spricht es aus: so wie die drauf sind, ich glaube nicht, dass die das auf sich sitzen lassen. Ja, sagt er, die laden jetzt zu Hause ihre Dinger, die doppelt so groß wie meine sind, und binden sich Bowiemesser an die Waden. Ich werde hier einfach auf sie warten, die Wohnung vorher zu putzen, wäre doch sinnlose Arbeit.

Ich habe Angst, ich möchte, dass wir zu mir fahren – was starrst du mich denn so an! Wofür hältst du mich, für Calamity Jane?

Deutschland särrgutt, sagt der Taxifahrer, nachdem er sie eine Weile im Rückspiegel beobachtet hat.

Kommt mir manchmal auch so vor, sagt Monika.

Es ist elf Uhr und die Straßen sind dicht, und bei vielen Autofahrern ist es gut, dass sie keine Halterung zwischen den Sitzen haben, in der ein Gewehr steckt.

Gekommen Iran zwanzig Jahre, Scheiße, viele Scheiße, er haut auf das Lenkrad, ah Iran! Er macht eine international verständliche Geste der Verachtung.

Das nervös gedrängte Verkehrsaufkommen scheint ihn nicht zu stören, während es Monika auf die Idee bringt, man könnte, so wie man hier im Taxi ist, das Ziel neu bestimmen, man hat seine Bankkarten dabei, Bücher und Musik seien am Ziel ausreichend vorhanden, und eine Zahnbürste benützen könnten sie auch bis zur Gelegenheit, sich eine neue anzuschaffen. Sie sieht keinen Grund, in ihrer viel kleineren Wohnung den Härtetest machen zu müssen, ob sie es in einem kleinen Raum miteinander aushalten können. Aber wenn zwei sich lieben, sind sie auch in einer Hundehütte glücklich, sagt Beat. Sie fände es nett, wenn die äußerlichen Voraussetzungen erst mal netter wären. Erst mal nett schlafen, sagt Beat, ich kann nicht mehr, dann hauen wir ab in den Urlaub und planen unser neues Leben.

Das Auto steht, sie liegen tief in der Rückbank.

Und die wahre Liebesbeziehung baust du dir dann im Altersheim, vergiss nicht, wir werden bald dort sein.

Red nicht so böse mit mir, ich schlafe jetzt ein, bitte steck mir deinen Daumen in den Mund und mich niemals, versprich mir das, in ein Altersheim.

Der Feind der iranischen Revolution bremst wie der Teufel und schüttelt ihre Knochen durcheinander. Drecksau, brüllt er aus dem Fenster, du bist voller Scheiße!

Kennst du das, etwas passiert, und dann siehst du im Kopf die Fortsetzung, obwohl nichts passiert?

Deutschland gut, Stau, ah, was macht – Sonne! sagt der Fahrer.

Ich glaube wirklich, Altersheim ist besser, als allein in so einer Wohnung zu sitzen, stell dir vor, ich könnte dort jemanden wie dich kennenlernen, wir könnten Schach spielen, Schallplatten hören, Filme ausleihen, einen Diskutierclub gründen.

Trotzdem.

Kossinsky denkt auch, ein Altersheim ist die Hölle. Und merkt nicht, dass er eine Riesenbelastung für seine Tochter ist, viel mehr als für mich, ich schau jeden zweiten Tag mal vorbei, kein Problem, ich gehe spazieren und schau vorbei. Aber Sarah ist in Gedanken nonstop bei ihm, nonstop schlechtes Gewissen, weil sie nicht neben ihm sitzt. Dabei könnte er in einem Heim alles so machen wie jetzt, könnte den ganzen Tag allein im Zimmer sein, kann aber immer jemanden rufen, wenn er was braucht, und das mit der Pistole würden wir auch irgendwie hinbekommen, ohne dass die das merken. Und mit seinem bisschen Essen wäre es auch einfacher, er könnte in den Saal gehen, nebenbei ein paar Leute zur Weißglut bringen, oder sie tragen ihm seine halbe Suppe ans Bett. Und wahrscheinlich würde er dort einen Juden oder einen Atheisten kennenlernen, mit dem er bei Bedarf den Deutschen eins überbraten könnte, oder so eine Alte besucht ihn abends, die immer in einem Tigermantel herumläuft und glaubt, sie ist Marlene Dietrich, und weiß, warum Ornette Coleman eines Tages anfing, mit einem doppelten Quartett zu spielen. Also ich kann keinen Nachteil entdecken, du musst nur rechtzeitig reingehn, nicht erst, wenn du schon halb im Komposthaufen steckst, dann wird's dort auch nicht mehr toll, das ist doch klar.

Trotzdem.

Wir könnten einmal im Monat zusammen auflegen, stell dir das vor, junge Leute würden ins Heim kommen und unsere alten Platten bewundern, das wäre ein Geheimtipp, die bringen uns in den Nachtnachrichten, schon heute hast du harte Stonesfans im Altersheim, bald kommen die Pistolsfans.

Trotzdem.

Dann werde ich mir eben –

Na gut, ich bin dabei, aber hör jetzt auf damit.

Yeah! Ich wusste, dass du darauf reinfällst!

Sie balgen sich, Beat wird beschimpft und geschlagen und beim ersten leisen Geheul geküsst, gestreichelt und in die Nase gekniffen und bekommt das Versprechen, dereinst nicht allein ins Altersheim wandeln zu müssen.

Haben Kinder? fragt der Perser und kann die Antwort nicht erwarten. Kinder gut! Drei Kinder! Ah! Er macht eine Handbewegung: mit der er sie wohl gelegentlich zu bremsen versucht.

Siehste, der findet Kinder auch gut.

Weil die nicht wissen, wie man verhütet.

Abgesehen davon, dass wir üble Arschlöcher in die Flucht schlagen können, wissen wir von nichts, ob wir es miteinander können. Du kannst in der Stadt bleiben, wenn du solche Typen am Hals hast?

Er verkündet, bereits einen Plan zu haben, er wird sie morgen um zwölf Uhr mittags treffen und die Stadt damit zu ihrer wohlverdienten Ruhe zurückgeführt haben.

Beat, kannst du vielleicht mal bitte kurz ernst sein.

Entschuldige, ich weiß, ich übertreibe es manchmal, besonders wenn ich nicht weiß, was ich sagen soll, ehrlich, ich habe auch schon dran gedacht, aber ich weiß es nicht, der Gedanke, wegen diesen Idioten verschwinden zu müssen, kommt mir absurd vor, ich meine, ich bin ja ein wichtiger Zeuge für die, ich kann bezeugen, dass die dieses Scheißding nicht hergestellt haben, das heißt, sie brauchen mich wirklich, und dann müsste der Fall doch erledigt sein, wenn die Bullen sie wegen was anderem am Arsch kriegen, kann ich doch nichts dafür, andererseits, die sind dermaßen bescheuert, es könnte tatsächlich sein, dass die wegen nichts auf mich losgehn, nur weil sie das brauchen, dass sie jemanden fertigmachen können. Ich weiß es nicht, ich muss das überschlafen, ich glaube, in den nächsten Tagen wird nichts passieren. Dieser verdammte Schwachsinn, ich fass es nicht.

Ich wusste, dass du darauf reinfällst!

Nicht schlecht. Sagt er wie jemand, der nicht gern reinfällt.

He, das war Spaß, du beleidigte Leberwurst.

Trotzdem.

Das wird ja lustig mit dir in meiner Hundehütte.

In der wir zu Fuß schneller gewesen wären.
Dann geh doch zu Fuß.
Meine Füße können ohne deine Füße nicht mehr gehen.
Stehst du auf Füße?
Geht so.

sechs

HIER RIECHT'S wie damals bei uns daheim, sagt Beat im Treppenhaus, ich weiß nicht, was es ist.

Hoffentlich was Gutes, sagt Monika, mir fällt nur der Schweißgestank auf von der Knalltüte über mir, wenn der hier durchgegangen ist, kann ich das noch eine Stunde später riechen, ich schätze, der wäscht sich nicht mehr, weil im Wasser kleine Agenten sind, die glauben, dass er für die CIA spioniert.

Ich könnte jedenfalls eine Agentendusche vertragen.

Alles steht zu seiner Verfügung, sie dreht sich auf der Treppe. Ihre Zunge an seinem Hals: ich kann dich gut riechen, wegen mir musst du nicht duschen, wie schon Marylin Monroe sagte, ich brauche keinen Mann, der wie ein Baby riecht. Er kann sich nicht erinnern, dass ihm jemals jemand mit einem Monroezitat gekommen ist.

Hallo, sagt sie beim Betreten der Wohnung, und Beat fragt sich, ob sie mit Dusty spricht, deren übergroßes Gesicht im Flur hängt, oder mit einer Katze, die sich unter den Schrank verkriecht, wenn ein neuer Onkel in die Idylle einbricht.

Die Zimmerküchebadwohnung ist sehr klein, wäre ihm zu eng. Die Küche wird zertrümmert, wenn man mit der Pfanne ausholt, das Badezimmer liegt in der Badewanne. Dennoch gefällt es ihm sofort hier, und er findet es angenehm, dass viele Sachen im Wohnzimmer auf dem Boden herumliegen, Berge von Platten und Disques, Stapel mit zusammengelegter Kleidung, roter Stoff mit Nähzeug, Bücher, Magazine, nicht hingeworfen, sondern platziert, vielleicht auf dem Weg in die zwei großen Regale an den Wänden. Es ist nicht zu übersehen, hier wohnt jemand gern. Das Sofa ist frei. Beat steht in der Tür und genießt den Anblick.

Amüsier dich, sagt Monika mit ausgebreiteten Armen und lässt sich auf dem Sofa nieder, prüft den Zustand der hochgesteckten Haare, beobachtet ihn.

Über dem Schreibtisch neben dem Fenster Fotos und Postkarten, Warren Oates als Dillinger, Faye Dunaway als Bonnie Parker, Dusty Springfield wie die ideale Miss Las Vegas in den goldenen Jahren, Grüße aus Memphis, ein nachdenklicher Joe Strummer mit Zigarette, Wanda Jackson in teuflischer Bluse, Familie und Freunde in Umarmungen und mit zugeneigten Köpfen und stehende Gruppen mit Kindern vorne, und über dem Tableau ein Plakat der so vollschlanken wie knapp bekleidet aufgestützt liegenden und lächelnden Sheba.

Damit ich weiß, ab wann ich abnehmen muss.

Da ist aber noch sehr viel Platz.

Danke für das Kompliment.

Beat geht automatisch, der Gewohnheit folgend, zum Regal mit den Platten, um Antworten auf die Fragen zu suchen, ob er nun eine Dusche möchte oder zu müde ist und ob er für alles zu müde ist oder nur für die Dusche. Das sofortige Erkennen der alphabetischen Ordnung lenkt ihn ab, er liest sich in der Serie von Parsons bis Pierce fest und merkt, er wird langsam klebrig und unglaublich langsam. Ihre Arme legen sich auf seine Hüften. Ich tue alles, flüstert sie ihm ins Ohr, um durch die amtliche Tonträgerkontrolle zu kommen.

Der Inspektor ist heute außer Dienst, er ist verwirrt und kaputt und könnte nicht sagen, ist er Mann oder Maus.

Und ich bin genauso unsicher wie du, lass uns einfach schlafen. Sie zieht ihn an der Hand in ihr Schlafzimmer. Sie ziehen sich aus und helfen sich gegenseitig beim Ausziehen.

Sie legen sich hin.

Sie fassen sich an.

Sie brennen durch.

Beat ist auf einen Schlag wach und weiß, da passiert was. Er weiß sofort, wo er ist und wer einen Arm und ein Bein über ihn gelegt hat und wessen Haarpracht an seiner Schulter liegt, und gegen dieses Glücksgefühl prallt der diffuse Eindruck, da passiert was und das hat ihn aus dem Schlaf getreten.

Dann registriert er die brüllende Stimme, gedämpft von oben, und die Gewalt sickert durch die Decke.

Die ausgetickte Männerstimme brüllt unverständliche Worte, macht kurze Pausen, um nachzuladen, dazwischen eine hysterisch hoch heulende Frau, die auch hysterisch hoch heult, wenn sie in der brüllenden Männerstimme untergeht.

Er schaut auf die Uhr und ist verblüfft, dass sie nur zwei Stunden geschlafen haben. Es ist vier vor vierzehn Uhr. Sein Körper ist angespannt, Gedanken ziehen ab, etwas sickert durch die Decke auf sie runter – muss man was tun? Wann muss man seine Geschäfte ruhen lassen, um die eines anderen zu stoppen?

Monika bewegt sich murmelnd, kriecht auf ihn drauf, ihre Beine zwischen seinen, er streicht mit beiden Händen über ihren Rücken.

Ich glaube, sagt er, der Typ da oben dreht vollkommen durch.

Ich glaube, da passiert was, das hört sich gar nicht gut an.

Ich glaube, ich sollte mal hochgehen, bevor was passiert.

Alarmiert setzt sich Monika auf, hört es sich kurz an, die Augen weit offen: Spinnst du! Der ist doch vollkommen hinüber, der bringt jeden um, der an der Tür steht. Ich rufe jetzt die Polizei an, jetzt reicht es endgültig, du gehst da nicht hoch, hör dir das an, verdammt, der ist gefährlich. Sie reibt sich mit beiden Händen heftig das Gesicht, stößt einen hasserfüllten Laut aus, springt auf, rennt raus und steht dann nackt in der Tür und spricht mit dem Notruf der Polizei.

Wir haben hier einen Notfall, Torstraße sechzehn, in der Woh – Kellhaus, Monika Kellhaus, nein, ein e, doppel-l und haus. Sie wiederholt jeden Buchstaben, kann sich kaum beherrschen. Ja, in der Woh – Herrgott, sechzehn, ja, sechzehn – in der Wohnung über mir, der Mann dreht total durch, das macht der seit Tagen, ich glaube, der bringt seine Frau um – nein, das ist nicht der Fernseher – hören Sie, wir haben hier echt Schiss, schicken Sie bitte schnell jemanden vorbei – vierter Stock – nein, verdammt noch!

Sie wirft wütend den Hörer aufs Bett und folgt ihm, hockt sich vor Beat – das gibt's doch nicht, das klingt, als könnte das eine halbe Stunde dauern.

Kann es auch. Ich gehe hoch, bevor wirklich was passiert.

Du gehst da nicht hoch, ich habe Angst vor diesem Irren, das soll die Polizei machen.

Das kann dann zu spät sein – hör dir das an. Sie hören es sich an. Kann sein, der kommt vielleicht runter, wenn plötzlich jemand an der Tür ist, diese Typen haben meistens so eine Restkontrolle: wenn ich das tue, dann stecken die mich in die Anstalt, nichts riskieren, wenn Außenstehende dabei sind, verstehst du?

Ihr Einwand, dass seine gesprungene Schüssel vielleicht komplett zerspringt, wenn jemand an der Tür steht und sich einmischt, ist auch nicht abzuweisen. Weil das der allerletzte Tropfen ist, der ihn zum Explodieren bringt. Es gibt nur eine Fünfzigprozentchance. Beat steht auf, zieht sich an.

Dann gehe ich mit.

Besser ist, du gehst auf die Straße, damit die wissen, hier ist es. Er zieht die Pistole aus der Innentasche des Jacketts und steckt sie in die rechte Außentasche.

Ich gehe mit rauf.

Er sagt ihr, falls sie eine dicke Lederjacke hat, soll sie die anziehen und ganz zumachen. Sie läuft ins andere Zimmer. Und ein spitzes Messer mitnehmen, das in die Tasche passt. Er wartet auf sie an der Wohnungstür, sie hat eine Motorradjacke an. Wieso kann sie nicht tun, was er sagt, und auf der Straße warten?

Sie laufen die Treppe hoch.

Du läutest, dann verschwinde und geh zur Seite paar Stufen hoch, und egal, was passiert, lass ihn auf keinen Fall nah an dich rankommen.

An der Tür: von drinnen das Brüllen. Zerneck steht auf dem Namensschild. Auf dem langen Weg bis Weihnachten wird durchgebrüllt. Sind die anderen alle taub? Gibt's hier keine anderen?

Sie drückt den Daumen auf die Klingel. Ein sirenenartiges, nicht sehr lautes Jaulen geht los. Sie klingelt Sturm. Sie lässt los: es ist still in der Wohnung. Keine Reaktion. Sie drückt wieder Sturm. Man hört eine Tür durch das Jaulen.

Geh weg, sagt Beat.

Man hört Schritte. Klingt nicht gefährlich. Der Mittagschlaf kann schon mal gestört werden, man lebt doch in der Stadt.

Das Geräusch, das der Türspion macht.

Beat versucht harmlos auszusehen, ich bin taub und möchte ein besinnliches Wort des Herrn in ihre Obhut übergeben. Er weiß nicht, wie der Versuch genau durchzuführen ist, aber damit hat er Erfahrung: nicht wissen, was tun, irgendwas tun und den Eindruck machen, als wüsste man genau, was zu tun ist.

Beide Hände in den Jacketttaschen. Muss der doch sehen, dass Beat so einer ist, der aus Prinzip immer beide Hände in die Taschen steckt. Kennzeichen des Schüchternen, keine Gefahr geht von ihm aus. Wo waren eigentlich die Männer mit dem einen Ärmel in der Tasche geblieben?

Was wollen Sie! sagt der Mann hinter der Tür. Klingt nicht bedrohlich, würde jeder so fragen.

Also, Entschuldigung, wenn ich störe, ich bin der Verlobte von der Frau aus der Wohnung unter Ihnen, also, hätten Sie vielleicht ein wenig Zucker für uns?

Keine Reaktion.

Herr Zerneck, können Sie mich verstehen? Wir haben keinen

Zucker mehr, also bitte, wenn es Ihnen möglich ist, nur für ein paar Tassen Kaffee. Was für ein lächerlicher Scheiß, aber doch sicher unverdächtig und normal.

Keine Reaktion.

Also nur geliehen selbstverständlich, wir gehen dann gleich einkaufen und geben es Ihnen sofort zurück, Herr Zerneck.

Keine Reaktion. Wenn es die falsche Taktik ist, welche ist besser? Immerhin hält es ihn an der Tür fest, vielleicht kann er ihn damit bis zum Eintreffen der Polizei beschäftigen. Oder hatte er sich lautlos zurückgezogen?

Und falls Sie noch etwas brauchen, können wir das gerne mitbringen.

Keine Reaktion.

Abwarten macht wahnsinnig – was macht denn dieser bis grade eben oder eigentlich doch immer noch so gute Bürger, seine Stalinorgel aufbauen?

Entschuldigung, Herr Zerneck, verstehen Sie mich? Immer entschuldigen ist gut, immer höflich bleiben. Ich möchte nicht stören, aber wäre das möglich, also nur so eine Handvoll, falls Sie Zucker dahaben?

Plötzlich wird die Tür aufgerissen – Zerneck in der Mitte, aufrecht, starker Blick, ein Mann mit voller Kontrolle über seinen Bau, soll ihm bloß keiner, wenn er brüllt, hat das seine Gründe.

Wer sind Sie? Was wollen Sie! Sein Arm schießt vor: Nehmen Sie die Hände aus den Taschen!

Beat zieht sofort beide Hände aus den Taschen und zeigt ihm, dass sie leer sind – wer hat sich diesen Schrott ausgedacht, das darf nicht wahr sein, er kennt diesen Zerneck, der ihn nicht kennt: einsachzig, gedrungen, der ultramarinblaue ramponierte Anzug jetzt aus dicken Hauspantoffeln hervorragend, dunkelbraune graumelierte Haare, Schnauzer verbunden mit Kinnbart.

54 und alles ist weg,
aber nicht mit mir,
ich hol mir alles zurück.

In den vierundzwanzig Stunden seit seinem Testlauf in der Straßenbahn hatte er sich noch nichts zurückgeholt, und falls er inzwischen einen Arzt aufgesucht hatte, dann war die medizinische Wirkung noch nicht eingetreten.

Entschuldigen Sie, ich wollte nur fragen, ob Sie uns mit etwas Zucker – seine unsichere Stimme ist echt, aber sicher nützlich, oder ist der Effekt der falsche und er sollte ihm sofort die Pistole zeigen, wo bleiben die denn? – aushelfen könnten, nur eine Handvoll, für ein paar Tassen Kaffee, also wenn das vielleicht möglich wäre?

Zerneck hat ihm so ernsthaft zugehört, als hätte er ein neues, von Grund auf restauriertes Grundgesetz verkündet, und zeigt sich nun bereit, nach sorgfältigen Überlegungen und Analysen seinen Kommentar zur Erörterung freizugeben.

Ich habe Ihnen eine Frage gestellt und erwarte eine vernünftige Antwort: wer sind Sie, und was machen Sie hier?

So sachlich gesprochen wie ein Brief an die Stadtverwaltung, warum unbekannte Flugobjekte im Sandkasten im Hinterhof parken dürfen, aber mein Hund dortselbst sein Geschäft nicht verrichten darf, obwohl der Nachwuchs, wenn die Bemerkung gestattet ist, der im Übrigen, das darf nicht unerwähnt bleiben, von in der Hauptsächlichkeit nichtdeutschen Hausbewohnern, weit davon entfernt, als unverschämt verstanden werden zu wollen, daher möge die Frage einem deutschen Bürger erlaubt sein: ist das Demokratie?

Na ja, ganz einfach, also meine Verlobte –

Von hinten aus der Wohnung hören sie die Stimme der Frau, unverständlich – Zerneck fährt herum und brüllt: jetzt haben sie den Originalton. Das Schreien eines Irren, mit allen Maschinen im Überdruck. Sie soll endlich ihr Maul halten, ihr widerwärtiges Maul.

Beat steckt die rechte Hand wieder in die Tasche, fühlt sich unsicher, der Griff ist nicht sicher in der schweißnassen Hand, mit der linken wischt er sich den Schweiß von der Stirn, Scheißjob, Polizist möchte er auch nicht sein, wie lange warten sie schon?

Sie soll endlich das verdammte Maul halten – Zerneck drischt mit aller Kraft die Tür zu. Sie hören, wie er wieder zu ihr in die Wohnung reinrennt.

Er hat es vermasselt – er hatte ihn schon, und dann lässt er ihn wieder laufen, und warum hatte diese dämliche Gattin nicht den Mund gehalten.

Lauf runter, sagt Beat, die Bullen finden es nicht, beeil dich. Monika rennt los. Er soll aufpassen, er soll nichts tun.

Er hat aufgepasst.

Er passt auf.

Er wird aufpassen.

Er wird auf sie aufgepasst haben.

Beat merkt, die Tür ist wieder aus dem Schloss gesprungen, die Tür ist offen. Er schiebt sie auf, steht in der Tür, vor ihm der dunkle Flur, und am Ende eine halb offene Tür. Von dort wieder das Brüllen, das vollkommen nach Gewalt klingt. Hat er so noch nie gehört, er zieht die Pistole. Und hört das hysterisch hohe Kreischen der Frau, und er versteht was. Hör doch endlich auf damit. Oder so ähnlich. Hör doch auf. Der will doch nur. Geht wieder unter im Brüllen. Der Rhythmus zwischen Kreischen und Brüllen.

Worauf wartest du! schreit es in Beats Kopf, beweg dich endlich, geh rein, sei vorsichtig, aber beweg dich rein, sei entschieden, sprich ihn laut an, zeig ihm, was du hast und dass du entschlossen bist, beweg dich endlich. Er spürt, dass der Schweiß aus seinem Gesicht rinnt. Er reißt den Kopf nach oben, als müsste er springen, und geht zwei Schritte – liebes Jesulein, meine Seele sei dein, doch schick mich nicht in diese Wohnung rein – Frau Zerneck, schreit er in den Gang, können Sie mich hören? Sind Sie in Ordnung?

Plötzlich wieder die Stille. Wenn er in der halb geöffneten Scheißtür nur irgendwas erkennen könnte – steht er dahinter, hat er was in der Hand?

Frau Zerneck, hören Sie mich? Könnten Sie vielleicht mal

rauskommen, keine Angst, es passiert Ihnen nichts. Er konzentriert sich, als erwarte er ein Geräusch aus einem tiefen Loch. Er hört Atmen und leises Wimmern. Der hält ihr den Mund zu. Er ist bereit, er wird die Tür mit aller Kraft auftreten.

Geht es Ihnen gut?

Totenstille.

Dann gehe ich wieder, entschuldigen Sie die Störung.

Diese scheißgefeuerten Unteremittelschichtnazis, er wird sich jetzt ihre Dreckswohnung ansehen. Von drinnen ein Klirren, etwas Metallisches. Er geht los – im selben Moment wird die Tür aufgerissen, kracht an die Wand. Die Sonne flutet den Flur. Zerneck stürzt schreiend in den Gang. Und der hat was in der Hand.

Abdrücken – drück endlich ab.

Er drückt ab, aber es ist zu spät. Ihre Körper werden gleichzeitig von etwas aufgerissen. Ihr Schreien wird von dem irrsinnig lauten Knall übertönt. Sie prallen aufeinander. Beat spürt was an seiner linken Seite, er drückt wieder ab. Sie fallen. Beat ist nur noch von einem Schwall Lärm umgeben. Alles dröhnt, und er geht darin unter. Er will weg von dem stinkenden schreienden Pisszerneck. Er drückt wieder ab. Er liegt halb unter ihm und schlägt zu und drückt wieder ab. Er kriecht von ihm weg. Er schafft es, von ihm wegzukommen.

Eine schrille Stimme dringt in den dröhnenden Schädel: der hat mein' Mann umgebracht!

Sie steht in der Tür, im Sonnenlicht, hält die Hände an den Kopf. Sie bewegt sich nicht. Im Flur bewegt sich nichts. Beat tastet mit einer Hand an der linken Seite und hält sich die Hand vor die Augen. Er kann nichts erkennen.

Der hat mein' Mann erschossen!

Das klingt schon besser. Die dumme Kuh. Gerettet, er hat sie gerettet. Aber was hat er sich?

Plötzlich ist der Flur voll mit Leuten. Er kann sie nicht unterscheiden. Alles schreit durcheinander: der hat mein' – das ist der – gehen Sie aus.

Jemand nimmt ihm die Pistole aus der Hand, er spürt ein Zerren an der Hand. Das Paket, das er abgeben muss. Wo ist denn eigentlich? Der hat mein' Mann getötet! Ja, aber nur einen, denkt Beat. Lassen Sie mich los! Da hat er sie endlich. Er versucht den Kopf zu drehen, scheint nicht zu gelingen, er kann sie nicht entdecken. Scheint, scheint, scheint, der Schein trügt ja doch gelegentlich, hab ich gehört. Der hat mein' Mann ermordet! Warum hat er die eigentlich vergessen? All die Hände an seinem Körper oder was das ist. Er versucht eine Hand zu strecken.

Der Notarzt ist da, sagt jemand.

Noch mehr Bewegung im Flur.

That's fuckin' German Idee – sein Leben aufräumen.

Jemand hält seinen Kopf.

Ihm ist schlecht.

Er muss endlich raus hier.

Und wo ist denn?

Und wo bin ich?

Ich weiß nicht mehr,

wo ich bin

und wo ich hin muss.

sieben

WIE FINDEST DU DAS? Der hat einen Schraubenzieher genommen, erzählt Monika. Der wollte deine lockere Schraube wieder festschrauben – und was machst du mit ihm?

Sie knetet mit beiden Hände eine Hand von Beat. Die Sonne knallt ins Krankenzimmer, das blendende Weiß im Zimmer tut weh, und der Verletzte sieht im strahlenden Weiß elend aus.

Du hast vierundzwanzig Stunden geschlafen, mein Lieber, das ist es doch, was du wolltest, kannst du dich an irgendwas erinnern? Du hast mir die Ehe versprochen, glaub nicht, dass ich mir das von einem Schraubenzieher nehmen lasse!

Er kann sie hören und verzieht die Augenbrauen, schafft es, kurz die Augen zu öffnen, kann jedoch nicht sagen, dass er keine Kraft hat, um die Augen offen zu halten.

Drei Tage, längstens eine Woche, sagen die Ärzte. Stell dir das vor, nur einen Zentimeter weiter links! Du bist ein Glückskind, ich habe keine Ahnung, wer du bist, aber das bist du, deine Theorie mit der 45 kannst du nun wirklich vergessen, und wenn die 45 nicht stimmt, ist das mit der 54 auch falsch. Das hat mich gestern schon gewundert, dass du jemand bist, der auf diese Träume was gibt, das passt irgendwie nicht, ich muss sagen, du verwirrst mich, komm du mir nach Hause, du hast einige Fragen zu beantworten, das kann ich dir flüstern.

205

Er zuckt mit der Hand und bewegt die Lippen, und sie beugt sich über ihn und berührt sie mit ihrem Ohr.

Sehr witzig, und für so einen Spinner ziehe ich mein bestes Kleid an, wie gefällt's dir? Ich dachte, Grün hat die beste Wirkung auf den Kranken, oder ist das Grün zu grell? Dein Vorgänger hat das Kleid gehasst, viel zu schrill, ganz doof, wenn du das doof findest, dann wird das nichts mit uns, tut mir leid, ich bin zu alt, um mir so einen Unsinn anzuhören, krank oder nicht, wer in drei Tagen entlassen wird, kann nicht so krank sein, das kann mir keiner erzählen, außer die Krankheiten, die wir mit einem Schraubenzieher nicht beseitigen können, aber das kriegen wir schon hin, mach dir keine Sorgen. Zuerst brauchen wir natürlich eine neue Bleispritze für dich, oder wie ihr das nennt, denn ohne die fühlst du dich nackt, das ist klar, genauer gesagt unvollständig. Da wird noch was kommen, hat einer der Polizisten gemeint, aber wenn du nicht großartig vorbestraft bist, dann dürfte das wenig sein, bist du vorbestraft? Glaub nicht, dass du mich damit beeindrucken kannst, aber das ist nicht der Ort, um uns zu streiten, du musst dich ausruhen. Aufräumen macht müde, wie du siehst. Kannst du dich erinnern, dass du mir von deinen Plänen mit der Fernsehshow erzählt hast? Pass mal auf, wie müde du dann sein wirst!

Er zuckt mit der Hand.

Kannst du dich eigentlich an irgendwas erinnern?

Sie küsst ihn leicht auf die Lippen.

Weißt du, wer ich bin?

Sie hält wieder ihr Ohr an seinen Mund, um sein Flüstern verstehen zu können.

Also ganz ehrlich, Beat, aber manchmal frage ich mich, wie ich es so lange mit dir ausgehalten habe!

© Verlag Antje Kunstmann GmbH, München 2008
Lektorat: Dr. Michael Farin
Umschlaggestaltung: Michel Keller, München
Satz: Schuster & Junge, München
Druck und Bindung: CPI – Clausen und Bosse, Leck
ISBN 978-3-88897-507-3